大数据时代职业院校会计人才培养模式的改革与创新

孙玲　著

中国纺织出版社有限公司

内　容　提　要

我国职业院校教育的国际化发展已是大势所趋，更新会计专业的教育理念、调整会计人才的培养战略是我国会计教育的必由之路，同时对推动会计学科的建设与可持续发展、培养大批适应市场需求的复合型会计人才具有重大的现实意义。本书以作为输送专业会计人才重要渠道的职业院校会计教育为研究方向，具体探讨当前我国职业院校会计教育国际化中的若干问题，总结概括出“以人为本，理论结合实践能力培养”的教育理念是职业院校会计教育的核心，师资队伍的建设是关键。

图书在版编目（CIP）数据

大数据时代职业院校会计人才培养模式的改革与创新 / 孙玲著. --北京：中国纺织出版社有限公司，2021.8

ISBN 978-7-5180-8759-4

I. ①大… II. ①孙… III. ①高等职业教育—会计—人才培养—研究—中国 Ⅳ. ①F233.2

中国版本图书馆 CIP 数据核字(2021)第 152788 号

责任编辑：郝珊珊　　责任校对：高涵　　责任印制：储志伟

中国纺织出版社有限公司出版发行

地址：北京市朝阳区百子湾东里 A407 号楼　邮政编码：100124

销售电话：010—67004422　传真：010—87155801

http://www.c-textilep.com

中国纺织出版社天猫旗舰店

官方微博 http://weibo.com/2119887771

三河市宏盛印务有限公司印刷　各地新华书店经销

2021 年 8 月第 1 版第 1 次印刷

开本：787 × 1092　1/16　印张：15.25

字数：238 千字　定价：78.00 元

前　言

随着全球经济一体化进程的深入，我国经济发展客观上需要大批具有理论与实践操作能力的新型会计人才。在会计行业的发展、会计准则与国际惯例协调的大时代背景下，我国职业院校教育的国际化发展已是大势所趋。更新会计专业的教育理念、调整会计人才的培养战略是我国会计教育的必由之路，同时对推动会计学科的建设与可持续发展、培养大批适应市场需求的复合型会计人才具有重大的现实意义。

职业院校会计人才培养模式顺应了社会经济发展的趋势。我们要看到高职会计教育的发展，虽取得了一系列的成绩，但也面临着许多问题。高职会计教育培养的会计人才应该有自己的“特色”，而体现这些特色的关键是需要特色的高职会计人才培养模式。高职会计教育作为一种新的会计教育层次，发展历程不长，新的人才培养模式的探索任务艰巨。

基于会计人才培养的时代背景和研究现状，从增加会计认知学习、建立多元化能力提升实践教学体系、组织学生参与学科竞赛、加强与国外会计师协会合作、深入开展教学改革与课程建设等方面，构建卓越会计人才培养新模式，以期为培养具备良好的职业道德、专业化、创新性、国际化的卓越会计人才提供借鉴。

本书以作为输送专业会计人才重要渠道的职业院校会计教育为研究方向，具体探讨当前我国职业院校会计教育国际化中的若干问题，总结概括出“以人为本，理论结合实践能力培养”的教育理念是职业院校会计教育的核心，师资队伍的建设是关键。

会计人才培养与实践的研究是一项复杂艰巨的工程。本书能够顺利出版，要感谢出版社编辑认真出色的工作。由于新思想、新方法和新技术在不断的发展之中，书中难免有纰漏和不足之处，希望读者不吝指正。编者将在各位的帮助下进一步改进完善。

孙玲

2021 年 7 月

目　录

第一章　数据时代下会计教学概论

第一节　大数据的概述

“大数据（Big Data）”已成为互联网信息技术行业的流行词汇。美国互联网数据中心指出，互联网上的数据每年增长50%，每两年便翻一番，而目前世界上90%以上的数据是最近几年才产生的。此外，数据又并非单纯指人们在互联网上发布的信息，全世界的工业设备、汽车、电表上有着无数的数码传感器，随时测量和传递着有关位置、运动、震动、温度、湿度乃至空气中化学物质的变化，也产生了海量的数据信息。

数据充斥所带来的影响远远超出了企业界。贾斯汀·格里莫将数学与政治科学联系起来，他研究的内容涉及对博客文章、国会演讲和新闻稿进行计算机自动化分析等。在科学和体育、广告和公共卫生等其他许多领域中，也有着类似的情况——也就是朝着数据驱动型的发现和决策的方向发生转变。

在公共卫生、经济发展和经济预测等领域中，“大数据”的预见能力正在被开发，而且已经崭露头角。研究者曾发现，“流感症状”和“流感治疗”等词汇在谷歌上的搜索查询量增加后的几个星期，到某个地区医院急诊室就诊的流感病人数量也有所增加。

大数据技术的战略意义不在于掌握庞大的数据信息，而在于对这些含有意义的数据进行专业化处理。换言之，如果把大数据比作一种产业，那么这种产业实现盈利的关键在于提高对数据的“加工能力”，通过“加工”实现数据的“增值”。中国物联网校企联盟认为，物联网的发展离不开大数据，依靠大数据可以提供足够有利的资源。

大数据分析相比于传统的数据仓库应用，具有数据量大、查询分析复杂等特点。

大数据最主要的作用是服务，即面向人、机、物的服务。对机器来说，需要数据有一些关联，能够从中分析出有用的信息，非结构化、半结构化、结构化等。人、机、物对数据的贡献和参与度非常高，从数据规模上，可看到人到物的世界是从小到大；从数据质量来讲，人提供的数据质量是最高的。

大多数研究大数据的商业公司，都有明确的商业目的，即更好地支撑Web服务，如谷歌搜索引擎服务、脸书 SNS 网站、新浪微博网站等。在大数据驱动下的 Web 服务特征是，更加流畅的网页交互体验，更加快速的社会资讯获取，更加便捷的日常工作和生活，更加深入的人、机、物融合。

大数据来源于人、机、物，同时服务于人、机、物，大数据时代系统软件，特别是操作系统有待进一步发展，人、机、物融合大数据将推动 Web 进入崭新的 Web 3.0 时代。

第二节　大数据的发展

一、展望研究

对并行数据库来说，其扩展性近年虽有较大改善，但距离大数据的分析需求仍有较大差距。因此，改善并行数据库的扩展能力是一项非常有挑战的工作，该项研究将同时涉及数据一致性协议、容错性、性能等数据库领域的诸多方面。

混合式架构方案可以复用已有成果，开发量较小，但只是简单的功能集成似乎并不能有效解决大数据的分析问题，因此该方向还需要进行更加深入的研究工作，例如，从数据模型及查询处理模式上进行研究，使两者能较自然地结合起来，这将是一项非常有意义的工作。中国人民大学的 Dumbo 系统即是在深层结合方向上努力的一个例子。

相比于前两者，MapReduce[1]的性能优化进展迅速，其性能正逐步逼近关系数据库。该方向的研究又分为两个方向：理论界侧重于利用关系数据库技术及理论改善 MapReduce 的性能；工业界侧重基于 MapReduce 平台开发高效的应用软件。针对数据仓库领域，可认为如下几个研究方向比较重要，且目前研究还较少涉及。

（一）多维数据的预计算

MapReduce 更多针对的是一次性分析操作。大数据上的分析操作虽然难以预测，但基于报表和多维数据的分析仍占多数。因此，MapReduce 平台也可以利用预计算等手段加快数据分析的速度。基于存储空间的考虑，多维联机分析处理（MOLAP）是不可取的，混合式 OLAP（HOLAP）应该是 MapReduce 平台的优选 OLAP 实现方案。具体研究如下：①基于 MapReduce 框架的高效 Cube 计算算

---

[1] MapReduce 是一种编程模型，用于大规模数据集（大于 1TB）的并行运算。

法；②物化视图的选择问题，即选择物体的哪些数据问题；③不同分析的物化手段（如预测分析操作的物化）及怎样基于物化的数据进行复杂分析操作（如数据访问路径的选择问题）。

（二）各种分析操作的并行化实现

大数据分析需要高效的复杂统计分析功能的支持。国际商业机器公司（IBM）将开源统计分析软件 R 集成进 Hadoop 平台，增强了 Hadoop 的统计分析功能。但更具挑战性的问题是，怎样基于 MapReduce 框架设计可并行化的、高效的分析算法，尤其需要强调的是，鉴于移动数据的巨大代价，这些算法应基于移动计算的方式来实现。

（三）查询共享

MapReduce 采用步步物化的处理方式，导致其 I/O 代价及网络传输代价较高。一种有效降低该代价的方式是在多个查询间共享物化的中间结果，甚至原始数据，以分摊代价并避免重复计算。因此怎样在多查询间共享中间结果将是一项非常有实际应用价值的研究。

（四）用户接口

怎样较好地实现数据分析的展示和操作，尤其是复杂分析操作的直观展示。

（五）Hadoop 可靠性研究

当前 Hadoop 采用主从结构，由此决定了主节点一旦失效，将会出现整个系统失效的局面。因此，怎样在不影响 Hadoop 现有实现的前提下，提高主节点的可靠性，将是一项切实的研究。

（六）数据压缩

MapReduce 的执行模型决定了其性能取决于 I/O 和网络传输代价。由实验发现，压缩技术并没有改善 Hadoop 的性能。但实际情况是，压缩不仅可以节省空间，节省 I/O 及网络带宽，还可以利用当前 CPU 的多核并行计算能力，平衡 I/O 和 CPU 的处理能力，从而提高性能。例如，并行数据库利用数据压缩后，性能往往可以大幅提升。

（七）多维索引研究

怎样基于 MapReduce 框架实现多维索引，加快多维数据的检索速度。

当然，仍有许多其他研究工作，如基于 Hadoop 的实时数据分析、弹性研究、数据一致性研究等，都是非常有挑战和意义的研究。

二、分析大数据市场

从行业需求的场景来看，未来大数据需求主要集中在金融行业中的数据模型分析，电子商务行业中的用户行为分析，政府部门中城市监控，能源行业中的能源勘探等。

随着多数用户在一年内计划部署大数据解决方案，用户对大数据方案的投资也会逐渐增加。中国大数据市场每年将以超过 60%的速度增长，2020 年，市场规模将达到 37.9 亿元。

三、进军大数据

（一）传统厂商的研发

大数据带来的商业机遇被越来越多的厂商看重，传统 IT 厂商陆续推出大数据产品及解决方案，引入多年技术积累和客户资源；同时大数据新兴企业不断涌现，大有超越前者之势。

以 IBM、甲骨文、SAP、英特尔、微软为代表的老牌 IT 厂商将业务触角伸向大数据产业，推出软件、硬件及软硬件一体化的行业解决方案。其中既包括对 Hadoop 等开源大数据技术的集成，也包括各大厂商独有的创新技术。收购也是 IT 巨头进入大数据市场的敲门砖。

这些老牌 IT 厂商技术实力不俗，产品线丰富，在各个领域都发挥着重要作用。进军大数据市场，既拥有雄厚的技术底蕴，也能够让客户更容易地接受其产品或解决方案，逐渐成为大数据产业发展的主力军。

（二）新兴企业不断涌现

与那些老牌 IT 厂商不同，大数据市场还吸引了许多新兴企业的加盟。面对大数据带来的无限商机，初创公司开始挖掘大数据的商业价值，推出别具一格的产品或解决方案。

新兴企业拥有独特的技术优势，是传统 IT 企业所不具有的。相对于 IT 巨头，新兴企业更能够从细化的角度服务企业，向企业提供更专业的大数据服务。因此，在充满机遇的大数据市场，新兴企业完全有可能超越 IT 巨头，在短时间内获得市场的认可。

四、大数据将引导 IT 支出

大数据最显著的影响对象是社交网络分析和内容分析，每年在这方面发生的新支出高达 45%。多年前，在 IT 预算以外的技术支出仅占技术总支出的 20%；几年之后，IT 预算以外的技术支出几乎将占到总技术支出的 90%。组织将会设立首席数据官一角来参与业务部门的领导工作。预计再过几年，Gartner（高德纳公司，全球技术研究和咨询公司）会有 25%的组织设立首席数据官职位。Gartner 副总裁、著名分析师称，“今后十年中，首席数据官将被证明是能发挥出最令人兴奋的战略作用的角色。首席数据官将在企业需要满足其客户的地方，在可以产生收入的地方和完成企业使命的地方及时发挥作用。他们将负责数字企业战略。而他们从运行后台 IT 走向前台还有漫长的道路要走，其间充满了机会。”

未来三年内，占市场支配地位的消费者社交网络将会触碰增长的天花板。但是，社交计算会变得越来越重要，企业会将社交媒体作为一个必选项来设立。Gartner 预计，未来三年内，10%的组织在社交媒体上的支出将会超过 10 亿美元。

社交计算正在从组织的边缘向业务运营的核心深入。它正在改变管理的基本原则，即如何设立一种目标意识，激励人们采取行动。社交计算将会让组织摆脱层级结构，让各种团队可以跨越任何意义上的组织边界形成互动的社区。

五、数据将变得更加重要

（一）大数据将变得更加重要

非结构化数据将继续强劲增长是不言而喻的。因此，我们将继续看到集成的分析和非结构化数据存储的新产品。Spectra Logic 首席营销官莫丽·雷克托（Molly Rector）表示，随着用户需要更多的性能选择以及寻求替代的产品以满足自己具体的大数据需求，大数据将扩展到以分布式计算为重点的市场。

（二）云备份技术成熟起来

Mozy 公司高级产品管理主管吉提斯·巴斯度卡斯认为，在线数据备份和访问将达到企业的最有效点。巴斯度卡斯称，企业接受云解决方案以及对云解决方案好处的理解已经创建了一个在线备份的热门市场。采用主动目录集成和用户群管理等功能，在线备份现在已成为大企业的一个必然选择。

（三）混合备份将发展

企业已经非常了解云计算能够在什么地方最有效地实现其好处。因此，近几年将是企业找到一个平衡点的一年，即找到最好提供什么功能和哪些功能最能实现其承诺的平衡点。对于大企业来说，寻找平衡点肯定会导致混合的环境。在这种环境中，云解决方案用于分散的员工和办公室；现场安装的解决方案用于网络备份。巴斯度卡斯说，对于小型机构来说，用于数据备份和访问的云解决方案将与用于存档的本地存储解决方案结合在一起。

（四）更好的信息移动性

易安信（EMC）企业存储部门总裁布莱恩·加拉赫（Brian Gallagher）说，云环境的扩展意味着企业IT数据中心和云服务提供商之间需要建立更好的关系。加拉赫预测，数据和应用移动性能够让机构迁移其虚拟应用的概念成为常态。企业将部署具有高度移动性和严格保护措施的双主机数据中心配置，把一些工作量永久性地或者临时地卸载到云（或者卸载到服务提供商）。

（五）分层存储将更高级

分层次的存储已经出现一段时间，但是在不久的将来，分层次的存储将变得更加高级。雷克托说，多层次的固态硬盘存储将在高性能数据中心普遍应用。随着用户有更多的存储数据的介质类型，集成度很高的多层文件存储选择将越来越重要。

（六）横向扩展网络附加存储继续依靠大数据发展

横向扩展网络附加存储一直依靠大数据繁荣发展。这种趋势将继续下去。EMC Isilon存储部门总裁比尔·里希特（Bill Richter）说，我们已经看到人们转向使用专有的和开源软件技术在横向扩展网络附加存储的基础上创建私有云。

第三节　“互联网+”下会计教学的发展现实

一、会计发展的新模式

随着网络的逐渐普及以及信息数据时代的到来，传统意义上的会计发展模式已经在各个方面被社会的发展所淘汰。在当今互联网的时代，信息的快速流动已经成为每个企业发展的关键因素之一。因此，事关企业经营效益的财务部门以及数据信息的流通已经成为企业发展的重中之重。在这种社会背景下会计行业的转型及信息业务的提升就显得很有必要。对财务的管理流程进行规范化操作，以增加其工作效率，加快资金的流通速度，加强对资金以及相关信息的管理，促进财务行业在大数据的时代背景下为企业的数据分析和经营策略的制订提供可靠依据。只有完善有关云计算、云会计理论的会计信息系统，才能为会计发展模式的转变奠定基础和提供动力，也才能为提供更好的财政服务增加可能性。

（一）云会计的概述

1. 云计算的定义及模式

在以信息产业为研究对象的电信专业研究人员看来，云计算是以实现信息商业化为目的、以互联网的形式对信息进行储存、加工处理的一种按使用量付费的模式。

云计算是一种前所未有的以虚拟化资源为主题的新兴技术和新兴组织形式，这是美国国际商用机器专家比尔·鲍曼（Bill Bauman）对云计算的看法。

在对云服务进行了相关的调研工作以后，日本株式会社三菱综合研究所将云计算定义为：利用互联网的灵活性与自由性为实现数据在虚拟网络的计算提供了可能。

综上所述，我们可以将云计算定义为一种以互联网为媒介，以为企业服务为宗旨的发展形式。

云计算是互联网发展的附属品，它是一个内容丰富的大型储存器，一旦人们将需要查询的信息输入搜索，它就会通过自己的分析、过滤和计算，立刻提供所需的信息。也就是说，人们可以随时随地在任何一台相关数据设备上根据自己的需求查询所需信息，并不局限于某一固定的设备，从而在减少投入资本，提高工作效率方面具有显著的优势。然而当云计算与大数据相结合时，它的服务模式就会以云计算的储存、技巧及分布式处理等为依据变得相对复杂起来。

2. 云会计的定义及其优势

在云计算迅速发展的氛围中，以利用云技术在互联网上构建虚拟会计信息系统，完成企业的会计核算和会计管理等内容的云会计得到了快速的发展，并被社会广泛认可。

在《“云会计”在中小企业会计信息化中的应用》一文中，程平、何雪峰以顺应互联网发展趋势，并以向企业提供网络会计相关信息为主要服务目的来定义云会计。

云会计因国家环境和定义角度的不同而有各种解读。日本对于云会计的解读主要是立足其使用和组建的方法，它们曾以以云计算为奠基的会计服务系统或者说是云计算在会计服务业上的应用为论点，争论云计算与云会计之间的相互联系。以互联网为媒介向社会提供会计服务的商人广泛认可“云会计”的名称，并以这样的角度解读了云会计的定义：安装好的服务器以互联网为媒介向社会各界提供所需的软件服务，并以其提供的服务收取相应回馈的新型服务模式。其中保存这种信息的云服务器是关键因素。

云会计服务在网络的普及及计算机技术不断提高的社会背景下，因以下几个优点受到了大多数企业的追捧。

第一，降低会计信息服务的投资及运行成本。这一点主要有以下两方面的体现。一是企业并不需要购买整个系统，只要根据自己的需求支付使用费用即可，从而节省了大量资金投入。二是云计算的系统维护与升级由其专业开发人员负责，企业也因此减少了运行成本。

第二，更多的需要人群可以共享云会计信息。这一点主要体现在以网络和云计算为基础的云会计服务，因其客户端可以随时随地为需求者提供服务，因此在一定程度上实现了会计查询及使用信息的共享，为顾客随时查看信息提供了相应的保障。

第三，在一定程度上提高了财务监控的工作效率。一方面，在云会计的服务网络中，云会计的业务人员与财务人员之间的交流摆脱了时间与空间的约束，从而在提高监护效率、增加有效沟通方面有很大益处。另一方面，得益于服务软件自身具备的监控效能，进一步提升了财务部门的监控能力。

第四，财务相关工作者的工作效益得以提升。一方面，在云计算的服务下，公司的财务部门可以随时记账、报销，从而为企业高层更全面地评估经营状况、预测风险和规避财政风暴提供了保障。另一方面，云会计实现了各个部门的有效交流和更深合作，从而为财务部门工作效益的提高保驾护航。

云会计在云计算不断巩固的理论与实践基础上得以全速发展。而云会计在财务工作的各个领域都以其独特的优势领先传统意义上的会计工作软件。我们有理由相信在互联网技术不断更新与应用的未来社会，云会计会保持并巩固自身优势，得到财务界更加广泛的认可与使用。

3. 云会计发展面临的挑战

同其他事物一样，云计算给云会计的发展既带来了好的影响，又造成了一定程度的挑战，是一把双刃剑。一方面，它有利于企业网络信息化、数据化的开展，另一方面，其安全问题仍然存在很大的隐患。在大网络时代，云计算的研发者虽然都已设置了较高水平的安全机制，但仍不能保证百分之百的安全性。对于企业的发展来说，如果财务数据被窃取，肯定会动摇企业的立身发展之本。这种社会背景下，强化云计算的安全性和打消企业对云计算的顾虑，成为云计算发展首先要解决的问题。现在将制约云计算和云会计进一步发展的枷锁总结为以下两点：

第一，数据保障安全性存在的隐患。在云会计运行体制中，企业的财务数据在互联网上进行交接，网络成为数据的新型载体，随着载体的转变，数据流通的确认方式也逐渐多样化。在这种情况下，网络的相对开放性为不法分子作案提供了可能性。精通计算机各类技术的计算机高手或者同行业的竞争者可以制造病毒软件在数据的传输过程中窃取或者擅自修改相关信息，或者企业数据保管人员安全意识欠佳等都有可能为不法之徒提供可乘之机。这些使得云会计的安全保障问题遭到了广泛的怀疑。而对于立足于竞争激烈市场的企业来说，企业的核心机密无论以什么样的途径被泄露或者篡改，都会是对企业发展的致命一击。

第二，过分依赖云计算的研发者。云会计的运行完全取决于云计算的研发人员。而云会计的服务质量及售后保障仍对企业的财务工作有巨大影响。换句话说，一旦云会计的研发停止或者售后保障人员疲于提供及时有效的技术更新，都会对企业的发展造成不可挽回的损失。

（二）财务共享服务概述

1. 财务共享服务的含义和发展

经济全球化和互联网信息时代的到来为社会经济及企业的发展提出了重重的挑战，其中主要体现在商业经营形式的转变、管理体制的更新和产业生产链重组等方面。传统会计行业的变革也是遵循时代的主流而逐渐兴起的。而在会计领域的主要表现就是财务共享服务的展开。

财务共享服务的定义是：遵循财务业务的运转流程，以现代信息技术为依托，从社会需求的立足点出发为广大消费者提供专业的服务，以期达到降低资金投入、规范操作流程、提高工作效率、增加社会价值的目的。

2. 财务共享服务理论基础

财务共享服务是来源于共享服务，并以共享服务为主要目的的一种分布式管理模式。而共享服务是Robert Gunn等人针对企业经营管理存在的问题提出的新型管理模式。其关键内容是对企业所需要的有关开发人员和技术资源在一个平台上进行分享。其分享的服务类型不仅包括财务及采购方面的基本内容，还包括法律信息参考、信息共享等多方面的内容。

规模经济理论、企业竞争优势理论、组织结构扁平化理论、业务流程再造理论、集团管控理论、资源配置理论等是共享服务理论基础所包含的几方面内容。

（1）规模经济理论

企业生产规模扩大的同时，逐渐降低每个商品生产的固定及综合成本，从而促进生产量的增多和生产效率的提高，以期获得更多的生产利润。而共享服务所发挥的作用就是整合功能相同的部门，开拓新的业务，不断增加企业生产规模，使生产成本得到进一步的控制。

（2）企业竞争优势理论

处于共同的竞争市场和面对共同的消费人群的两个企业，能在局限的市场竞争中占有更大市场比例并且获得更多利润的企业，必定是具有一定竞争优势的企业。而共享服务就是以形成企业的竞争优势为目的，不断更新管理理念并对相应资源进行整合。

（3）组织结构扁平化理论

这种理论的特点是打破传统公司的管理模式，压缩不必要的中间管理阶层，减少不必要的人员投入，从而构建一种较为直接的管理模式。减少不必要的人员投入有两方面的益处，首先对于领导者来说，有利于管理层更加直接地把握市场动态，并以此为依据时时调整公司政策方向。其次对于基层工作人员来讲，中间管理层的削减有利于整个工作体制的简洁化。而共享服务的工作机制是将分离出来冗杂的工作统一解决，而核心工作由专业技术人员重点解决。即通过集中核心资源与优势技术来提升服务质量。这种组织结构扁平化理论，在降低运转资金、增加市场应变能力和顺应市场发展趋势、减少工作时间，提高工作效率等方面均具有显著优势。

（4）业务流程再造理论

这一理念是美国人迈克尔·哈默（Michael Hammer）最先提出的，他将业务执行或者说是实施过程中烦琐的不必要的程序剔除，并对必要的流程进行新的排列组合，最后依靠计算机现代技术实现再造的终极目标。所以，业务流程的再造其实是对业务流程进行了完全的改革创新。业务流程的再造在为共享服务节省成本，提高工作效率的同时，也对企业之间竞争的展开和整体社会价值的提升提供了条件。

（5）集团管控理论

母公司在合适的激励体制下，使各个分公司在积极响应母公司决策方案的前提下，鼓励员工排除万难，为实现母公司的战略意图努力奋斗。而共享服务管理模式，在母公司为子公司提供共享服务的同时，既降低了子公司的运行资金投入，又在一定程度上提高了信息采集与流通的效率和质量，提高了两者之间的知识匹配度。

（6）资源配置理论

即企业将相对稀缺的资源进行合理分配布置，以期用最少的资源收获更多的市场利益。而共享服务的运行机制正好与资源配置的理念一致，主要体现在共享服务实现了优势稀缺资源的重新集合，在一定程度上提高了资源利用率，同时优势资源的整合有利于企业集中力量做大事，从而赢得更大的市场竞争力。

3. 财务共享的注意事项

财务共享对企业的发展有利也有弊，是一把双刃剑，虽然它是企业财务服务水平和整体效益快速发展的动力。然而，初始投资高、回收期长、对原有体制造成冲击等都是财务共享这剂药方的副作用。为了扬长避短，最大限度地发挥财务共享的“正能量”，财务共享实施过程要注意以下事项：

（1）加强沟通，提高人们对财务共享平台的接受程度

对于任何一个企业来讲，财务共享服务都是一个新事物，都会对原有的企业经营和管理模式产生一定的冲击力。新事物的发展往往会经历坎坷与磨难，也就是说新事物的发展前途是光明的，而过程却是坎坷的。也正因如此，财务共享服务在其运行初期必然会遭到一部分人的反对。在变革管理理论的持有者看来，任何一项重大变革的初期都会经历这样一个时期，大部分人持观望态度，而支持者与反对者势均力敌。显而易见，变革成功的关键在于使大部分的观望者逐渐接受新事物，并对其持支持的态度，因此，对于要变革管理制度的企业来说，在变革的初期就利用舆论的压力迫使观望者转变态度至关重要。对于员工来说，他们持

反对或者观望态度的原因大都是害怕变革的失败影响个人利益，或者是对新事物的不适应感，因此公司在共享服务平台投入运营之前对员工进行有效沟通是更快变革的必然之举。

（2）化解财务共享计划对原有企业文化的冲击

财务共享计划使财务共享中心与公司其他业务部门间的关系由传统的行政等级制转换为业务合作伙伴的关系，冲击企业之前形成的文化。财务共享平台在运行的初始阶段会因为员工的抵制而达不到原有的工作效率。在这种情境下，使工作中的员工保持工作的积极性十分必要。还可以就财务共享中心与业务部门间的服务范围、成本和质量事先签署协议，照章办事，提高财务共享中心的工作效率。

（3）可靠的技术保障必不可少

超强的信息技术支撑是财务共享服务中心正常运转的保障，同时也是解决其运行过程出现有关安全问题、灵敏度问题、产出效能等问题的安全技术保障。

（4）财务共享中心的选址也很关键

办公地址的合理选择是财务共享服务战略正确实施的第一步，也是最关键的一步。是否有利于与外界沟通，沟通费用的高低，是否接近高质量劳动力或者劳动力是否充足，有无国家扶持政策或者相关法律法规，周围环境的好坏，是否接近广大消费人群等，都是选址时需要考虑的因素。

（三）在线会计服务

1. 在线会计服务内涵

所谓在线会计服务，是以互联网技术为基础，以云会计运行理念为指导而创建的以互联网为媒介的新型会计服务形式。开发商将财务软件分享在互联网平台上，用户根据自己的实际需要可以随时随地在互联网上获得所需信息，管理财务经济，并支付相应的费用。

2. 在线会计的特征

（1）会计业务开放化

在线会计服务通过将软件分享在互联网平台的形式，为所有的消费者提供所需信息服务，企业任何工作人员都有机会接触到企业财务信息，因而具有开放性的特点。

（2）经济主体对等化

在线会计服务在为会计行业的组织和单位提供服务的时候，两者之间是平等且对等的两者主体，两者应该互相尊重，共同进步。

3. 信息资源共享化

在线会计服务除将自己的信息以互联网的形式分享给会计相关工作人员外，也为相关工作人员交流经验、分享知识提供了平台。

4. 会计活动服务化

在线会计服务，是一种与时代发展齐步的网络新型服务形式，它在为企业相关决策人员提供理论知识和管理建议的同时，也为会计运转流程的设计提供参考信息。也就是说在线会计可以通过互联网平台，以他人为中介，为企业提供优质服务。

5. 会计业务高效化

在线会计服务，通过互联网的联系平台，以其方便、快捷、容易操作的特点广受会计工作人员的欢迎。会计工作人员可以在网络上随时做账和查找相关数据，在节约投入资本和时间的基础上，大幅提升了会计行业的工作效率。

6. 在线会计的优点

（1）企业可以低成本地获得满意的会计服务

在互联网上以租赁的形式获得所需的有关服务及维修售后服务等，并支付一定的租赁费用，这种服务形式使企业减少甚至是消除了大量设备投入的资金和维护善后费用，完全摆脱了传统会计服务耗时、资金成本大、耗力等弊端。

线上会计服务软件的系统维修、更新等都由开发商来负责，因此不仅节省了消费者的维修时间，也在很大程度上减少了日常设备、系统维修所需要的资金投入。

（2）为企业提供便捷的会计服务

使用在线会计服务的工作人员只要有计算机便可以随时随地进行记账等相关日常工作，在工作进行的同时可以通过互联网将信息数据实时分享出去。而企业的管理人员通过互联网可以以邮件或者其他形式对公司的财务情况进行监督和了解。

（3）易学易用

与传统财务软件不同，在线会计服务软件不需要正式购买软件，只需在互联网上以租赁的形式使用，且不需要对已购买的软件进行不断的系统升级及开展与升级相适应的培训，而是在其软件自行完成更新以后，根据软件简洁、明了的用户指导说明，自行进行学习及应用即可。

（4）注重保护用户数据的安全

在线会计服务软件克服了以往财务软件可能存在的数据丢失的风险和弊端，不论在技术层面还是在安全保护、法律保障方面都有完美而缜密的设计，从而规避了数据丢失、账号被盗所造成的风险。

（5）服务对象广泛

在线会计服务可适用的企业范围是从小型代理记账公司到大型上市公司，而其主要服务对象是经济市场为数最多的中小型企业。

二、会计教学环境分析

任何形式的教学活动都会受到相关外部条件的影响，我们将这种外部条件统称为教学环境。而会计教学的相关外部条件之间相互影响、相互制约，形成了一个纵横交错、复杂的网络，从而对会计教学活动的展开产生了深远影响。在知识经济时代，经济全球化的步伐也从未停歇，而互联网的普及又使会计教育环境具备了因素复杂、变化迅速的特点。在这样一个大的时代背景下，会计教师只有快速适应环境变化，并制订适合的培养计划，着重对学生的适应、应答及创新利用能力进行培养，才能培养出符合市场需求的新型人才。在当前环境下，会计教育的开展应对以下几方面的因素加以注意。

（一）社会环境变化

经济基础决定上层建筑。社会经济环境的发展为会计行业的生存提供了必要的土壤。在企业对自身运行机制及管理模式大变革的同时，会计行业也逐渐将其涉猎范围由简单提供财务服务，扩展到能为企业破产、兼并、租赁等活动提供相应服务；而其服务内容也增加了投资、网络交易、三方交易等方面。会计行业的这些变化都是在生产力发展促进生产方式发生转变的基础上实现的。换句话说，物质资料决定生产方式。21 世纪，我国对政府与企业之间的关系逐步调整，政府职能更加注重增加社会福利，完善社会保障，并将环境保护作为国家经济进一步发展需要首先解决的问题。在这样的努力下，我们有理由相信我们的生活环境将会逐渐改善，社会教育环境也会逐渐净化。

与此相适应，随着互联网经济和网络银行等一系列线上交易的开展，有关环境保护、社会福利、社会保障等方面的会计学知识将进一步完善，并逐渐成为占领大学会计教学内容的重要组成部分。

政治环境是一个国家在一定时期制定的各项路线、方针、政策和整个社会的政治观念，它属于上层建筑范畴，会对会计行业的发展产生直接影响。不同的国家政权不论是在市场资源配置和管理的要求重点还是在社会财富的衡量标准、财务的计算处理方法，都是与国家政治体制相适应的。随着市场经济体制的确立，改革开放进程的加快，金融市场更加重要。

在我国，金融市场不断发展、产业资金与金融资金的联系也日益紧密，金融资本在经济发展中的影响力不断扩大。与之伴随的是银行会计、保险会计等日渐重要的会计形式，也成为会计教学的主要内容之一。

（二）经济全球一体化

在世界经济逐渐成为一个紧密整体的今天，全球的商品、信息、技术和服务等资源都以实现全球资源的优化配置为目的而自由流动。世界卫生组织是以实现经济一体化而建立的全球性组织。会计行业在经济全球化的进程中扮演了推动者的角色。会计与音乐一样是没有国界的，因而可以作为商业交流的专用语流通于各国。然而国际会计准则之间的巨大差异成为经济全球化发展的巨大绊脚石，它不但会增加资金消耗，浪费资源，同时也会在各国贸易时引起纷争。因此，制定国际共同认可的会计制度与准则势在必行。世界经济全球化是推动会计行业国际化的原动力，而全球化又对我国会计教育的发展提出了新的要求。跨国公司的大量涌入及其适应性的生存策略，对我国相关人才的需求也提升了很多档次。全能型国际人才日益成为市场需求的主流。在这样的全球形势下，国外教育机构纷纷采取优惠政策吸引中国学生出国深造，与此同时，国外企业在中国办学教育的限制也逐渐宽泛，从而对我国教育行业造成了激烈的竞争。而会计资源的争夺又给我国会计教育事业的发展提供了新的契机。我们可以将国外成功教学经验与我国的具体国情相结合，制订适应我国的会计教育发展策略。

随着经济全球化的深化，克服因国家之间社会背景及经济、政治背景不同所造成的会计准则与规范的差异，摆脱束缚国际通用语言会计发展的羁绊，以增加会计信息的可靠性，推动会计国际化，降低交易成本，进一步推进国际贸易的开展，已经迫在眉睫。因此，有必要从国际角度对会计行业的语言障碍进行交流调整。经济全球化的背景下，经济危机也全球化，一个国家的财务危机很容易波及另外的国家，也就是说国际环境日益复杂，也增加了会计改革的迫切性。在日益发达的科学技术强有力的支持下，我们有理由相信会计国际协调一定会取得有效的进展。

（三）信息技术革命

全部社会经济的运营模式形成彻底性改变得益于成长的现代信息科技，其核心是网络、通信与计算机科技。

第一，会计信息体系依托于现代信息科技，它是高功率、智能化的信息治理体系在网络环境平台上创建的，它不仅能够高度分享会计信息，把会计信息体系改变为一个开通的体系，并将其计算得只能拓宽为治理与掌控职能，而且能够深度自动化处置会计事务，并及时和自主上报会计信息。

第二，会计主体传统的金字塔式组织构造将在信息科技的推动下被新的网络组织所代替，中层管理将渐渐淡出历史舞台，而下层与上层的关系更为直接密切。如何准确监察和反映公司经济行为这一问题必然会随着变化的会计主题而被提出。会计受现代信息科技的影响一定要与会计教学相符合，对教学方式、手法、内容实施相应的变革。

（四）知识经济的发展

在当今以知识为基础的经济社会发展中，人类的知识储备和对有关信息的创造利用越来越发挥举足轻重的作用。换句话说，人类的智慧在经济竞争中的地位越发重要，知识就是生产力。中国科学院在有关知识创新的调研中指出：有关证据指出世界经济合作与发展组织主要成员国经济发展的主要动力是知识。知识已经成为经济发展的主要生产力之一。同样，在知识经济的时代背景下，会计行业的生存环境也做出了相应的调整适应。财务工作者需要适应时代需求，不断更新知识储备、工作技巧及手段，以期能真实地对经济真实发展情况做出反馈，从而为国家和经济社会的发展培养更多优秀的会计专业人才。

在知识经济社会中，虽然依旧有工农业的存在，但越来越多的人参与到新型经济中，其主要特点之一就是投放无形资产，提供越来越多的高回报的服务性业务种类与工作职位为具备多种知识的人才。这不但为会计的职场功能提供了宽广的空间与极好的机会，也为变革会计教学供应了充足的经济支撑与物质保障以及创建了优秀的环境。知识经济时期发展的信息科技为创新会计教育方式与教育手法提供了技术支撑，会计教育方式会被衍生的信息科技工具所完备与充足，而会计教育的基本手法则为网络与计算机科技。

（五）教育机构的竞争

在全球化的今天，竞争日益激烈，竞争的领域也逐渐延伸到了教育界。在这样的社会潮流背景下，国内高校兴起了与国际相关组织合作的高潮。在会计行业主要表现为将国内的学历教育与会计资格证的国际认可相结合，不仅有机会培养出国际认可的专业技术人员，还在一定程度上对我国会计教育的落后局面有一定的改善。而且中国学员众多，市场广大，也吸引了许多国家纷纷为中国学生亮起了绿灯，并制定了如放宽签证条件等一系列的优惠政策。而与此同时，我国对在华兴办教育的条件也做出了相应的调整，以欢迎更多的国家来中国兴办教育机构。在这样的历史条件下，本土的教育结构就与国外新办的教育企业形成了直接竞争关系。互联网的普及加剧了两者之间的竞争关系。国际教育唾手可得，而国际教育机构的兴建也是一把双刃剑。一方面，在争夺教育资源的同时，为我国会计教育行业提供了接触先进知识的机会，有利于会计教育机制的改革和发展。另一方面，国际会计教育的兴起，对我国会计教育的发展有巨大的挑战性，顺应时代发展潮流，培养适合时代竞争的新型人才是我国会计教育界必须认真应对的挑战。

三、会计改革任务与理论研究

尽管我国会计理论研究在近年来取得了非常丰富的研究成果，在促进会计发展的同时，也促进了经济社会的发展，从而对市场经济与资本市场的建设与发展起到了非常重要的推动作用。

1．“十三五”时期会计改革任务

根据《会计改革与发展“十三五”规划纲要》（以下简称《规划纲要》）确定的指导思想、基本原则和总体目标，“十三五”期间会计教学改革和发展的重点任务主要包括以下项目。

（1）深入实施会计人才战略

实现会计行业的发展，必须建设一支规模宏大、结构合理、素质优良的会计人才队伍。因此，要完善会计人才培养模式，创新会计人才培养方式，大兴爱才、敬才、用才之风，为会计行业发展奠定基础。要继续深入开展全国会计领军人才培养工程，制定《全国会计领军人才培养工程发展规划》，健全全国会计领军人才培养工程及其特殊支持计划长效机制，创新领军人才的选拔、培养机制，完善考核、使用制度，不断充实全国会计领军人才队伍，并持续推进全国会计领军人才培养工程特殊支持计划。同时，因地制宜地引导各地财政部门和中央有关主管单位开展符合自身实际需要的会计领军人才培养工作。推动在大中型企业、行政事业单位配备总会计师（财务总监），深入推进大中型企事业单位总会计师素质提升工程。加快推进管理会计、政府会计、国际化会计人才等行业急需紧缺专门人才的培养，注重发挥用人单位在人才培养中的积极作用，建立健全会计人才联合培养机制，营造高端会计领军人才成长的宽松环境。

要进一步改革会计专业技术资格考试评价制度，改进选才评价标准，完善考试科目设置，提高考试水平与实践能力的匹配度，推动增设正高级会计专业技术资格，形成初级、中级、高级（含副高级和正高级）层次清晰、相互衔接、体系完整的会计专业技术职务资格评价制度。

要认真做好会计专业技术资格考试和注册会计师考试管理工作。会计专业技术资格考试和注册会计师考试肩负着选拔人才的重任，是人才培养和执业准入的重要环节，也是引领会计人才成长的风向标，做好这项工作意义重大。

要不断完备会计人员继续教育制度，增加专科职称才能，使会计训练场所标准化，更深层次推进会计教育变革，增强会计专科学历研究生教育工作，增加会计产业工作思想建立工作，设计会计员工工作思想典范，提升会计员工的工作素养和教养。

（2）开展会计理论建设，繁荣会计理论研究

研发会计理念支持着会计的变革与进展。增加引导会计理念研发事务的力度，保持理念创造与实际相结合，引领会计理念员工牢牢以财务会计与经济社会进展为重点，强化进展创造新的理念与会计学问研发，迅速建设中国会计方式体制与理念，使其具备中国特点，并能达到重大理念突破以及凸显国际感染力。要引领会计理念工作者进入变革实践前线，归纳实际体验，产生理念指点，推进会计的变革与进展；更深层次补充会计理念研发方式，确实改良文风学风，持续纯净学问氛围。要不断培养会计专家训练项目等学术领头羊；更深层次地把《会计

研究》和英文版《中国会计研究》弄好。要深化指点每个会计学科的工作，帮助学科依法举办学问项目，完善学会内在处理，力图把学会建设成一个核心智库用来变革与进展会计。

（3）高度重视会计管理队伍建设

担负起艰辛而沉重的会计变革与进展职责，并大力推进会计事务的转换与晋级，塑造一个有思想、有担当、懂专科、有大局观、干实事的会计管理队列的核心是人。最近，连续提升的会计治理干部队列素养大致能够满足会计行业进展需求。但不可避免也有一部分员工的理念、学问和思路不懂变通，不能与新需求和趋势符合；还有从别的位置轮换过来的职员不具备系统化的会计处理常识条件。会计管理员工队列建立需要被各个财政单位着重看重，并渐渐产生一种培养机构，它面对基础会计管理员工并把新政策新制度专科培养与垂直培养相融合，力争把会计处理干部的才能与素养提高；举行精确化的管治训练、策略训练、理念训练、规章训练和规则训练，对干部的技能弱项、体验误区、自己的知识空缺进行训练，使他们拥有对新趋势新目标的才能和提高自信。聘用与筛选会计管理干部要受到各个地方财政单位的器重，使会计管理队列拥有越来越多的高素养、有担当、作风优良的干部；着重维持会计处理干部队列的稳固性。同时，每个会计管理员工也要爱惜自身的家庭、工作与人生，坚持理念，自动遵守纪律，认真履行职务，踊跃承担责任，争取奉献自己的力量推动进展与变革会计。

（4）贯彻实施《规划纲要》

中央关联主管单位与各个财政单位要完全彻底落实《规划纲要》，它既是战略部署，也是会计的大纲性文件。要确实彻底落实《规划纲要》，创造优秀的社会环境来全面强化会计变革，深切意识到颁布实行《规划纲要》的重要含义，大力宣扬与号召研习《规划纲要》的引导思想、整体任务、核心变革目标、大致准则和策略行为等。

2．“十三五”时期会计理论研究

实践产生理论，反过来指引实践并接受实践检验。“十三五”时期会计进展和变革的其中一个目标是建设会计理念，而且“十三五”时期，会计进展与变革的形势是兴盛与进展会计理念与研发事务的前提，并将之与十五项核心变革目标的详细实施相结合。要在其中使财务会计核心事务与经济社会进展的重要题目被掌握，尤其和供给侧结构性变革关键的事项展开理念创造与探求，供应理念支撑与科技验证为会计政法行为研发定制经济社会进展服务需求。许多触及的会计问题，如降成本、补短板、去库存、去杠杆、去产能，需要会计处置的是无偿划拨财产、僵尸企业处置、企业破产的清理等，都要求会计理念研发人员进入变革实践前线，归纳实践体验，产生理念引导。

第二章　大数据时代下职业院校会计信息化的教学目标

随着科学的发展与技术的进步，企业信息化直接影响着会计信息化，在新的会计环境下，新的会计人才培养要求已经提出，目前的会计人才培养已经不再能满足企业的需求。因此，职业院校必须紧密结合会计信息化对高素质人才的需要，调整教育方案，以培养出促进社会进步、符合社会需要的复合型会计人才。

第一节　大数据时代下财务会计受到的影响及发展趋势

互联网作为信息技术发展的产物，是一种新的信息传递机制，它通过技术手段解决了信息不对称的问题，从本质上解决了“沟通”障碍。在传统行业中，所有和信息有关的部分都可能被互联网所取代，大幅提高了效率。财务工作是一项极为重视沟通和效率的工作，而以前由于技术的限制，信息传递的速度跟不上所需，往往会造成信息不对称，在很大程度上影响着企业的决策。因此，大力发展会计信息化及管理职能的转变是财务工作未来要做的重要工作。

一、大数据时代下财务会计受到的影响

（一）对传统会计面临的难题的突破

随着大数据的发展，其本身带有的优势令传统会计面临的一些难题得以突破。例如：远程查账、远程财务稽查、跨地区财务业务协同等。

1. 大数据使财务工作克服了空间、时间的限制

传统的会计工作受时间和区域的影响，无法随时随地进行数据的查阅，不便开展财务工作。而在“互联网+”下，只要有网络，财务工作就可以在网络上顺利进行，随时追踪数据进行账务处理，例如远程查账。

2. 大数据使移动办公无纸化变为可能

互联网的发展，尤其是移动互联网的发展，带动了财务工作的办公新模式。无论是在单位、家中还是其他地方，只要连接网络，就可以用移动设备查看财务信息，领导的审核签字也可以在线完成，财务工作将会变得更加便捷、高效。

3. 大数据使财务数据实现了共享

随着企业的发展，子公司的数量逐渐增加，传统的会计工作无法及时、准确

获取各分子公司的财务信息，从而导致数据的滞后。在“互联网+”下，随着新信息技术的发展，会计信息化水平将得到很大提高，财务数据在网络上共享变成可能，财务人员可以通过互联网准确掌握各分子公司的财务数据。

（二）对传统会计在确认、计量上产生的影响

在大数据与各种经济领域融合的过程中，经营上的创新也随之而来，比如网络游戏中的虚拟物品、虚拟货币等。这些经营创新的产物对传统会计在计量、确认上产生了影响。

1. 大数据对会计计量产生的影响

会计上对资产的计量通常有两种价值基础，即投入价值和产出价值。其计量属性有历史成本、现行成本和重置成本等。资产的产出价值是以资产通过交换而最终脱离企业时可以获得的现金及现金等价物为基础的，其计量属性有现行市价、可变现净值、清算价值及未来现金流量的现值。

随着互联网的应用及计量对象的不断扩充，历史成本计量受到其相关性差的影响。对于虚拟资产来说，传统商品销售中，商品只能销售一次，所有权也随着销售同时转移。而对于虚拟资产来说，虚拟物品可以被多次重复销售，产品的复制成本可忽略不计。由此，虚拟物品的价值就大幅超出原来的成本投入，历史成本计量就不适用于虚拟资产了。虚拟资产的价值与其产生的未来超额利润直接相关，未来现金净流量法充分考虑了货币的时间价值及虚拟资产未来的盈利水平，只要未来现金净流入能够可靠地加以预计，虚拟资产的计量将适用于未来现金净流量法。

2. 大数据对会计确认产生的影响

大数据时代下，企业不断发展与互联网有关的领域，会计确认对象逐渐多样化。这些经营创新的产物将会改变传统会计在确认上的认识。例如虚拟资产的会计确认，就是对新型无形资产的确认。由于其符合资产确认条件：企业所拥有或可控制的、预期可以带来未来经济利益，所以作为一项资产进行会计处理。虽然虚拟资产不具有实物形态特性与无形资产类似，但虚拟资产的开发和生产是为了销售，给企业带来的是直接利益，这与无形资产又有明显不同。因此，虚拟资产不能按照传统会计的确认方式归为无形资产，而应该作为一项新型无形资产被确认。

“互联网+”在不断地发展，越来越多的创新产物也将不断出现，这些创新

产物需要得到会计上的合理的计量和确认。

二、大数据时代下财务会计面临的机遇

（一）大数据为会计从业人员转型带来了机遇

我国互联网经济发展起步较晚，企业财务人员的知识水平和互联网操作能力没有得到足够的重视，这就导致了人才的相对短缺，也导致了企业在互联网经济下的创新能力的丧失，使相关工作陷入比较困难的境地。在大数据时代下，财务从业人员除要具有会计专业技能外，还需要紧跟时代变化的发展，不断提升。这种人才即复合型会计人员。复合型人才要求会计从业人员既有会计的专业知识，又具有熟练操作互联网的能力，还能熟练运用各种会计分析、预测、评价的专业方法。这给“互联网+”下的会计从业人员带来了不小的冲击，对于老一辈的会计来说，纸上算账已经不符合时代发展的需要了，现代会计要求财务人员不仅在专业知识方面过硬，业务素养也要提升，要根据政策及时代发展方向提升自我知识技能。而财务人员的转型也会促进大数据时代下财务会计向更深层次融合和发展。

（二）大数据为财务会计向管理会计转型带来了机遇

在大数据的影响下，信息的传递速度和信息的共享性使企业对会计信息的要求越来越高，而传统的会计工作已经跟不上这些要求。随着大数据时代下云计算、大数据、移动互联网等新兴技术的广泛应用和快速发展，会计的管理职能终于得到了重视，将会计人员的核算工作时间缩减，以便有更多的时间用于为企业创造经济利益的管理中去，将会计核算职能和会计管理的职能明确区别划分。因此，财务会计逐步向管理会计转型。会计工作逐步将重心从外部利益相关者转移到内部经营效益的服务中来，更多地关注企业决策、预测、财务，为企业的发展提供数据支持。这种转变应体现在以下三个方面。

（1）由“静态控制”转向“动态控制”

传统的会计工作受到技术和人员素质的诸多限制，一般都是进行静态预算、反馈、预测及控制，这种方式对数据的实时性和准确性都不能保证，不利于企业对数据的正确理解和把握。财务作为企业的重要部门，更无法为企业的长久发展指出正确的方向。在大数据时代，在全新的互联网工具及新型业务管理模式下，财务部门与各业务部门可以无障碍沟通，信息的准确和及时性也有很大的提升，财务人员能够更加容易地参与到企业活动及决策中去，有效控制企业内部管理，

并且在企业经营的全过程中，根据不同的状况进行适当的调整，降低企业可能发生的风险和损失，将企业的成本控制在合理范围内，尽可能地使企业的经营利润保持稳步增长。

（2）由“事后算账”转向“事前预测、事中控制”

传统的会计工作就是将数据汇总，作凭证、报表，不会考虑为企业带来什么利益。在大数据时代，新兴技术的运用促进了核算时间的缩短，加强了对各种会计信息的分析，这些分析可以在业务开展前及企业决策中作为辅助数据为决策的制定提供帮助。现代会计应将数据的分析和评价作为主要工作内容，主动地提供数据支撑企业利润增长和重大决策，在未来发展中积极参与和讨论，提供帮助。

（3）由“部分控制”转向“全面控制”

由于在互联网的影响下，财务部门与其他部门可以做到沟通无障碍，信息共享，即财务信息反映的不再是不完整、不全面的企业经营数据，而是将企业部的数据融入财务数据中去，使财务数据更加全面、具体，各部门也能根据财务数据了解业务情况，与预期的对比，并能利用数据开展下一步计划。因此，财务部门与其他业务部门的完美衔接，促进了数据从片面到全面，从简单到复杂，使财务部门实现从部分控制到全面控制。

为了适应市场竞争，我国企业不断尝试新的管理方式，尝试运用互联网思想进行会计管理。海尔集团是比较早开始对会计管理的理念进行创新的企业。海尔集团执行副总裁、首席财务官谭丽霞认为：传统的管理会计就是在静态下进行的核算工作，之后进行数据反馈和分析。而在大数据时代，这个方式需要根据所处环境发生质的变化，通过信息技术等方式，对会计信息根据市场环境的变化适时进行预测、计划。对企业的战略提出正确的数据支持。

（三）大数据为会计信息化建设带来了机遇

会计信息使用者的多样化带来的是企业对会计信息的效率、质量，以及成本可控性提出了更高的要求。

在我国企业的会计信息化建设刚刚起步，虽然已经取得了一定的成绩，但与国外公司先进的信息化建设之间还存在一定差距。而这些差距将会阻碍企业的发展。这些差距主要集中于两个方面：一方面，是企业的信息化基础比较薄弱。企业在信息化建设上没有投入大量的物力、财力，没有采购先进的信息化设备，这导致了信息化缺少了必要的信息基础。另一方面，是信息化软件的不适合。企业在会计信息化软件的选择上，普遍都是市面上比较常见的会计信息化软件，这些软件与企业的实际情况并不吻合，同时在会计信息化软件的使用程度上的不足，也是企业会计信息化建设的普遍现象。

随着互联网的发展，以及以云计算、大数据等信息技术为代表的高新技术的突飞猛进，我国企业如果想在竞争激烈的市场中占有一席之地，必须提升会计信息化，会计信息化在企业的未来发展中起着日益重要的作用。为了贯彻我国国家信息化发展战略，全面推进我国会计信息化工作，国务院和财政部都针对信息化的发展提出了指导意见。

在大数据时代背景下，会计信息化只有顺应网络化、信息化的发展趋势，加强会计信息化建设、满足国内外不同监管部门和会计信息使用者的需求，才能促进企业在控制力、管理能力等方面提升能力，使企业在整个市场乃至整个世界的竞争中都占有优势，具有话语权，才能在世界上占有一席之地。

纵观世界上处于竞争优势的大公司，都将信息技术作为企业发展的重要手段。在组织形式、管理方面的创新，都会促进企业经营的效率，提升企业管理水平，在业务流程方面也会促进再造的工作。在大量资金投入的基础上，这些大型公司在信息化建设上积累了大量的经验教训，这些经验教训对会计信息化的实时性、集成化，以及对组织机构、人员的建设都发挥了充分的作用。

（四）大数据为会计相关领域的发展带来了机遇

互联网像水、阳光和空气一样渗透到人们的生活中。互联网环境下信息技术的发展最为迅速，对会计领域的发展影响最为重大。传统会计是以每个单位为基础、相对独立的工作范畴。在大数据、移动互联网等新兴技术的引领下，企业的服务对象不再都是实体，也可能是虚拟的，而企业本身也可能是虚拟的。会计资源不再局限于线下，有很多来自线上，由资源的独立走到资源共享。在这种情况下，会计的工作与互联网深度融合，衍生了更多的虚拟产业，如：网络代理记账、在线财务管理咨询、云会计、云审计等。在这个基础上也促进了电子商务、信息安全等相关技术产业的扩张和发展。

三、财务工作的发展趋势

国内外企业的发展，都会经历规模变大、人员增多、管理层增加等，从而产生成本高、效率低、组织机构重复、流程复杂等问题，信息的沟通与传递是否顺畅和快捷成为企业在经营活动中信息是否全面的重要因素。互联网的发展及新型技术和理念的建立，促使会计信息化向信息共享化发展，信息共享服务的提升将会为企业的发展起到不可替代的积极作用。

当今社会，已经有很多企业开始运用共享服务，利用互联网的优势为企业提高了效率、准确性和有效性，为企业吸引更多新的客户及更多的业务提供了基础。

随着云计算、大数据作为信息技术手段出现，在移动互联网的背景下信息共享服务将提升到一个新的高度。随着财务云、在线会计服务在云会计的基础上建立起来，人们的工作方式也将发生重大的变革，利用互联网无时间、空间的限制，企业的管理人员和各个信息使用者们将可以随时随地进入信息系统，这种新型的信息共享服务对数据的收集和处理更加高效，对人员的配置更加合理，在工作流程上也越来越标准化，同时低成本、高效率、高安全性也将是未来新一代财务信息共享服务的重要特征。

第二节　现代信息技术对现代会计教学的影响

随着社会经济的发展和信息技术的不断进步，现代信息技术环境下的会计教学也迎来了更多的机遇与挑战。我们要做的是改善信息技术环境，使其能够进一步地完善和提升，促进会计教学模式在良好环境中有效地开展，积极探索教学模式，在发展中为会计教学提供可借鉴的经验和新的启示。改善信息技术环境首要了解的就是现代信息技术对现代会计教学的影响。

一、信息技术对会计培养目标与课程设置的影响

作为一项跨世纪的高职教育，会计教育必须面向新世纪，加快改革步伐，加强信息技术教育，构建适应信息时代的大学会计教育中的信息技术教育框架。为适应信息社会的发展及其对会计人才的需要，必须改革课程设置、更新教学内容，注重培养学生运用信息技术的能力。

（一）信息技术对会计教育培养目标的影响

21 世纪是全球信息化的时代，在以信息技术为核心的知识经济中，劳动力资源日益知识化，人的知识成为创造价值的主要源泉。同时，人力资源管理也从简单的人员调配，向人员智力开发、潜能挖掘、知识积累及发挥创造性的综合能力

方向发展，教育已成为人力资源管理的一个重要环节。在知识经济中，会计人员的自身价值也发生了质的变化，会计活动已变为一项重要的管理活动，特别是以计算机技术、通信技术和网络技术为核心的信息技术在企业管理中的运用，使会计活动融入经营活动中，并直接参与社会财富的创造。在这种形势下，会计人员在知识结构、基本技能及自我能力的开发等方面，与传统会计人员相比，有了更高的要求，从而对会计教育也提出了不同的要求。

传统会计教育在培养目标上，只注重“应知”“应会”，即只要求会计人员掌握会计基本知识和基本操作技能，能够完成账务处理、报表编制及一般的财务管理工作。但在以信息技术为核心的知识经济时代，只掌握会计知识的会计人员不仅难以完成会计工作，更无法胜任财务管理工作。因此，现代会计教育培养目标必须适应信息技术不断发展和企业经营环境不断变化的要求，不仅要培养会记账的会计人员，更要培养能够运用现代信息技术进行财务管理的管理人才。

会计人员不仅要通晓会计理论与实务，掌握现代工商管理知识，具有较高的外语水平，还要掌握计算机操作技能、会计软件使用和维护技能，以及网络技术、电子商务等一系列新技术与新知识。

会计人员应把更多的精力放在组织管理、职业判断、分析预测、参与决策等方面，会计人员应具有较强的逻辑分析判断能力和创造性思维的能力，能协助企业领导者进行预测分析和决策筹划。

会计人员作为企业业务的综合管理者，应从会计的角度对业务过程的合理性进行评价，积极涉足新的业务发展领域，敢于采用新方法和新技术。

会计人员应能妥善处理与高层经理、业务人员、客户之间的工作关系，了解企业内部与外部的业务情况，以便更好地发挥辅助决策的作用。在信息技术环境下，企业的业务流程和管理组织将进行重组，传统的金字塔式的企业组织结构将被团队式的以高效率工作小组为基础的管理结构所代替，计算机辅助协同工作将成为企业的主要管理模式。在这种管理模式下，每个成员的工作都可能对企业的整体利益发生重大影响，这就要求会计人员要有良好的团队协作精神。

（二）信息技术对会计课程设置的影响

在众多财经类院校会计专业现有的会计课程体系中，与信息技术相关的课程主要有计算机应用基础、电算化会计、电算化审计等。在这些课程设置中，计算机及信息技术处理方面课程的比重和深度均不够，不能适应信息技术发展对会计工作的要求。

在现代信息技术条件下，数据共享、网络传输已成为信息管理的主要方式。鉴于会计信息与生产信息、经营信息在很大程度上已融为一体，在设置会计课程时，必须考虑信息技术环境下处理会计信息的需要。首先，在信息技术环境下，许多会计数据直接从业务数据库中获取，会计信息系统中的账、证、表均存储在数据库中，财务人员在进行财务分析和财务管理过程中需调用相关数据库中的数据，因此，会计人员应掌握数据库系统的工作原理及相关技术。其次，会计信息系统是管理信息系统的一个子系统，它与管理信息系统的其他子系统之间均有数据联系，以实现相互协作，共享数据。最后，在信息技术环境下，会计工作向管理方面的转化及电子商务的出现，要求会计人员必须了解和掌握管理信息系统和电子商务方面的知识。

面对信息技术的飞速发展及其在企事业单位的广泛应用，会计教学中应增设与信息技术相关的课程，如计算机网络基础与组网技术、数据库原理、管理信息系统、电子商务等课程。这些课程是会计电算化专业的必修课。会计专业的学生可以根据其爱好与需求进行选修。

为了适应新世纪的需要，我们认为，该课程的内容应该随着信息技术和审计理论与实务的发展不断完善，通过本课程的学习，学生能够理解和掌握计算机审计的对象与内容、计算机会计信息系统的内部控制、计算机会计信息系统审计的方法，掌握计算机审计软件，能够正确地分析计算机舞弊的手段并提出防范建议，为学生未来的注册会计师工作打下基础。

综上所述，信息技术对财务会计的影响间接反映了网络经济对会计教育培养目标的影响，教育课程必须改革才能与经济环境相匹配，当前计算机教育是课程中的重点，但是它只有与会计专业知识相结合，才能达到目标。

二、信息技术对会计教学环境的影响

现代信息技术的应用将为构建新的会计教学模式提供理想的教学环境。当前，高等教育会计教学改革的关键在于如何充分发挥学生在学习过程中的主动性、积极性、创造性，使学生真正成为学习的主体和信息加工的主体，而不是外部信息的被动接收器和知识灌输的对象，教师如何真正成为会计课堂教学的组织者、指导者、促进者，而不是知识的灌输者和课堂的主宰，要实现这样的教学改革目标，就不应离开现代信息技术环境的支持。多媒体计算机的特点为传统会计教学模式的改革提供了良好的教学环境。

（一）多媒体计算机的交互性

多媒体计算机的交互性有助于激发学生的学习兴趣，充分体现学生在教学过程中的主体作用。多媒体教学注重多感官的刺激，通过多感官的刺激所获得的信息量，比单纯听教师讲课强得多，更符合人类的认知规律，因而也就更有利于教学效能的提高。多媒体计算机的交互性有利于充分发挥学生的主体性。在多媒体计算机这种交互式学习环境下，学生则可以按照自己的学习基础、学习兴趣来选择所要学习的内容和适合自己水平的作业练习，实现学生学习的自主化、个性化。多媒体计算机的交互性所提供的多种参与活动就为发挥学生学习的主动性、积极性、创造性提供了良好的教学环境。

（二）多媒体计算机的超文本特性

多媒体计算机的超文本特性可实现对教学信息资源最有效的组织与管理。超文本（Hypertext）是按照人脑的联想思维方式，用网状结构非线性地组织管理信息的一种先进技术。我们要充分利用多媒体、超媒体、超文本等方法表述会计教学信息内容，与学生大脑知识的网状结构相匹配，使教学信息内容走向形式多样化，思维个体化、交叉化和综合化，使每个学生都能根据自己的学习需求，寻找学习专业知识的切入点，并且多层次、多角度地对所感兴趣的问题进行探讨分析，再把各种会计学科知识进行有机的组织和链接，最后系统掌握会计理论与方法。根据超文本的特性，可以按照会计教学目标的要求，把包含不同媒体信息的教学内容组成一个有机的整体。例如，在讲授《基础会计学》时，传统的印刷教材对会计核算程序这部分教学内容只能采用文字表述方法，学生由于对会计职业岗位缺乏了解，对这部分教学内容难以理解，假如我们能深入会计核算单位，用摄像机将单位有关的会计核算工作的全过程，包括从审核原始凭证、填制记账凭证、登记会计账及编制会计报表拍摄下来在课堂上插播，辅之以相关的凭证、账表等实物展示，再结合会计核算流程的动态演示，把这些包含不同媒体信息的教学内容组合在一起，就能取得较好的教学效果。

（三）计算机的网络特性和虚拟特性

计算机的网络特性和虚拟特性有助于解决会计教育资源严重滞后于现实需要的问题，有助于培养学生的合作、创新精神和促进信息能力发展的研究能力。

1. 有利于教育信息资源实现共享

利用计算机的网络特性使得教育信息资源实现共享，使会计教学活动的时空限制大幅减少。通过建立学院教师教学素材库、学生在线学习资料库和电子作业系统、学生的会计实验软件系统和实验案例库，可以把学院内优质的会计教学资源集中起来，放在学院的会计教育网站，供学生随时随地进行在线学习或下载。利用计算机的虚拟特性，可以创立虚拟化的教学环境，如虚拟教室、虚拟实验室、虚拟校园、虚拟图书馆等，使教学活动可以在很大程度上脱离物理空间与时间的限制。

2. 有助于培养学生的合作精神

利用计算机的网络特性有利于实现培养学生合作精神并促进高级认知能力发展的协作式学习。所谓协作式学习，就是要求教师为多个学生提供对同一问题用不同观点进行观察和分析比较的机会，目前基于计算机网络环境下的协作式学习主要有讨论、竞争、协同、伙伴和角色扮演等多种形式，例如，教师可以指导一个班级的学生就某一会计热点问题进行主题研究。显然，网络可以成为同学们最好的学术交流和共事研究成果的平台，每个同学可将搜集的资料和自己的研究结论和观点在网上公布，全班通过 E-mail、BBS 进行讨论，通过网络共享资料、共享观点、协调研究步骤，由此推动学生在各自原有基础上深化研究，最后完成自己的研究论文。

3. 有利于培养创新精神和促进信息能力发展的研究能力

利用计算机的网络特性，有利于实现培养学生创新精神和促进信息能力发展的研究性学习。创新能力和信息化会计能力是 21 世纪高素质会计人员的两种重要能力。互联网作为世界上最大的、拥有丰富信息资源的知识库、资源库，是按照符合人类联想思维特点的超文本结构组织起来的，因而特别适合于学生进行自主发现、自主探究性学习，学生在互联网的知识海洋中可以进行自由探索，对所获取的大量会计学信息进行分析、评价、优选和进一步加工。

综上所述，将现代信息技术与会计教育教学进行有机的结合，将大幅优化教学过程，充分发挥学生的学习主动性、积极性、创造性，为学生合作精神、创新能力、信息素养的培养创造最理想的教学环境，而这样的教学环境正是创新会计教学模式所不可缺少的。

第三节　会计类本科专业会计电算化课程的教学目标

随着社会信息化的发展，会计电算化这门专业课的重要性日益提高。虽然这门课在我国会计类专业已经开设了很长一段时间，但迄今为止，它没有形成完整的体系，还没编制出一本比较理想的教材，很多问题仍然处于不断地探讨之中，因而给会计类专业的会计电算化教学及学习带来了不少困难。要使会计类本科专业会计电算化课程获得良好的教学效果，首要的是明确会计电算化教学目标。

一、当前会计电算化教学目标确定中存在的问题

（一）课程设置目标定位不正确

教育目标一般要受教育观、知识观、思维方式、经济环境、经济发展水平等因素的影响，而一门课的设置目标则服从专业培养目标的需要，教学目标取决于课程设置目标。目前不同院校尽管对会计类各专业的教育目标有不同的叙述，但本质并无差异，在此不再赘述。会计电算化教学目标的确立是建立在会计电算化课程在专业课程设置中的地位和作用基础之上的，确立会计电算化教学目标首先要确立课程设置目标。

会计电算化课程设置目标因专业不同而不同，不同的会计类专业培养目标不同，会计电算化课程设置目标也不同。目前大家仍习惯于将它视作一门边缘学科，认为设置这门课程的目的就是既要教导会计知识又要教导计算机知识，教会学生如何逐一模块地去设计、编写程序，因此基本上都变成了一门以计算机教学为主、会计教学为辅的专业课程。这样就导致各个会计类专业课程设置目标不同，没有真正确立该课程在专业课程设置中的目标，直接导致会计电算化教学目标不明确。

（二）课程体系框架尚未成熟，课程设置缺乏正确的参照体系

会计电算化作为会计学专业的一门课程，为我国会计电算化的普及做出了突出的贡献。

但由于缺乏权威性研究与规范，各职业院校在教学内容和教学方法上存在很大差异。各校在教材的使用和编写方面仍未达成共识，导致缺乏相对稳定的课程

框架，使大家都难以准确地掌握课程框架，实现教学目标，严重影响教学质量。

从目前教材内容来看，会计电算化教材大致有以下几种类型：①开发型偏重信息系统的设计理论与技术。主要介绍会计信息系统的开发方法与主要功能模块的处理模型、数据模型、程序编制及开发工具。②实务型偏重会计软件功能与操作方法的学习，一般以某种国内比较主流的会计软件为基础，分模块介绍各子系统的功能及系统设置、日常处理、账表输出等会计软件操作方法。③综合型在介绍主要会计软件基本操作的基础上，介绍会计信息系统的基础及开发技术，分析主要功能模块的处理模型与数据模型及会计软件的实施与管理，在此类型下又可进一步划分为以实务为主的综合型和以开发为主的综合型。

无论哪种类型的教材都存在几个很大的缺陷。

1. 教材框架体系尚需完善

教材良莠不齐，各教材之间的内容差异很大，尚未形成较为成熟的框架体系。在现有的教材中，存在实用主义和纯理论两个极端，没有根据教学目标的要求编制专业适用的教材，从另一个方面也影响了会计电算化教学目标的确立。实用主义忽视了会计电算化的理论基础，降低了对学生的理论要求；而过于理论化又脱离学生的实际接受能力，使学生感到乏味。

2. 教材适用专业不明确

这些类型的教材似乎都是万能的，它们要么表明它们适用于不同的会计专业，要么没有解释其适用范围。一般来说，不同的专业培养目标不同，相同课程在专业课程设置上的目标是不同的，其教学目标也是不同的，因而对教材内容的要求也有所不同。

二、会计类专业会计电算化教学目标探讨

根据会计电算化教学目标的相近程度，我们把六个专业分为三类进行会计电算化教学目标的探讨：会计电算化专业，会计学专业、财务管理专业和理财学专业，注册会计师专门化专业和审计专业。

（一）会计电算化专业会计电算化教学目标

会计电算化专业的学生不仅要掌握主流财务软件的操作，还要了解会计电算化的操作原理和过程，懂得会计信息系统的分析和设计，更重要的是会开发会计信息系统，能参与会计信息系统开发的全过程。因此，对于会计电算化专业来说，

会计电算化是专业的核心课程。会计电算化的主要教学目的就是教会学生如何去分析和设计会计信息系统，要教会学生如何利用当代先进的管理思想和科学的系统开发设计理念进行会计信息系统的开发设计和维护。

（二）会计学专业、财务管理专业和理财学专业会计电算化教学目标

无论是会计学专业还是财务管理专业，专业培养目标都是培养出具有良好综合素质及较广泛的专业基础理论知识，具备会计业务基本能力和较强专业技能的高级财会和财务管理专门人才。

在这两个专业中，会计电算化这门课的定位仍然是一门会计专业课，是以会计为主要的教学导向，计算机教学处于相对次要的地位。其主要教学目的绝不仅是教会学生如何设计模块、编写程序，而是要让学生在把握当代先进管理思想的基础上，形成科学的会计信息系统设计理念，对电算化会计业务流程有一个完整的概念，此外还要熟悉相关的法律法规，能较熟练地操作与比较各个主流的会计软件。因此，会计电算化教学所涵盖的内容为：系统设计理念、计算机技术、会计知识、管理思想和会计软件应用。此外，因为会计学专业和财务管理学专业本科生大多并不具有良好扎实的计算机专业基础，因此会计电算化的教学要以系统开发设计原理为主，软件应用次之，程序开发最末。

（三）注册会计师专门化专业和审计学专业

这两个专业都是培养具有系统的审计理论知识，掌握较全面的审计实践规律，拥有基本的审计实践技能，熟悉有关经济法律法规，掌握宽广的经济管理知识的审计方面的高级复合型、应用型人才。

与专业培养目标相比，会计电算化课程设置目标和教学目标在这两个专业中极其相近，在这两个专业中，会计电算化课程都要为开展审计工作和其他相关工作打基础。因此，对这两个专业来说会计电算化的教学目标就是主要从审计的角度出发，让学生理解会计信息系统开发的基本原理、总体结构和流程，了解中外主流财务软件中各系统的总体结构设计与功能，为以后的工作打下良好基础。

三、会计电算化教学目标的层次性

在确定专业教学目标后还应明确，在同一教学目标下，也可以将其划分为不同的层次，也就是说，会计电算化教学目标具有层次性。一方面，这是社会需求的需要。另一方面，这也是学生个体发展的需要。学生的兴趣爱好不同，对会计

和计算机知识的掌握程度不同，志向不同，从学生本身来说自己学习会计电算化有不同的目标。

对于会计学专业的本科大学生，根据社会需求、个体差异和教学目标，可以把他们培养成为几类电算化人才，其中包括系统分析、设计人员；系统维护、管理人员；系统操作、数据录入人员等。相应地，我们可以根据会计电算化课程的培养目标差异性，将他们划分为初级操作人员、中级维护人员、高级设计人员三个培养层次。

其中，初级操作人员阶段培养目标主要应是培养学生对财务及相关软件的实践操作能力；中级维护人员阶段培养目标主要是培养会计电算化系统管理、系统维护人员；而高级设计人员阶段则主要是培养高级的系统分析、设计人员，以满足会计软件的开发研制等需求。职业院校应该根据教学目标，相应调整课程体系设置和教学内容。

总之，在会计类专业的会计电算化教学中，最重要的是根据专业培养目标确定课程设置目标，进而确定教学目标，但教学目标的确定并非解决了所有问题，它仅仅对教学内容、教学方法手段和师资队伍的配备等方面起到指导作用。会计类专业会计电算化教学的顺利实施要围绕教学目标来组织教学内容，确定合理的教学方法和手段，并配备相应的师资，这是在明确教学目标后要做的事情，只有这些做好了才能实现教学目标，二者相辅相成，不可偏其一。

第四节　职业院校会计专业人才培养目标

市场对人才的需求正在发生变化，人才培养目标也是动态的。高职高专院校会计教学也应适应这一变化，不断深化教学改革。根据我国的具体情况，我国的高职高专教育培养目标应该是：不仅要培养学生成为适应市场需要的专业人才，而且要培养他们适应未来的综合素质。然而，市场对人才的需求是变化的，这也决定了高职培训的目标也是动态的。

一、高职高专培养目标的动态分析

（一）良好的职业道德、自律性和敬业精神是培养会计人才的首要目标

网络时代下，企业对财会人员的职业道德、自律性和敬业精神要求更高。财会人员要面对各种数据并对其进行处理，而这些数据都是反映企业财务状况和经

营成果，具有实际价值的数据。因此，财会人员必须保证数据的合法安全，并具有良好的自律意识、法律意识和职业道德，保证自身不会危害企业经济信息的安全。职业道德是财会人员从事财务会计活动应遵循的行为准则，它要求财会人员应具有科学的世界观、人生观和价值观，具有健康的人格和社会责任感，有强烈的责任心、敬业精神及开拓进取的事业心和人生态度。

（二）掌握基本的专业知识是基于市场基本需求的会计人才培养目标

这是高职高专培养的基本目标，但是这一目标也是变动的。专业知识是会计人员素质的特质，是职业判断能力的基础，也是会计人员应具备的最起码的从业知识，主要包括会计基础、财务管理、相关行业的会计理论及管理会计和会计电算化等。会计电算化显得尤为重要，它是减轻会计工作量、提高会计工作效率的保证，也是会计信息化的前提。但专业知识也是变动的，例如，基础会计、财务会计等课程内容随着国家会计准则的变化而变化，再如，现在掌握的是会计电算化，属于计算机记账，随着会计信息化的普及，计算机信息技术方面的知识应该加强，会计电算化课要向会计信息化课转变等。

（三）提升会计人员的实践技能，是基于就业导向的会计人才培养目标

据近几年毕业生的招聘会可知，用人单位为追求效益最大化，首先考虑的是毕业生的实践技能，以便到单位就能胜任工作。这样用人单位就不需花费更多的培训费，毕业生就能为企业提供优质服务。

（四）不断提升的综合能力是培养会计人才的必要目标

主要体现在：观察能力、操作能力、学习能力、记忆能力、思维能力、管理能力、想象能力、交流能力、智力与人际关系等多方面相关知识。会计人员除了具有以上能力外，还要了解国际形势的变化，同时必须要熟悉国内会计法规及财政、税收、金融等相关知识，也要熟知其他国家或国际会计准则，这是会计人员提高职业判断能力的必要条件。因此综合能力也是变动的。

（五）不断提高的计算机水平是基于互联网的会计人才培养目标

随着会计信息技术普及，企业对会计人才使用计算机水平的要求不断提高。要求用信息技术进行账务核算分析、财务决策，提高工作效率，从而有利于实现企业利润最大化的目标。因此，会计人员必须具备熟练的计算机操作技能，掌握数据库、网络技术等一系列新技术、新知识，以提高自身的业务素质。信息化条

件下，网络技术的革命带来企业管理、营销方式、财务管理的革命，尤其是电子商务的出现直接影响了会计信息的处理和披露，同时也改变了人们的办公方式，财务软件向网络化、管理型发展，迫切需要会计人员掌握必要的网络和应用软件知识。由此可见，培养目标要体现现代信息技术知识和操作技能。

（六）不断加强的外语水平是基于经济全球化的会计人才培养目标

随着经济的全球化，企业对毕业生外语水平的要求日益提升。根据通常的习惯，作为沟通和交流的语言一般都是英语。在经济发展全球化的今天，商品交易日益国际化，充斥着大量外语的商业信函、重要合同文本、往来凭证等，支付手段也存在于国际交往之间，更何况在以英语为支撑语言而形成的网络时代，是否懂一点英语已成为衡量一名财会管理者是否合格的标准之一。

二、基于适应动态培养目标的高职高专院校会计教学改革

高职高专院校财会专业的教学是会计教育的重要组成部分，为适应市场对会计人才的变动要求，我们要深化高职高专院校会计教学的改革，培养能适应市场需求的高级实用型人才。

（一）根据培养目标的变动，经常调整高职高专会计教育课程设置

总体目标是培养能够适应市场需求，具有扎实的会计专业知识和广泛的相关知识及卓越的创新能力的管理会计人才。但是不同的经济时期其培养目标是有变动的，因此在课程设置上要适当调整，如在当前的信息网络环境下，教学计划里应多安排有关计算机及会计信息化方面的课程；在经济逐步全球化的今天，应不断增加外语的开课力度等；为提高会计人员的综合能力，还应该多开设一些财经类相关课程，以扩大知识面，鼓励学生多参加一些有益的学校社团活动，以提升学生们的交际与实践技能等。

（二）注重在校大学生良好职业道德的培养及团队合作精神的塑造

在专业知识和综合能力及实践技能培养的基础上，要让良好的职业道德与团队合作观念充实大学生们的意识。体现在财会人员必须具有客观公正的态度，以客观事实为依据，实事求是，向信息使用者提供客观、真实、准确、可靠的会计信息，不可调节、隐瞒、遗漏，避免提供偏颇的信息，损害他人的利益。必须廉洁自律、坚持原则、秉公办事，不滥用职权，不利用职务之便牟取私利、贪污犯罪、营私舞弊。必须遵纪守法，依法履行职责，维护财经纪律，敢于抵制、纠正、

揭露违法乱纪行为，保护国家和公众的利益。必须敬业爱岗，热爱本职工作，尽职尽责，加强管理，提高服务质量并与其他职员团结协作。

（三）自学能力的培养

教育大学生从业会计后应不断进行后续学习，以提升职场竞争力。就业后，还会面临失业、下岗等，不断地学习、进修可以使自己成为职场的胜利者。《会计法》规定，从业会计每年都要参加当地财政部门组织的会计继续教育，会计证才能年检过关；财经法规及相关会计业务随着我国经济形势不断变化，从业会计应不断自修学习才能适应工作需求；工作中应不断积累经验，多向前辈学习、请教，提高自身的综合业务素质；工作应孜孜以求，利用好业余时间不断自修会计资格考试的课程，条件成熟时要考取更高一级的会计技术资格；为进一步提高业务水平，可申请参加国家级大型会计培训或企业会计学术研讨会等。

（四）搞好校企联合，突出实践教学，使高职高专培养的大学生的实践技能强的优势更加凸显

在当前毕业生就业形势不乐观的前提下，应进一步强化实践技能课的开设，以进一步提升高职高专毕业生实践技能强的优势。在准确确立了职业规划和学习目标后，不但要注重课堂学习，掌握扎实的理论知识，还应注重会计实践课的学习，重点提高大学生的会计实践技能。各校院系应采取多种措施来增加校企合作单位，以增加更多的会计实习岗位。

同时在制订教学计划时，应增加会计实践课的学时，随堂实习应规定不少于一定课时，综合实习要做到三结合，即手工和电算化同时进行之后，要带学生到企业顶岗实习；作为在校大学生，更要充分认识到提高自己实践技能的重要性，因此平时要多思考、多做课堂实习题，多到会计手工实验室和电算化实验室进行操作练习，利用好课堂试验与毕业综合会计实习，多做多练，并且利用寒暑假到企业顶岗实习，以提高实践技能，积累实践经验。

（五）考核方式

考评内容要全面，考评的范围要广泛，考评的方法要多样化，应该以用人单位为导向等。考试的目的不应是检查学生背多少、记多少，而应该是检查学生会用多少，如基础会计教学期末考试成绩可按作业 10%，实践课 30%，考勤 10%，期末试卷 50%的比例评判。

第三章　大数据时代下高职会计实践教学的手段和方法

第一节　实践教学的手段

所谓教学手段，是指师生为实现预期的教学目的，开展教学活动、相互传递信息的工具、媒体或设备。在教学过程中，学生是在教师指导下，借助教学手段认识周围世界的。

现代化教学手段是指在现代信息技术条件下，将以计算机为核心的现代信息技术（包括多媒体计算机技术和网络通信技术）运用到教学领域中的各种方法、手段的总称。它是在传统教学手段基础上发展起来的，其涉及面相当广泛，包括多种工具和媒体。具体而言大致包括以下四类：

第一，光学媒体：有幻灯机、投影器、概念放映机，以及相应的教学软件等。

第二，音响媒体：有收音机、扩音机、传声器、录音机、电唱机，以及相应的教学软件等。

第三，声像媒体：有电影放映机、电视机、录像机，以及相应的教学软件等。

第四，综合媒体：有语言实验室、程序教学机、学习反应分析机、计算机辅助教学系统，以及相应的实验教学软件等。

第二节　实践教学的方法

高职教育以培养技术应用型人才为主要目标，而会计专业又属于应用性较强的技能型专业，教学重点在于将理论运用于实践。为此，高职的会计教育必须强化实践性教学，使每一个毕业生都能成为技能高手。对高职会计专业的学生来说，动手能力强是他们与财经类本科学生竞争的主要优势，也是其在社会上的立身之本。然而，现实的情况是：职业院校会计专业的实践性教学虽然在“职业教育以服务为宗旨、以就业为导向”的原则之下逐渐得到重视，但由于受传统教学思路和教学方法的影响，在教学实施方面依然存在很大问题。由于对行业、企业的需求调研不够、对会计实践的特点研究不够，没有形成与行业、企业需求和会计技术发展相适应的一系列科学而完整的教学方法，高职会计专业的实践性教学仍然带有浓厚的传统教学模式的烙印，仍然存在很多具有共性的问题。从教学方法来看，仍采用注入式教学方法，学生学习不得要领，不利于调动学生学习的主动性、积极性和创造性，不利于培养学生独立思考和解决问题的能力。教师所传授的知识内容抽象、脱离背景，学生所“学会”的知识实质上只是一种书本的、僵化的与解决实际问题无关而重在储备、记忆的知识。

教学中应鼓励教师根据实际情况，探索各种教与学的方式的应用，教学方法的选用要突出学生职业素质、实践能力和创新精神的培养。

一、案例教学法

案例教学法是根据会计实践内容，由教师深入企业进行调查研究，收集第一手资料，编成案例发给学生阅读。案例内容可大可小，可浅可深，主要根据教学要求而定。案例教学主要以实际公司的经营管理情况作为背景材料进行详尽交代，与会计实践紧密结合。在准备和教学实施中，学生以案例中的当事人身份出现，情景逼真、生动活泼，学生在轻松愉悦当中很容易掌握所学内容，并将理论与实际相结合。案例教学在提高学生的综合素质等方面具有独特的、不可替代的作用。学生通过案例教学所学到的知识不再是书本上的教条，而是鲜活的知识和思考问题、解决问题的能力和方法。案例教学可以变注重知识为注重能力，变单向信息传递为双向信息交流，变学生被动接受为学生主动学习，是提高学生学习兴趣与实践能力的良好手段。

二、项目教学法

教师可从实际出发，精选出一些典型的会计实践项目，所谓典型的会计实践项目，并不是指实际会计工作中出现频率高的项目，而是指具有会计职业典型工作的内容和形式，同时具有促进综合会计职业能力发展潜力的项目。在明确项目任务和预期目标后，通过自由竞聘方式为每个项目选拔项目经理一名，再由项目经理去组织其他同学进行任务分配、制订计划、实施计划，直到完成项目后交给教师检查评估，教师在其中起指导作用，学生起主导作用，这样学生由被动接受变为主动探究、团结协作，可增强学生的学习主动性和团队合作精神，提高学生分析问题、解决问题的能力。每一个实训项目作为完整的工作过程，除了有目的、要求、方案、实施步骤和考核标准之外，还有一个输出结果（一项会计服务或一笔综合的会计业务处理等），学生通过完成项目，可以获得成就感从而提高学习兴趣。

三、角色扮演法

角色扮演是一种情景模拟活动，学生要在模拟的、逼真的工作环境中处理可能出现的各种问题。在具体会计业务的训练过程中，可尝试将学生分组，每个小组的每位同学分别扮演不同的岗位角色，如出纳、会计、财务主管等，将实训室仿照企业财务科、银行、税务局等进行布置，让学生身临其境地从事会计工作，熟悉工作流程，模拟企业会计岗位需要。这种生动活泼、平等合作并带有一定娱乐性功能的教学方法会激发学生的学习热情。为了获得较高的评价，学生一定会充分表现自我，施展自己的才华。由于学生的潜在能力被大大激发，学习效果会大幅度提高。另外，在角色扮演过程中，需要角色之间的配合、交流与沟通，因此可以增加学生之间的感情交流，培养沟通、自我表达、相互认知等社会交往能力。

四、多媒体教学法

多媒体教学可以通过集合声音、文字、表格、图像等多种信息要素在教学过程中对学生进行感官刺激，增强学习效果。例如，教学实施过程中，教师可以利用计算机软件对填制原始凭证、填制记账凭证、登记账簿、编制报表等会计业务进行全过程的多媒体演示，直观表现教学内容，深入浅出地突破重点和难点，增强学习者对学习内容的理解和记忆。由于课后有机会获得教师的详细讲义和演示文稿，学生可以减少笔记，集中精力听课、思考、操作，会大幅提高教学效率。

五、开放式教学法

教学过程中可以尝试安排部分开放教学，给学生布置固定或不固定的题目，在课外通过上网搜索、请教前辈、纳税热线等多种形式收集资料、课余时间到企业、会计师事务所、财税部门获取直接或间接资料，然后在同学之间进行互学互助的沟通交流。这种学生主动获取知识的方法往往会收到意想不到的效果。多样化的教学方法能够激发学生的学习兴趣，帮助学生积累会计工作经验，让学生在轻松有趣的气氛中学到知识与工作技能，而且在学习的过程中，学生的人文素质、组织能力、群体意识、合作交流、自我管理和发展自我的能力都在悄悄地萌芽和快速地发展。

第三节　学习者能力鉴定改革在实践教学中的运用

一、实践教学的考核

从教学考评来看，高职的会计实践教学长期以来一直存在重教轻学、重知轻能、重结果轻过程、重统一要求轻独立见解、重教师教学能力评价轻学生发展评价的不良倾向。教学评价形式大多沿用期末考试或者大作业一锤定音的考核方式，忽视过程性考评和对学生综合能力、素质发展过程的形成性评价。

考试考核是检验职业教育质量的手段，客观规范的考核方式会对学生的综合能力起到导向作用，继而促进职业教育质量的不断提高。考评体系的完善要以学生为本、把培养学生实践能力放在重要的地位，要注重过程考核和能力测评。建议通过细致的人才需求状况调查，了解用人单位对会计人员的评价标准，以专业能力、方法能力、社会能力整合后形成的行动能力为评价标准，并以此为基础，制定系统科学的实训考核细则和实践考试评分标准。考评体系应该是多方面的，体现学生个性化的，贯穿于教学始终的。

（一）考核评价内容力求全面系统

对会计实践性教学的考核既要包括动作技能考核，又要包括认知水平考核，既要重视结果的正确性，又要有以发现问题、改革会计内部控制为目的的考试，既要有以测试知识的深度和储存为目的的笔试，又要有以了解测试知识的广度和运用为目的的口试，还要考核社会能力和职业素养，如学生的协调沟通能力、执行能力以及诚信意识、遵纪守法意识、能否与他人合作、能否表达解决问题的过程，并尝试解释所得结果、是否具有回顾与分析解决问题过程的意识，在困难条件下和实践中解决综合问题的能力等，对于概念、原理等显性能力的考评比较容易测量，可通过会计分录、会计报表等方式来实现，而对于经验、会计职业判断等隐性能力考评比较困难，需要结合会计案例等相关学习情景来考核。运用全面考核来引导学生的全面发展，使学生有能力在职业岗位发生变更，或者劳动组织发生变动时，不会因为原有专门知识和技能的老化而束手无策，而是能在变化了的环境里积极寻求自己新的坐标起点，进而获得新的知识和技能。

（二）考核评价方式力求合理有效

加大过程考评力度，设置考查学生实际操作能力、语言表达能力和理解分析能力的考试形式，可尝试采用会计模拟核算考核、口试、案例分析、调查报告等方式，使评价结果更能反映学生的真实水平和综合素质。同时，激励学生参加各种社会认可度高的考证，让社会来检验实践性教学改革的成果，并纳入考评体系。

（三）探索考评方法的个性化

可以把学生的学习情况作横向比较，以此了解学生在以往会计学习中的情况；可以把学习成绩和兴趣爱好相比较，以此了解学生的学习态度及努力程度。这些做法都有利于调动学生的学习积极性，挖掘其学习潜力。

（四）考核评价主体力求多样化

既要有传统的教师对学生的评价，又要有用人单位对学生的评价，还要有学生自评、互评和家长的评价。用人单位的评价可以让学生更加明确社会需求与自身的差距，找到前进的方向。学生自评和互评，有利于提高学生对学习状况的反思能力，达到自我教育的目的，学生也可以对教师的教学提出看法，师生共同改进教学。家长参与评价有利于家长更好地了解科学学科特点和要求，并在学习资源等方面相应给予学生有力的帮助和支持。

另外，为了提高教师的教学水平，还应完善教学反馈机制。将领导听课、督导听课、教师相互观摩、教学研讨和师生交流会等活动制度化，多渠道听取教学反馈意见、持续改进会计实践教学方法和内容。

二、实践教学考试方式与考核模式的改革与实践

考试方式与考核模式的改革与探索，是推动职业院校大力推进教学模式改革，实现应用型人才培养的重要手段与途径。我院财贸学院会计专业《企业会计核算与报告》课程是该专业的主干课程。一直以来，该课程沿用期末闭卷笔试考核的传统方式。该方式主要注重书本理论知识和方法的考核，而很少把实践操作应用能力纳入考核的范围，从教学到考核以“书”为本，考试一过关，似乎就认为掌握了会计的知识，具备了会计的基本素质和能力。然而，这样一方面会误导学生认为《企业会计核算与报告》的学习只要学好书本上的内容即可，却不明白真正的《企业会计核算与报告》是注重实际操作的。另一方面，《企业会计核算与报告》的课程性质决定了学生的能力很难全部通过笔试考出来。事实上，笔试所测试的仅是基本的理论和方法，其最终目的是应用这些方法来解决问题和分析问题。

（一）考试方式与考核模式的改革方案

由于《企业会计核算与报告》是理论实践一体化课程，学生能力鉴定改革具体方案如下：

①学生能力鉴定占总成绩50%，期末考试占总成绩的50%。②学生能力鉴定成绩由学生互评成绩和教师评定成绩组成，其中学生互评成绩取其他组评议成绩的平均数，占能力鉴定成绩的50%，教师评定成绩占能力鉴定成绩的50%。学习小组互评时必须拉开被评小组成绩的差距，每一级差2分，对最优和排名最后的组的成绩需说明原因。不符合要求的评价，直接扣参加评议小组的总成绩2分。③团队的组织者由教师在总成绩上加2分。④考核最终结果采取五级分制，即：90～100分为优秀，80～89分为良，70～79分为中，60～69分为及格，小于60分者为不及格。⑤补考方法：在以下情况下，视该门课程不合格，须按学校安排的时间参加补考。学生总成绩不合格者视为不合格；学生各项目单元考核、团队作品考核在及格以下者，即便整体成绩在及格以上，该门课程也仍视为不合格。学生补考时，可就不合格项目进行补考。

（二）考试方式与考核模式改革的效果

1. 学生能力鉴定方法改革前对学生能力培养的效果

（1）考试内容过分依附于教材

教材是对学生进行教育、传授知识、训练技能和发展智力的主要工具。但是由于科学技术的发展，知识更新速度不断加快，教材本身编写、出版、发行的周期无法完全适应更新速度。《企业会计核算与报告》课程的教师需要不断充实新知识、新科学、新技能，突破教材，丰富课堂教学内容。改革前，会计专业《企业会计核算与报告》课程的考核内容仍依附教材，以课堂、教师、教材为中心命题，助长了不少学生的惰性，也引起部分学生的心理不平衡，伤害了学习积极性。

（2）考试命题简单标准化

标准化考试提高了考试的公平性、公正性、有效性，减少了人情分、关系分、误差分。但由于教师命题时并不能完全依照标准化考试的要求，只流于题型的标准化，使得命题只限于知识的检验，而忽视了学生在处理企业具体会计事项时分析问题、解决问题能力的培养，不利于学生口头表达能力、书面写作能力的培养，不利于学生发散性思维、创造性思维的培养。

（3）考核结果力求精量

长期以来我们把卷面分数看成能力的具体外在表现，分数越高能力越强。因此，人们为了表示学业成绩的精确性，经常用百分制表示该门课程的考试成绩，甚至非常计较一二分之差，对学生能力鉴定等级评分制等评分方法较少采用。其结果导致学生只注重期末不注重平时，只注重结果不注重过程，只注重分数不注重实施。从教育测量学角度看，精确测量的前提是题目设置的高度科学性。在这一方面，高职高专院校教师普遍缺乏专门训练，考核题目随意性较强。

（4）与高职会计专业人才培养目标不相适应，亟待突破

当前，我校会计专业《企业会计核算与报告》课程的考核方式与手段依然主要拘泥于传统的闭卷考试，一张试卷、一次考试定成绩，“重理论、轻实践，重结果、轻过程”状况严重。学生靠死记硬背应付考试，学习目的与方式显得急功近利。原有的考核观念陈旧、落后，考核方式与手段缺乏科学、合理的机制指导，有很大的随意性和盲目性，背离了高职会计专业应用型人才的培养目标，与职业院校对现代职业教育的人才观、教学观与质量观要求不相适应。

（5）考试形式与手段单一，不利于引导和推进教学模式的改进和提高，无法实现教学互动与互促

高职会计专业应当以培养高等技能应用型人才为首要任务，以培养技能应用水平为主线设计学生的知识能力素质结构和培养计划。但由于目前我院《企业会计核算与报告》课程考试方式仍以传统的闭卷笔试为主，因此其考核内容多强调理论内容，而忽略技能、实务操作与应用能力的考核；且多以一次考试定成绩，多次多手段考核与综合评价应用极少，不利于真实、全面地考核学生知识与能力。同时，抑制了学生主动学习的热情与积极性，不利于学生实际技能与创新素养的培养，更不利于发挥和调动教师探索教学模式改革的热情，不能有效推动教学手段的丰富和教学水平的提高。

（6）考试的综合鉴定与测评功能失效，不利于全面培养学生的综合素质与能力

我们现在的考试内容多是以理论知识考核为主，且偏重理论知识结构中的原理性、记忆性知识，导致考试与学习脱节，与学生未来所要从事的财务会计工作实际脱节，考试内容和方法与培养目标脱节，这些都极大地局限了学生知识结构

的有效构建与拓展。同时，以前该门课程的理论考试部分存在划重点、定范围等现象，助长了一部分学生的学习惰性，导致学生的学习十分功利，破坏了学校的学风建设。

（7）考试的逆向反馈与激励导向功能没有得到充分发挥，未能实现与现代职业教育培养模式的有效衔接

现代职业教育需要加强实践技能应用、执业资格能力以及职业综合素质的培养与考核，为此，需要努力探索出一种以学生为中心，真正学有所用、学以致用的教学考核模式。同时，高职高专会计专业要求《企业会计核算与报告》课程设置要具有较强的职业（或岗位）针对性和适应性，因此，相关教学内容的选择与设计要特别注重理论与专业发展实践相结合，只有通过考试考核方式的改革，强调高超的职业技能培养，并强调学生基本从业素质如踏实、吃苦耐劳、善于沟通与合作、有较强的责任心和工作主动性等素质的锤炼，才能使学生毕业后能很快适应岗位工作，也才能真正探索出一条有自身特色的职业院校人才培养之路。而目前的教学考核方式，不能有效引导教学模式的改革。考试改革作为教学内容改革的先导与保障，没能起到积极促进传统教学考核方式的转变，推行多元化、多维度、多方位的考试考核方式的实现。因此，努力探索出一条以考试改革为支点，以加强实践技能应用、执业资格能力以及职业综合素质培养与考核为目标的教学考核模式，是推动高职高专会计专业教学工作与人才培养工作有机结合，探索出有自身特色的人才培养模式的必由之路。

2. 学生能力鉴定方法改革后对学生能力培养的效果

（1）学生能力鉴定考核评价的特点

评价内容的整体性。评价内容强调对学生学习过程、效果的整体性评价。从项目完成情况、学科知识掌握情况、个人职业能力培养等几个方面进行综合评价，最终对学生做出整体评价。

评价标准的实践性。评价标准偏重学生实践能力、专业技能的培养。从项目设计开始就着眼于解决实际问题，在完成项目的过程中注重学生实际操作能力的培养，考核评价时需参考来自行业企业或相关从业人员的意见。

评价结果的开放性。课程进行过程中与课程结束后，给予学生的评价是公开的，学生拿到项目要求的同时会得到详细的考核标准说明，可以根据自己项目的

实施操作，通过自己的努力，创造性地争取更好的成绩，目标是明确的。

重过程性评价。对任何一组学生“项目的评价都不是一个孤立的只看结果不问过程的评价。教师应对学生学习过程给予更密切的关注。我们注重的不仅是学生对具体知识的掌握，也是对其所学知识进行选择、判断、解释、运用能力的培养，因此评价更趋于全程化。

（2）学生能力鉴定考核评价的优点

在考核方式选择上，向多样化方向发展，着重考核“考不出”的能力。

有关资料表明，现代管理对会计人才测定的要求有100多项指标，而凭卷面考试只能考出其中1/3，其余的则很难用传统的考试方法考出，如毅力、合作能力、创造能力、方法能力、组织管理能力、获取信息能力、口头表达能力、社会活动能力等。这些考不出的能力，却正是职业教育中最为重要的培养目标。如何考核学生的这些“考不出”的能力，这是以前未系统研究的问题，围绕这个中心任务，我院会计专业在实践中发挥创新能力，使考核方式呈现多样化。

另外，随着高职高专教育教学改革的深入，高职高专的教学内容多重性、教学方法的多样性的特征越来越明显，教师根据培养目标课程的特点，敢于“标新立异”，大胆进行考试考核内容、方法、手段的改革和探索，也促使考核方法呈现出多样化的局面。

（3）先进的考核方法和思想

以实际工作为背景选择“问题”，学生自行设计并实施解决“问题”的方案，记录试验、调查和资料收集筛选的结果，注重学生自我积累考核证据。“项目目标”的完成，既是学生学习、探索的过程，也是评价、考核学习成绩的依据，还为毕业生竞争上岗创造了条件。

考核以项目为形式，以成果为标准，注重过程性评价。“成果”包括专业能力成果和通用能力成果两方面。专业能力成果是指学生在完成项目时，掌握、运用和创新专业知识的能力。为保证考核的准确性，能力鉴定方法改革对企业出纳岗位、财产物资岗位、往来结算岗位、资金管理岗位、收益核算岗位、成本核算岗位及报告会计信息等每个项目都给出了明确的等级评判标准。并且标准内容十分清晰，具有很强的实用性。通用能力成果是指学生在课堂学习、完成课堂项目和社会调研等活动过程中，表现出的自我管理、与人沟通合作、解决问题和完成任务、运算和应用现代科技手段、设计和创新等的能力。无论哪方面成果，都是学生在完成学习任务的过程中逐渐积累的，都是教师考核学生学习成绩的依据。

考核以项目为主、多种形式并用。培养和锻炼通用能力使学生在实践中得到锻炼，并通过项目了解自己在专业技能和通用能力两方面的潜力以及需要发展的领域，以促进其自我提高的需要；项目一般都有选题背景，有项目目标，有明确的任务和考核标准。学生需要使用多种交流手段（如社会调查、走访等）收集大量的信息并进行归纳、分析才能完成。

（4）实施能力鉴定改革对学生能力培养的成效

第一，增强了学生适应职业岗位的专业技能和实践技能。高职高专教育是进行技术型、应用型人才培养的高等教育形式，其核心目标是高级技术型、应用型人才的培养。高职人才既要掌握文化基础知识、现代科技知识、专业基础知识、专业知识和专业相关知识，还要有能够适应职业岗位的专业技能和实践技能，并具有获取知识、运用知识的实际能力和与之相应的方法技巧。该课程学生能力鉴定方法改革后，对人才培养、学生职业能力培养、提高学生分析问题能力等诸方面都得到更好的体现。努力将学生综合考核评价体系与学生综合职业素质的培养接轨，按照《企业会计核算与报告》课程的特点和要求，设计和制订了学生职业素养培养的教学计划与大纲，加强了学生的创新精神、人文素养和团队意识的培养和锤炼，同时，充分发挥了课程考核评价体系的激励和导向作用，强化了学生素质教育的过程评价，真正使职业院校会计专业的教学考核评价体系取得实效。

第二，提高了学生会计专业职业核心能力。培养具有创新精神和一定实践能力的优秀会计人才（高素质高技能专门人才）是我们所追求的重要目标。在《企业会计核算与报告》课程学生能力鉴定方法改革后，更加注重会计理论与会计实践考核的结合，改变了传统考试中会计理论与现实会计实践相脱节的问题，对学生学习成绩的考核更加合理、公平，同时也起到一种能力培养的导向作用，提高了学生的理解能力、跨学科综合能力、解决实际问题的能力及创新能力。

学生能力鉴定方法改革体现了“以学生为主体，以教师为主导”的教学指导原则。着力培养学生的创新意识、创新精神、创新能力，为学生的终身发展奠定了基础。项目的考核不单纯是对学生成绩的考核，而是对学生完成项目过程的考核评价，注重学生的创新能力的培养；项目的设计与社会、与企业的实际情况相结合，教学与实践紧密结合，为学生提供参与社会实践的机会，搭建施展专业技术才能的平台，提高了学生的动手能力，更好地促进学生职业能力的提高。

通过能力鉴定方法改革，进一步优化了教学目标。将理论与实践有机结合，课堂内外融为一体，校内校外连成一线，拓宽学生视野，扩大活动空间，加深实践体会，提高学生发现问题、分析问题、解决问题的能力。使学生在学习文化与专业课程的过程中，有了明确的努力方向，学会了自己安排时间完成项目任务，学会了与他人共同工作、交流和相处，增强了学习专业技能的自觉性和团队协作的意识。

第三，增强了学生的就业竞争力。首先，学生财务信息搜集获取能力增强了。增强了学生对单位各项财务目标计划、预算、定额指标，单位六大会计要素实绩指标及分析指标，单位各项经济活动资料，部门及行业财务资料，各项政策、法规资料，市场信息等财务信息的搜集能力，实现了对所学知识的迁移和再创造。

其次，学生财务数据加工处理能力增强了。会计工作中的财务数据来自会计账簿、会计报表和会计人员按要求加工形成的财务数据，学生掌握了对原始财务数据进行加工整理的方法和步骤。

最后，通过能力鉴定方法改革，较全面地考查学生专业技能水平和潜在能力，促进了学生职业能力的持续发展和综合素质的培养与提高。学生项目的完成过程和完成结果能够真实地、全面地考查学生在专业技能方面的实际水平和潜在的专业综合素质，学生在完成项目过程中注意保存自己的学习资料，管理自己的学习成果，在结业或毕业时展示自己的能力，为就业求职奠定基础。任课教师对每一组学生完成的项目进行评价，并写出较为详细的评语，并进行项目讲评，逐步形成良性的教学反馈机制和互动机制。更有利于培养学生的综合运用能力和持续发展的职业能力。

第四，激发了学生学习的兴趣。通过对学生能力鉴定方法改革后，学生认识到《企业会计核算与报告》不只是记账，还具有较高的科学含量，因而在学习中更加重视会计。通过对企业出纳岗位、财产物资岗位、往来结算岗位、资金管理岗位、收益核算岗位、成本核算岗位，以及报告会计信息等全套核算工作的实际能力的考核，通过调动学生的多元智慧，运用以前所学到的综合知识和技能来解决实际问题。这样能够从根本上改善目前高职学生上课记笔记、作业抄书抄笔记、复习考试背笔记的现象。由于死记硬背的考试容易导致学生死读书，限制了学生能力的发挥，使学生对该课程不感兴趣。通过改革，改变了高职学生不良的学习习惯，促进学风的好转，使他们由被动学习向主动学习转变，从而大幅激发了学生学习的兴趣。

学生能力鉴定方法改革使学生初步学会了如何借助所学的知识来解决实际问题的方式方法。学生不再把学习作为一种负担，而在实施完成项目的过程中获得乐趣和成就感，增强了学专业、练技能的信心和兴趣。

第四节 理论实践一体化教学改革模式的应用

一、理论实践一体化教学模式概述

理论实践一体化教学模式类似于英国的 BTEC 教学法和国内的“任务驱动”和“项目导向”教学模式。实际上就是在整理融会教学环节，把理论教学与实际教学融会贯通成为一个整体的基础上，一门课程由一个教师在一个课堂上完成学生的职业能力的理论与实践技能的教学。该模式以“能力本位”为原则，“工作过程”为导向，努力实现“三位一体”，即理论传授与实习训练一体；教室和工作间为一体，教室既是理论的课堂，又是模拟的工作间；教师和学生成为一体，教学成为一个理论和实践结合的过程，教师不仅是传授者也是指导者，学生不仅是聆听者也是操作者，双方互动，成为一个有机的教学整体。该模式解决了传统教学中的理论和实习相脱节的问题和矛盾，变学生被动“听、写、记”为主动的“听、动、说”，大幅激发了学生的主观能动性，提高了学生学习兴趣，也践行了“知行合一”的教学理念。

二、高职会计专业理论实践一体化教学模式的特点

（一）实用性更强

这样的教学模式能将会计专业理论教学和技能实训教学融为一体，在学习专业理论的同时，使学生在相对真实的生产工作环境中得到训练，通过亲自动手进行操作学习专业技能，在“动中学”使学生掌握实用技术，达到学以致用的目的。

（二）技能性更强

这样的教学模式是从“能力本位”原则出发，突出实践技能培养的主导思想，既在理论指导下进行实践，又通过实践来巩固理论知识，使专业教学形成连贯的、

完整的教学体系，提高了专业操作技能水平。

（三）教学质量和效率更高

由于会计理论实践一体化教学将专业理论课和专业实习课有机地融合在一起，形成完整的专业基础知识和专业基本操作的学习体系，从根本上解决了理论教学和实践教学相脱离的问题，缩短了由理论知识向实践能力迁移的时间和距离，提高了会计职业教育的教学质量和效率。

（四）要求教师素质更高、能力更强

这种教学模式要求会计教师既能教授会计专业理论知识，又能指导会计专业技能训练。因此要求会计教师转变教学观念，及时掌握新知识和工作要求。运用现代化的教学手段，不断激励、激发学生的学习兴趣，提高学生学习的主动性、创造性。

（五）要求教学条件更高

会计理论实践一体化教学模式要求学校具有既能满足理论教学又能满足实训教学的条件，这是实现会计理论实践一体化教学模式的前提和保障。

三、构建会计理论实践一体化教学课程的目标

（一）培养出符合社会需求的高素质技能型会计专门人才

《关于全面提高高等职业教育教学质量的若干意见》（教高〔2006〕16号）提出了高职教育的目标是培养为国家和地方经济发展适应生产、建设、管理、服务第一线需要的数以百万计的应用型高素质人才。

（二）实现职业院校教师队伍水平的不断提升

一体化教学是一个互促互进的过程。在达到教学目标的过程中，教师队伍的水平也将得到大幅度提升。教师将逐步形成“以学生为中心”的教学观念，实现教学角色的转变。同时“双师型”教师资格认证体系的建立也会督促教师努力钻研业务，苦练操作技能，以提升实践教学的能力和科研的水平。

（三）实现职业院校教学硬件设施的更新与完善

一体化教学的推动过程是一个整体水平全面推进的过程。这个过程中不仅是“人”的能力得以提升，“物”的水平也将得到全面的提升。适应理论实践一体化教学模式的要求，提供符合时代要求的教学设施就是必要的基础保障。例如建

设多媒体教室、完善会计实验室等。这些新的教学设施紧密结合专业发展的时代脉络，确保学生能够了解和掌握新的科技和工艺，达到“出校就能上岗”的目标。

四、高职会计专业理论实践一体化教学模式的应用

教育部提出，高等职业教育大力推行工学结合，突出实践能力培养，改革人才培养模式。而人才培养模式改革的重点是教学过程的实践性、开放性和职业性。高职学院必须高度重视校内学习与实际工作的一致性，实现校内评价与企业评价相结合，探索课堂与实习地点一体化的教学模式，融“教、学、做”为一体，强化学生的职业能力的培养。随着高职教育教学改革的深入，高职教育改革的瓶颈逐渐显现，特别是目前职业院校会计专业由于专业教学的特点，校外学习难以达到教学目的和要求，造成高职教育人才培养质量不高，其内在的深层次的根本原因就是当前高职会计专业理论与实践课长期貌合神离、二元分裂。即课程结构和分类的一般通用“三段式”课程模式，把课程分为普通文化课、专业基础课与专业课、实践课三大块进行教学，奉行的是理论先行、理论为主的教学策略，理论知识依然是教育内容的主宰。这种课程和布局本质上还是属于学科导向的“知识本位”模式。由于两类课程整合不够科学，搭配尚不默契，运作不善创新，并没有很好地发挥培养高素质技能型专门人才的合力作用，还存在着不少亟待解决的问题。从课程结构看，以理论课程学习为起点，学生头脑中建构起来的知识仍然是以理论知识为核心，而不是以实践需要为核心。从课程内容和组织模式看，“三段式”课程都是有独立、完整的知识体系的，并没有按照技能实践和职业岗位的需要整合课程，课程内容与职业需要脱节。从课程实施看，“三段式”课程还是以课堂学习为主要形式的，而实践过程作为一种学习形式，只是依附于理论学习。从课程评价看，“三段式”课程还是以书面评价学生学习结果的，并未采用学生真正工作的成果来评价。因而“三段式”课程模式虽有理论课、实践课之名，但只是机械拼合、平行叠加，并未进行科学整合，在课程实施上也是与高职人才培养的目标与要求、规律和特点是相违背的。

（一）《会计基础》教学现状

许多高职会计专业对《会计基础》不重视，使得课程教学中存在以下问题。

1. 理论教学与实践教学结合度弱

高职会计专业的教学中普遍认为《会计基础》作为会计专业入门课程，应以

传授理论知识为主，实践教学为辅，理论在前实践在后，理论教学与实践教学分时段、分场所独立进行。理论与实践教学不同步，难以做到知行合一。由于缺乏对专业知识的感性认识，学生很难理解抽象的会计理论，进入实践教学阶段后，学生虽较感兴趣，但专业技术理论知识不扎实，往往局限于模仿性操作训练，而无法在正确的理论指导下形成系统的综合技能。理论教学与实践教学没有融为一体，学生的专业兴趣得不到激发，学习积极性难以调动，严重影响了教学质量的提高。

2. 教材体系不尽合理，内容简单不全面

教材是重要的教学因素，教材是教师用来教学的材料，也是学生用来学习的材料。因此有效提高教学质量，特别是提高学生的实际操作能力，教材应与时俱进，与会计实际工作实现“无缝”对接。然而目前教材的编写形式和内容仍不符合高职会计专业的教学要求。一是教材重理论轻实践。目前会计基础的教材一般为配套教材，即理论和实践各一本，将理论与实践相分离，理论与实践未能有机地融合在一起，理论篇理论性强实践性弱，而实践篇则是仿真性不强。二是重核算轻监督。现有的会计基础教材编写属于理想化状态，过分强调会计核算，而忽视会计监督的问题。三是教材内容忽视地方性，可操作性不强。教材体系不尽合理、内容简单不全面，影响了会计基础的教学质量。

3. 教师队伍建设不合理

高职教育强调的是学生职业能力的培养。学生能力的培养需要有一个真正意义上的工学互动组合的专业教学团队，以活动带动教学，通过行为引导、技能示范的方式使学生对理论与技能融会贯通。由于缺乏指导，教育理念陈旧，在高职会计专业教学团队的建设上，没有明确的建设目标，思路不清，忽略了企业人才向职业院校流动渠道的疏通，教学团队结构不合理，结构松散，稳定性差，教学团队的建设无法实现最佳组合，使得会计基础课程的教学难以实现课堂与实习一体化。

4. 工学结合难

随着市场经济的发展，企业之间竞争越来越激烈，企业越来越注重保护商业秘密。会计部门通常是一个单位的机密部门，学生到单位实习很难了解一个单位的整个会计系统，再者，学生此时正处在刚进入学习会计专业知识的入门阶段，会计技能没有形成，许多单位拒绝接受前来实习的学生；同时由于会计的工作性质，每一个企业的财务部门不可能批量地接受学生实习。

5.实践教学缺乏系统性，形式单调

从心理学角度来说，人的某一技能的形成是一个循序渐进的过程，这就要求基础会计的实践教学必须遵循这一技能形成的规律，制订出不同时期的实践教学计划，建立一个完整的实践教学体系。目前的实践教学一般分为模块实训和综合实训，忽略了模块实践教学前的感性认识的实践教学和模块实训向综合实训过渡的过渡性的实践教学。对于学生来说，没有会计感性认识，直接开始理性熏陶，无法培养兴趣，不利于全面系统地理解和掌握会计的基本理论知识和会计的基本操作技能。

6.课程考评指标体系不完善

考核方式实际上是一个导向问题，考核方式能够引导学生学习和努力。这就要求在确定考核方式时应以导向性考试目标为原则。《会计基础》的教学目标是使学生掌握基础会计的理论知识和会计的基本操作技能，同时培养学生的会计职业素质。因此高职的会计专业考核重点是学生的会计职业素质，而传统的《会计基础》考核方式实质上恰恰忽视了这一原则，重理论考核轻实践考核，而且会计职业素质的考核因素所占的比重极小。会计人员的职业素质是一个会计从业人员必须具备的职业能力，包括理论知识水平、专业技能、个人经验、职业判断能力及职业道德等。然而，目前我国许多高职会计专业实践考评有一定的随意性，特别是对于每一个阶段的实践教学的考核没有一个科学的考核标准，而且考核指标一般多为考核学生的操作技能，会计人员的职业判断能力、实践态度、团队精神等相关的指标则被忽略。在这种考核方式下，学生只注重死记硬背理论知识，忽略会计技能的训练，从而影响了教学的效果。

（二）《会计基础》一体化教学模式构建

为了提高《会计基础》的教学效果，高职会计专业在教学上采用课堂与实习地点一体化教学模式，教、学、做一体化，理论教学与实习教学融为一体，使教学工作与会计实际工作“无缝”对接，提高学生的学习积极性，进而有效地培养学生的会计职业素质。以课堂为中心向以实习地点为中心转变，将课堂转移到“公司财务部”，教、学、做合一，是会计专业课堂与实习地点一体化教学模式，这种教学模式不仅是理论教学与实践教学内容的一体化，也是教师在知识、技能、教学能力上的一体化，教学场所的一体化，学生的学、做一体化。

1. 教师队伍组建

在课堂与实习地点一体化的教、学、做中，教师是教的实施者，是学生学的引导者，是学生做的指导者，因此《会计基础》课程教师队伍的建设是实现课堂与实习地点一体化的关键。在教师素质要求方面，《会计基础》一体化教学是将会计基础理论与会计基本操作技能合二为一。因此，会计教师除了具备教师的要求外，还应具备扎实的会计专业及相关专业的知识，有丰富的实践经验，具备“双师型”素质。由于我国会计专业知识逐渐和国际接轨，新的会计准则、财税法规不断完善，会计电算化知识日新月异，要求会计教师还应具有较强的知识更新能力。合理设置教学团队的结构比例，优化教学团队的结构。会计基础课程教学团队要有合理的结构，由一定数量业务能力互补、教龄年龄梯次、资质、学历、专兼结构合理的教师组成。设置高职会计专业教学团队的结构比例，应根据会计基础课程的教学特点和目前会计实践教学现状、会计基础在会计专业课程体系的地位等情况，充分考虑团队的稳定与发展，进行合理设置。一是教师数量上，在符合师生比 1:18 的基础上，根据本专业的在校生情况、会计专业的课程设置和教师的工作量进行适当调整。二是教学团队的年龄构成，会计专业教学团队既要保证教师人数相对稳定，还要保证人员具有流动性，各年龄阶段的人数最好基本相等，这样才能保证教学团队的动态稳定，避免出现断层的现象，使教学团队持续发展。三是教师知识结构，教学团队中的每一位教师的知识应该是“全”与“专”的结合，“全”是全面了解会计专业的全部课程，“专”是教师对所担任教学的课程要专业。四是教师的职称构成，每级职称的教师人数基本一样，以保证会计专业教学团队的动态稳定。五是专兼职教师的比例，目前会计专业工学结合度低，存在校内实训仿真而不真的情况，职业院校会计专业教学中实现课堂与实习地点一体化，唯一的办法就是选择优秀的会计人员作为本专业的兼职教师，主要从事实践教学。根据会计专业的实践教学要求和实践经验，兼职教师人数应占教学团队人数的 25%。另外，在合理设置教学团队的结构比例时，要注意团队成员的互补关系。互补性是指团队成员在思维方式、成员风格、专业技能、知识能力、创新能力等方面的互补。

2. 教学资源配置

教学计划是教学安排、组织的依据，是实现一体化教学的前提。根据会计专业的培养目标和会计基础课程的教学特点，将会计基础课程按账务处理程序分为若干个项目：会计基础理论、账务处理程序、设置账户、填制和审核会计凭证（包括企业主要业务核算）、登记账簿、财产清查、编制会计报表，每个项目依据会计工作过程及不同的知识点又分成若干个子项目，每个项目都有具体理论和技能要求。为了使学生更好地理解会计理论，可将会计基础理论和账务处理程序这两个项目融入其他项目之中讲解。编制一体化教学的教材或资料。教材建设是实现课堂与实习地点一体化的基础。因此实现一体化教学必须要求教材的内容符合一体化教学的要求，即理论与实际结合，将教、学、做融为一体。为此，理论篇中的会计业务均以凭证来说明，对会计业务的核算的过程可通过图片、凭证、账页和程序表来反映，要注意强调核算过程中的审核。每一个子项目均以教、学、做的内容组成，实践内容以模块实训为主。实践篇是对理论篇中实践操作的进一步强化，实践篇以综合性操作为主，教材的编写与会计实际工作相符合，避免会计业务以文字描述，适当地给出不合理、不合法的会计资料供学生选择鉴别，这有利于培养学生的认证能力、制证能力、制表能力；同时根据高职会计专业学生的就业特点，编写一些地方性强的会计核算资料，为实现课堂与实习地点一体化教学打下基础。

3. 教学中心建设

建设一体化教学中心是实现课堂与实习地点一体化的条件。一体化教学中心，是融教学、实训、考核等为一体的理论与实践一体化的教室。因此，一体化教室应具有多媒体、实物展示、演示操作、实训和考核等多种功能。会计基础的实践主要以手工操作为主，一体化教学中心应该配备有关的教学设备：多媒体设备及投影仪，作为会计技能操作的演示使用。会计核算用具及用品：从算盘、练功钞、别针、装订机、标签、记账凭证、转账凭证、单据到分类账和日记账的账簿以及全套会计科目章等。建立票据库：从支票、银行汇票、银行本票、借支单、支付证明单据等会计核算需要的票据都配备齐全，以方便学生操作的需要。建立资料库：会计基础的技能操作是以月度核算为主，因此可根据学生的具体情况选择有代表性的企业作为实践教学资料的背景，准备一系列的实训资料（原始凭证），加强资料库的更新，方便学生随机抽取进行操作。一套已完成的完整会计账套：方便初学会计基础知识的学生，对会计操作技能看得见摸得着。建设一体化教学中心，形成高度仿真的会计职业环境，使学生直接接触实物，亲自操作，让学生充分投入，从而获得履行职责的感受，提高会计操作技能，培养会计的职业素质。

4. 教学方法设计

一体化教学模式使教师的角色由过去课堂教学的主要讲授者，转变成课堂教学的组织者、引导者、咨询者。教师角色的转变决定了教学方法以职业活动为导向，学生是教学活动中的主体，学生通过课堂学习逐步培养职业能力。因此在会计基础课程的教学中应该根据项目内容灵活地将多种教学方法融为一体，才能实现课堂与实习地点一体化。

感性教学。感性教学主要是通过演示、参观，感性认识会计。《会计基础》作为会计专业的入门课程，其教学的首要任务是培养学生学习会计的兴趣，感悟会计职业的高尚，体会会计人员的地位。开课的第一课为参观学习，带学生到企业实地参观企业，参观企业的会计的工作，或参观学校会计模拟实验室，感性认识会计，激发起学生学习会计专业知识的兴趣。感性认识了会计，学生对日后讲述的内容能够很快地理解，并能较好掌握会计的基本操作技能。

沙盘模拟教学。“沙盘”是将现场情景真实地进行浓缩，使行为人能亲自体验模拟的现场情景。“沙盘”模拟教学是一种较为新颖的体验式教学方式。账务处理程序和企业生产经营各环节全部展现在模拟沙盘上，将复杂、抽象的会计基础理论以最直观的方式让学生体验、学习，使学生可以做到“胸中有全局”，对所学内容能全方位、系统地理解和掌握，有效地克服了传统教学中存在的不足。《会计基础》的“沙盘”模拟实践教学，应根据企业主要经济活动设置资金筹集、供应、储备、生产、销售、利润分配等环节，根据企业的结构设置不同的职能部门，让学生在不同的环节、不同的部门，分别担任不同的角色，让学生充分投入，从而获得履行职责的感受，掌握会计凭证的传递与保管，掌握不同环节的账务处理程序。沙盘模拟教学为模块实训向综合实训顺利过渡打下了良好的基础。

项目教学法。一体化教学模式是将理论教学内容与实践教学内容有机地糅合在一起，为此将《会计基础》课程按账务处理程序分为若干个项目，按会计工作的过程或企业生产经营的过程分为若干个子项目，每个项目的教学内容由该项目的理论同与之相配套的实训资料有机组合而成，通过项目教学法，教师边讲课，边演示，边指导；学生边学习，边动手，边提问。学生通过完成项目任务的过程来学习相关知识和操作技能，学与做融为一体，真正做到知行合一。

综合实践教学。综合实践教学就是模拟企业一定时期的经济业务，由学生以一个会计身份使用真实的会计凭证、会计账簿、会计报表，按规范化会计核算要求去处理核算业务，并做出财务报告的实践教学。综合实践教学是在完成以上的课程教学的基础上进行的，其目的是将学生实践前学习的独立零散的会计技能，互相衔接起来，使学生全面、系统、完整地掌握会计的基本操作技能。因此综合实践教学重点是培养学生独立从事会计工作的能力，会计核算工具的选用、账务处理程序的确定、会计凭证的填制、会计账簿的设置、登记账簿、编制会计报表等均由学生独立完成，让学生更好地掌握一个会计期间会计工作的全过程，进一步提高会计基本的操作技能，同时也培养学生处理问题的能力。

5. 课程考核

《会计基础》的考核内容应包括理论知识考核和实践能力的考核，将理论与实践的考核融为一体，考核的重点是会计职业能力。课程考核采用形成性考核与终结性考试相结合的方式，从过去的一卷定乾坤变为根据项目的教学内容灵活采用多样化的考核方式，平时考核、作业考核、阶段性考核相结合；考试形式可采用案例分析、小组讨论、实践操作等形式。但不论采用何种考核方式和方法，都必须建立一套完善的考核评价指标体系。评价指标体系构成原则应是目的性原则、客观性原则和系统性原则，以能力为导向，定量指标与定性指标相结合，指标内容应包括专业技能、职业判断能力、沟通能力、学习态度和团队精神等，其中专业技能评价的主要指标为规范性和准确性。不同阶段教学的考评指标的侧重点不同，项目学习侧重于技能指标的考核，即重点考核学生会计技能操作的正确性和规范性。“沙盘”模拟教学和综合实践教学的重点指标则为专业技能、知识应用和职业态度等，即考核指标由会计技能指标、职业判断能力指标、团队合作指标、职业道德指标等一系列指标组成。通过科学的考核方式、完善评价指标体系，对学生起到正确导向的作用，达到职业教育的目标和要求。

6. 加强校企合作

高职会计专业教育目标的实现，离不开会计职业界的支持和帮助。实现课堂与实习地点一体化，就必须加强校企合作，学院通过各种方式和各种渠道加强与企业的联系，走出去，请进来，建立有效的沟通机制，促进学院与企业的交流与合作，使学校与企业的合作制度化、规范化，共建人才培养基地，充分调动并发挥企业参与高职教育的积极性和重要作用，调动学院与企业各方面的资源形成合力，发挥各自的专长和影响，互利互惠，谋取双赢。有了校企合作，一是保证了高职会计专业的兼职教师队伍的稳定。二是建立人才培养基地，对于提高专业教师的实践教学水平有很大的促进作用。三是及时获取专业信息，充实教学资料。

综上所述，高职会计专业《会计基础》课堂与实习地点一体化教学模式，按一体化教学要求编制教学计划、教材和资料，创造会计工作的环境，根据课程的内容灵活采用多种教学方法，将理论教学内容与实践教学内容有机地糅合在一起，有效地传递会计的基础知识和基本技能，提高《会计基础》的教学质量，为学生日后学习专业课程打下良好的基础。

第五节　信息化教育手段在高职会计教学中的应用

一、将信息化教学手段引入高职课堂的原因

当代的高职学生已经逐渐成为信息社会的原住民，尤其是电子产品的普及，进一步加强了学生对互联网的依赖程度，更多的学生利用互联网来开展娱乐活动以及社交活动，这在一定程度上来讲，对学生的发展是有利有弊的。从有利的方面来讲，在高职会计教学工作中运用信息化教学手段，可以激发学生的学习兴趣，对教学实效性的提升有很大帮助，而且在信息化教学过程中，学生的主体地位逐渐被凸显出来，对教师创建教学情境也极为有利，最重要的是学生的主观能动性被调动起来，这对学生增强其知识的应用能力有很大的促进作用。运用信息化教学手段，很多传统教学模式中的缺陷都得以弥补，教师的教学也会更加深入，学生的思维不仅得到拓展，其分析问题和解决问题的能力也会逐步提升。

二、信息化教学手段在高职会计教学中应用存在的问题

（1）注重信息化教学手段的使用，反而忽略教学目标的完成

任何教学工作的展开都是为了完成初期设定的教学目标，继而提升学生的能

力，高职会计教学亦如是，但是从现如今的实际情况来看，虽然越来越多的教师认可信息化教学手段，对其使用的频率也在增加，但是往往忽视了整体的教学目标，这对学生的发展是极为不利的。很多职业院校在其内部设立了精品课程，有些甚至与校外的企业进行合作，通过资源库的建立来实现课程的共享，当然，初衷是提升学生的会计水平，使其在掌握基础理论知识的同时，也能了解更多的实践内容。这些教学模式的广泛应用在原则上来讲并没有错，可是最终却没有实现教学目标，没有得到应有的教学效果，这才是最值得反思的问题。部分学生更是因为忙于利用信息化手段来与其他师生进行互动，反而忽略了对教材内容的掌握，这种本末倒置的做法是非常不提倡的。

（2）职业院校的信息化教学设施建设有待加强

毕竟职业院校的经费是有一定限度的，加上日常师资建设的经费投入，学校所能调动的流动资金可以说是少之又少的，因此会直接造成学校信息化教学设施建设经费不足的问题。这样一来，信息化教学手段很难在职业院校的会计教学中得到广泛的应用。

三、高职会计教学中应用信息化教学手段的建议

（一）教师要学会转变教学理念，分享信息化教学手段

作为职业院校的教师，首先要具备现代化的教学理念，所以在实际的会计教学工作中，要学会利用先进的教学理念来调动学生的学习积极性，从根本上认识到信息化教学手段的重要性，这样才可以将其运用到教学中。与此同时，学校也要加强对教师此方面的培训力度，大力宣传信息化教学手段的可信性及其价值，在开展教师之间的交流工作时，倡导教师分享信息化教学手段的优势，这对教学效率的提升大有裨益。

（二）增加信息化教学设施的经费投入

信息化教学设施是教师利用信息化手段展开教学工作的前提和保障，为此学校要加大对此方面的资金投入，这样才可以促进教学工作的顺利展开。除了一些基础的设施建设资金投入外，还需要结合时代的发展趋势来更新相关的会计教学软件，并在此基础上时刻留意政策的变化，根据新政策来调整会计教学方案，这样才能够保证学生通过信息化教学手段获取更多的知识，从而提升其专业能力。此外，还可以利用校企合作模式来建立一个会计教学资源库。要知道，职业院校

中的教师虽然教学能力较强，但是其信息化水平自然无法与教学软件的开发人员相媲美。进行校企合作，也是为了利用企业人员的专业信息能力与职业院校合力开发一个不管是专业性还是教学性都相对较强的会计课程资源库，相信这会对学生会计水平的提升有极大的促进作用。

（三）根据课程类型进行不同的信息化教学设计

职业院校的会计课程会分为很多部分，粗略地可以划分为理论课程与实践课程。教师在进行信息化教学设计的过程中要学会根据课程的不同来进行适当的调整，这对教学实效性的提升有很大帮助。以会计实践教学为例，部分职业院校会开设一些专门的实践性课程，如会计综合实训，基于此，学校还会配备专门的实训室以及专业教学软件，这样学生就可以通过软件的学习来锻炼自身的实操能力。在课后，教师也会专门结合课堂内容给学生布置任务，这会在一定程度上拓展学生的实践学习空间。之后教师会联合学生共同做好后续的教学反馈工作，这样就可以及时弥补学生知识技能缺陷，学生学习的积极性也会得到不同程度的提升。

第四章　大数据时代下会计教学改革的新出路

第一节　大数据时代下会计教学改革的影响因素

一、大数据时代会计专业课程体系设置的影响

近年来，互联网的概念越来越被人们理解和接受，其对各行各业都产生了巨大的影响，会计行业也不可避免地受到网络信息化的影响，不断得到发展。但是由于我国会计行业自身就存在着一些问题和不足，在互联网的背景下出现了很多新的挑战，挑战与机遇并存，这就需要会计从业人员不断地学习新知识，改变观念，提高自己的整体素质，更好地适应大数据时代会计行业的发展。

通过对我国会计学专业课程体系现状研究的文献进行检索分析，以及通过对各个会计学专业培养方案及其课程体系和课程设置进行查阅统计，我们至少能发现以下几个问题。

（一）缺乏专门的会计课程体系研究

专门研究会计学课程体系的文献非常少，大多涉及该问题的研究也多是在专业培养模式、学科建设或质量工程建设等问题研究之中，顺带研究课程体系问题，这说明大多数相关领导、教育学者及教师不是太重视课程体系的专门研究。可能的原因，一是前面提到的，领导不熟悉具体教学课程体系而多关注培养目标、模式等导向性问题，教师关注具体课程教学研究也不关注整个课程体系的研究。二是相关研究者大多认为课程体系是和培养目标、培养模式有着密切联系的问题，从属于上述问题，并且课程体系是培养模式的直接实现方案——专业培养方案（或计划）的重要组成部分，不宜或不必要单独研究。

其实这个认识是有偏差的。首先，课程体系是实现培养目标、贯彻培养模式导向的具体实施体系，它不是简单地从形式上去迎合培养目标，也不仅仅是按培养模式及课程设置模块去随意把各类课程拼凑在一起，课程体系应该是一个培养目标贯穿始终，在培养模式的导向和模式化要求下，把各类课程联系在一起，形成一个前后衔接，基础课和专业课、理论课与实践课相互融合，必修课与选修课相互配合，课内学分要求与课外实践活动学分要求相互支持的一个有机体系，所以说一个好的课程体系是有生命力的体系。其次，课程体系一般随着培养方案的

修订会相应进行修订。社会环境在变，学生在变，最重要的是会计学的专业环境在不断变化并且知识更新的速度越来越快，如果课程体系的具体内容及其实施期间完全不变，其实是违反教学规律的。最后，课程体系并不仅是一个实现培养目标、履行培养模式的机器，还应该是一个“有呼吸”的有机体，在大方向和主要核心内容不改变的情况下，在一个修订周期内应该根据环境变化的要求，出陈纳新，以适应形势的变化而培养更符合社会需要的会计人才。

所以，在现在这种除了几所著名职业院校在课程体系建设上有自己独特和适合本校发展的体系外，其他职业院校基本都是还在摸索，而且对课程体系普遍共性问题的研究也缺乏的情况下，对课程体系进行独立研究不是不必要或不适宜，而是非常必要和非常急迫的。即应使课程体系研究成为大家广泛认可的一个独立研究方向，其研究不仅是必要的，而且是非常重要的。

（二）课程体系的优劣缺乏评价标准

课程体系研究作为一项重要的内容，已经形成了几种典型的体系，各个职业院校在建设课程体系上也根据自己的特点和条件做了很多努力，都形成了自己的风格，并且在培养合格会计人才上取得了不少有价值的经验，也或多或少取得了应有的效果。但也应该看到，这种特点和风格更多是表现在形式上和某些功能上，课程体系的实施效果或好或不好，缺乏一个合理的评价标准和机制，更缺少调研分析及实证检验的过程，做得好或不好，大部分评价基本靠感觉或几个大家认同的指标，如课程模块的结构形式是否合理，课程配置、衔接形式是否合理，具体课程的教学效果、就业率是否良好等。在课程体系的知识整体作用、各类课程相互支持和融合、理论实践课程融合方面，这些需要通过课程体系的实施重点关注的基础问题，倒是没有多少研究。只有专门开展课程体系研究，才能解决这些关键问题，使课程体系真正成为实现培养目标和完成培养模式的重要工具。

（三）课程体系的研究流于形式

仅有的一些专门进行课程体系研究的成果，大多也是就事论事，关注于课程体系中课程模块的比重问题、实践课程模块的比例是否合理、专门对理论体系模块研究或专门关注实践课程体系结构，很少能意识到课程模块及其比例构成只是课程体系的形式，而课程模块之间的有机联系，以及课程体系实施后对学生知识结构及能力结构的影响才是课程体系研究的本质和关键问题。

二、会计专业教材建设的影响

会计专业人才培养目标具有多元化和动态性的特点，社会对职业人才的综合素质的要求不断提高，教育教学改革的实施对职教教材的标准也在日益提升。因此，教材的建设要能满足会计专业人才培养目标，但我国现阶段会计专业教材建设还略显不足。所以，在大数据时代，会计教材也要进一步创新。

（一）教师运用多媒体教学，将会计专业所学课程加以修改、整合，让学生得到这一专业的完整知识体系

会计教学中的每一学科都自成体系，分得非常清楚并由不同的教师分别授课，学生把每一学科学好都不容易，就更不能奢望将这些学科融会贯通形成一个体系了。多媒体技术具有表现力丰富的特点。教学中常遇到仅用语言和板书分析难以揭示本质的情况，而运用课件加实例讲解，这个问题就迎刃而解了。

传统的课堂教学要讲授完《基础会计》《财务会计》《成本会计》《审计学》《管理会计》《财务管理》等科目大约需要500学时，还不能使学生学懂弄通，更没有办法让学生将这些知识有机结合起来。利用多媒体制作课件进行教学，采用精讲加实践的办法，用300学时，学生就能够掌握怎样对企业发生的经济业务进行账务处理，怎样处理得到的会计信息是真实的；怎样进行会计处理得到的会计信息是虚假的；什么是成本计算、怎样进行成本计算；审计什么、审计的目的是什么、怎样审计；财务管理要管理什么，怎样进行管理等。通过课件演示和实际动手操作，学生就能够将会计专业知识有机地联系起来，形成一个整体，达到事半功倍的效果。

（二）在用课件制作时尽量给学生提供“仿真”的环境

运用多媒体制作课件时，尽量将一个企业的全貌展现给学生，给学生提供“仿真”的学习环境。要让学生了解资金是怎样进入企业的，怎样在企业内部循环和周转，尤其是产品是怎样被制造完成的，企业由哪些部门组成，会计部门的具体作用是什么，会计主体之外的其他企业、银行、税务等与企业有什么关系。让学生找到做会计的感觉，这样就会使学生马上进入角色，顿时精神抖擞，激发出浓厚的学习兴趣。

（三）加强专业教师的培养，使其适应课件加实践的教学模式

将会计学专业的全部专业课用课件去教学并取得良好的教学效果，并不是一

件易事。首先，这要求教师有过硬的专业理论知识和实践能力，将教材有机地整合，使专业知识系统化，并能用课件的形式体现出来，这需要下大力气加强对专业教师的系统培养。其次，要求全部专业教师有机地配合，在理论和实践方面以老代新，在多媒体运用上以新帮老，集体教研、集体备课、发挥全体教师的智慧、并进行合理的分工，最终共同完成一个教学目标。最后，专业教师必须了解授课对象，并给学生制订明确的计划（如哪学期考会计从业人员上岗证，哪学期考助理会计师，哪学期考会计师），配合班主任最大限度地调动学生的积极性、主动性，使之与教师共同完成教学目标。

三、综合实践能力培养中存在的影响

（一）实践教学的内容和范围狭窄，实践教学方式与内容脱离实际

目前职业院校开设的实践课程大多是基础会计、中级财务会计、成本会计等，而涉及财务管理、审计、税收等课程的实习项目很少。即便是针对操作层面，也多以虚拟的企业为主，其涵盖面及难度远低于现实企业，所以学生在校期间掌握会计的学科理论是重点，但获得丰富的操作经验或职业判断能力几乎是盲点。

目前职业院校会计实践教学主要仍以模拟为主，大致可分为单项模拟和综合模拟，单项模拟主要是在相关课程如基础会计、财务会计、成本会计学完之后进行模拟实训；综合模拟一般是在学生毕业前根据企业一个生产经营周期的基本业务以及以前期的有关资料为基础，模拟企业会计实务处理的教学形式。近年来，随着会计新准则的颁布实施、现代信息技术在会计中的应用，会计实践内容也在不断发展变化，但由于渠道不畅、政策不力等多方面的原因，实践教学内容总是滞后于社会实践。

（二）会计实训项目单一，实践内容缺乏全面性

财会专业的实践教学是理论与实践相结合的重要环节。由于当前财会专业招生人数较多、实习经费短缺、固定的校外实习基地太少等原因，财会专业的实践教学环节往往得不到保证，学生的实践能力在学校内得不到锻炼与提高；而校外的大部分生产企业出于对商业机密的安全性，财会工作的阶段性、时间性，接纳学生实习能力的有限性等因素考虑，不愿意让实习生更多接触生产、经营和管理事务，即便是给学生安排工作，也只是做一些辅助工作，因而学生的实际操作能力得不到锻炼，实习收效不大。因此，上述因素致使财会学生实践技能欠缺，工

作适应期长，经常发生用人单位不满意的情况。财会实训大多只能在财会模拟实验室完成，职业院校财会专业学生不仅体会不到财会部门与其他业务部门的联系，也体会不到财会工作的协作性，无法真正提高实践能力。

（三）实践过程缺乏仿真性，财会岗位设置不够明确，实践环节缺乏技能性

财会模拟实验的层次较低。目前的财会模拟实验仅能完成凭证填制、账簿登记、成本计算、报表编制的过程，而且缺乏复杂业务和对不确定环境的判断。这样就只能培养学生一定程度的账务处理能力，但在培养学生分析和解决实际问题的能力方面明显不足。

距离通过仿真财会实训达到“上岗即能工作”的培养目标还有一定的距离。原因是仿真财会实训难以创设不同企业实际财会业务流程与企业经营管理相结合的工作情景。而且工商、税务登记业务的办理；纳税申报与筹划；银行存贷款业务和结算业务的办理，特别是与这些部门的业务往来及协调配合等会计接口协调处理，以及不同企业会计政策、会计处理方法、内部控制制度的选用等财会实践操作能力难以在仿真财会实训中解决。

就财会学专业教学而言，虽然很多职业院校建立了财会手工实验室，进行“会计凭证—会计账簿—财务报表”全方位的仿真模拟，但实验在一定程度上受规模小、时间短的限制。随着我国经济的改革与发展，社会对财会专业人才的要求越来越高，学生也不断走入社会，信息反馈逐步增加，社会需求逐渐明确。对用人单位领导的调查表明，用人单位认为财会毕业生最应具备的素质和技能是日常财会操作；对财会在职人员的调查发现，目前本科毕业生最欠缺的是业务操作能力。

财会是一门对职业判断能力要求很高的学科，要求从业人员具备对不确定事项有判断和财会估计能力。而在财会实验中，会计政策与方法是既定的，即方法是唯一的、答案是确定的，最终要求所有学生得到一致的报表数据，不注重财会职业判断能力的培养。

实践教学所引用的资料大多是虚拟的或打印的黑白样式，尤其是原始凭证，财会专业学生很难得到填制真实凭证的机会，因此他们对部分凭证的填制较为生疏，对财会工作岗位的适应性不强。据调查，在每年财经类毕业生中，分配在企事业单位从事财会工作的占很大的比例。因此，大批学生亟待解决的是实践能力问题，而不是理论知识问题，通俗点说就是到了企事业单位后如何以最快的速度、

最短的时间适应具体财务及会计工作。虽然市场需要很大一部分财会专业毕业生从事财会实际工作，但目前，我们的课程设置、教学内容和教学方法无法适应这一要求。为了使学生一毕业就能胜任实际工作，缩短理论与实际的距离，在学习期间注意培养学生的实践能力是完全必要的。财会实验教学能够使毕业生走上工作岗位后很快适应各行业财会工作的需要，满足用人单位的要求，这是因为财会模拟实验教学的内容，就是企事业单位具有代表性的经济业务。财会岗位设置不够明确，不利于他们熟练掌握各个岗位的业务内容，也不利于强化他们对整个会计核算组织程序的理解。在财会实践教学中往往忽视了一些基本技能的训练，如点钞、装订凭证、装订账簿等，因此学生毕业后并不能立即走向岗位、胜任工作，形成了“高等教育供给”与“市场需求”相背离的就业状况。

（四）基本采用“封闭型”“报账型”的验证性实验教学模式

把学生关在各自的实验室里按实验教程要求的资料、方法和步骤进行分岗协作或个人独立完成实验，验证性地观察、记录实验过程和结果。实验后要求学生对实验结果进行综合分析并写出实验报告。通过实验使学生对实验过程获得一些感性认识或理性经验，着重于帮助学生深化对理论课程的理解。实验对学生要求不高，学生开始都有一种新鲜感和积极性，但一段时间后，由于实验资料单一，实验方式单调，要求和层次也只停留于能够正确地填制凭证、登记账簿、计算成本和编制会计报表等基本技能的训练上，且实验内容千篇一律，在很大程度上限制了学生能力的培养和发挥。

（五）缺乏具有较强实践能力和丰富实际工作经验的师资力量

大部分职业院校缺乏专门的财会实践教学教师队伍，专业教师既担负财会理论教学任务，又担负财会实践教学任务。由于财会专业教师大部分直接来自高校毕业生，没有参加过会计工作的实践，教学内容仅局限于教材知识，无法结合会计工作的实际案例来生动地讲授，造成学生动手能力不强，在实习、实训中只能靠自己的知识和能力来想象。另外，由于各种原因，很多职业院校也没有把教师参加社会实践纳入教学管理计划或形成制度，在时间上、组织上和经费上都没有相应的安排和保证，不可避免地出现教师脱离实践的现象。由于教师缺乏操作真实经济活动的经历，在实践教学上缺少举一反三、灵活应用、列举实例的能力，对会计适应社会经济发展，特别是现代信息技术对会计领域的深刻影响把握不够，从而严重影响实践教学质量。

（六）强调培养学生会计核算能力，忽视培养其管理能力

目前的财会实践教学主要强调对学生会计核算能力的培养，例如实践教学的主要形式——会计模拟实验，它是将账务处理作为教学重点，着力培养学生对会计信息的处理、反应能力。但随着市场经济的发展，企业间竞争日益激烈，企业对财会工作的要求也发生了变化，财会工作对于企业管理者和企业会计信息使用者来说，其决策、支持等管理方面的职能越来越重要。如果现今的实践教学环节依然停留在核算型账务处理方面，即使学生在学校中很好地完成了财会课程的实践学习，其实际能力还是远远不能满足社会的需求。因此，现阶段这种单一层次的财会实践教学在人才培养中并没有起到应有的作用。

（七）开发技术或平台落后，校内实验与校外实习没有实现有机结合

由于财会软件规模相对要小些，加上早期的开发者大多是非计算机专业人士，所以一般都选择大众化的开发工具。目前尽管部分财会软件已从 DOS 转到了 Windows 平台，但大多数软件的开发工具仍然摆脱不了 DBF 的文件体系，缺乏 Oracle 之类大型数据库管理系统在功能、性能、安全等方面的有力支持。学生仅限于在实验室进行模拟操作，没有深入实际工作中，不便于增强学生对财会部门内部信息及与其他部门业务信息联系的直观感受和消除模拟实验可能存在的不真实感。

第二节　大数据时代对会计教学改革的机遇

一、大数据时代高等教育发展的机遇

传统高等教育最大的特点是以教师为中心的灌输式学习，学生所获得的知识仅限于教材；学习模式和教学要求均在课堂上执行。这种模式受时间及空间影响较大，已无法满足学生对知识的渴求及探索。互联网的出现，催生了新的教育模式，即“互联网+高等教育”的教育模式，给高等教育带来了新的机遇。

（一）搭建优质教学平台，催生海量教学资源

网络平台的开放性使得只要接入互联网，海量的优质教学资源，国内外名校的公开课程或各地专家的研究成果，都以开放的形式向广大受教育者敞开。他们不再依赖固定的教学方式，不再局限于课堂资源，可以充分利用互联网平台，根

据个人兴趣，选择学习内容，分享学习经验，促进相互之间更好地学习。

互联网模式下，学生不仅可以学习到国内各大院校的名师课程，还能学到国外许多著名大学的课程。比如慕课平台（MOOC），Coursera，edX。Coursera 是由美国斯坦福大学创办，同世界顶尖大学合作，在线提供免费的网络公开课程；edX 是由哈佛大学和麻省理工学院联合创建的免费在线课程项目，由世界顶尖高校联合，共享教育平台，分享教育资源。这些网络平台使学习者可以足不出户，自由安排时间学习国内外优质课程，享受海量在线资源。

（二）降低教学资源的生产与使用成本

一方面，生产成本降低。制作课程时获取素材更加低廉、便捷，在线课程开发制作后，可重复利用，其使用、传播的边际成本将无限降低。并且随着课程参与人数的增加，长期平均成本将随着选课人数的增多而降低。另一方面，使用成本降低。学习者根据自己的实际情况，选择适合的免费课程和付费课程，可供学习者不限时地学习，降低了学习者的使用成本。

（三）拓展新型学习样式，提高学习效率

传统模式下，学习者遇到学习难题，需要花费大量的时间和精力查阅资料、书籍，既费时又费力。而在大数据时代下，学习知识、共享资源的速度更快。学习者遇到学习难题可以求助在线专家及教授，或者与其他人共同讨论研究来解决问题。

传统课堂上，学生在同一时间、同一地点，听同一教师讲解相同的内容，然而每个人的学习效率不同，对同一知识点的掌握进度不同，在这种学习环境下，被迫和随教师的节奏，很难扩展自己的思维。大数据时代下，学生可以自由掌握学习时间和内容，可以把课堂上的一节课分为多个零散点，在零散时间自由学习，也可以暂停在不懂的地方记录并思考。使学习成为人人可学、处处可学和时时可学的活动，大幅激发学生的学习兴趣。

在大数据时代下，学习者们不断融入各类新的学习模式：交互式学习、自主性学习等。学习者不仅可以充分利用多媒体技术和网络技术，借助网上资源，自主进行双向交流学习，还可以自主确立学习目标，选择适合的学习方法，自觉调控学习状态。大数据时代为学生的学习提供了平台及资源，拓展了新的学习模式。

二、大数据时代会计行业的机遇

（一）一般性会计工作与时俱进

作为经济管理的基础组成部分的会计工作在大数据时代，更应充分发挥在处理信息、核算数据、评价管理等方面的优势，利用好丰富的互联网资源，借助“大数据”“云平台”等网络资源的力量，实现会计部门的政务公开、电子政务、网上交流等，促进会计工作的与时俱进，更好地服务于经济社会的发展。

（二）推动会计服务模式升级

大数据时代推进了分工社会化以及新型会计服务体系的构建，同时也促进了会计服务模式的升级，打破了地区地域的限制，将线下业务逐渐转变为线上业务，实现了实时记账和财务咨询，为客户提供更多、更高效、更便捷的会计服务。这不仅能够把财务信息提供给传统的企业所有者，还可以借助新兴的网络技术，使会计信息处理更全面、及时、动态，从而使会计核算更规范、高效、集中，为管理者的决策提供更大的帮助。同时，互联网的发展也为会计管理部门的政务公开、电子政务、网上交流等服务提供了有效平台，促进了会计管理部门管理服务模式的进一步转变。

（三）促进会计管理职能的转变

传统会计工作的基本职能是计量、核算和监督，而在依托“大数据”“云平台”等信息技术的大数据时代，会计工作在具备基本职能的同时，还能够在绩效管理、预测分析、管理决策上发挥作用，推进会计工作由传统的财务会计的静态模式向新型的管理会计的动态模式转变，更好地发挥会计的预测、计划、决策、控制、分析、监督等职能，促进会计工作的升级和职能的转型。

（四）催生会计领域的新发展

大数据时代的会计行业在其自身不断融合发展的同时，也促进了会计相关领域的发展。在经营方面，互联网记账公司、网络会计师事务所等产业接连出现，他们依托第三方 B2B 平台，与客户进行线上线下互通交流，受到了不少客户的青睐。在教学方面，网络会计培训学校如雨后春笋般涌现。教师在网上授课，学生在网上学习，信息在网上流通，知识在网上成型，成为许多人学习的首选方式。

三、大数据时代会计教学的机遇

（一）大数据时代会计教学形式的改革

传统的会计教学方式知识的传递是以课堂教师讲授为导向的，课堂上以教师讲为主体，利用粉笔和书本让学生被动地接受知识。随着信息技术的广泛应用，课堂要求教师用多种形式组合优化进行课堂内容，形成多种信息互相传递的互动课堂。充分发挥学生的主动性、积极性。会计教学不仅要注重会计知识的传授，还应注重会计思维的传授，在教学过程中应充分体现学生的自主思维。也就是说，大数据时代的会计教学组织方式应从传统的“以教师为中心”教学模式向“以学生为中心”的方式转变，利用大数据时代教学组织充分发挥学生学习的主观能动性，不仅要求学生“学会”，还教会学生“会学”，教学形式发生了变革。例如，“基础会计”课程中关于装订记账凭证的操作内容，传统课堂教学中，教师只能单纯地课堂讲授，实践操作只能在实训环节进行演示。但在信息化课堂下，教师通过多媒体课件播放视频的方式就可以完成，既丰富了课堂的教学形式，又增强了学生的学习兴趣，调动了学生的主动性。

（二）大数据时代会计课堂教学媒介改革

信息技术的发展不断产生多种媒体并进入教学领域。例如微信平台、QQ 工具、微课、网络平台、多媒体会计教学系统平台等，短短几年之间媒体的发展经历了从简单直观的 PPT 到复杂多元的媒体变化，由传统的直观性教学媒体发展到基于视听技术和计算机网络技术的多媒体智能教学系统。教学课堂的数字化、智能化和网络化发展使其课堂功能和作用不断增强与扩大。这些新媒介的出现就成为会计教学信息的媒介和辅助手段，而且成了人们的认知工具和学习资源，不断改变着教学环境的组成元素。

（三）信息化会计教学资源改革

会计专业是一个实践性很强的专业，要求学生不仅要掌握扎实的理论基础，还要求学生通过实践技能学习，掌握会计基本技能，信息时代技术助力课堂教学，为教学提供信息化教学环境和支持。利用多样化教学资源进行实践教学。会计的教学资源是教学实施的基础，创建开放性教学资源，利用现代资源优势、教师之间的协同作用，在传统的会计教材体系上创建信息化教学资源体系，建成基于课程知识结构的多样化、集约化教学资源，为会计教学的多元互动奠定资源基础。

例如，在“基础会计”课程中，教师可以利用信息化网络收集实践技能教学资料，丰富理论课堂，在逐步建设中建设精品课程，通过信息技术与课程的整合，创设情境化教学环境和数字化学习支持条件，重视信息化学习工具的搜索与利用，可在微信公众平台开展基于课程的学习结果分享。

第三节　大数据时代对会计教学改革的挑战

一、大数据时代对传统会计行业的挑战

在互联网的影响下，会计的内涵与本质都发生了很大的改变，也产生了一定的延伸，但也迎来了很多新的挑战，出现了一些前所未有的问题。

（一）老旧会计思维对会计从业者的挑战

在步入大数据时代以前，会计从业者长期处于惯性思维中，虽然对数字的变化十分敏感，但是在逻辑思维方面还有所欠缺。在大数据时代；会计信息的传输都是通过互联网得以实现的。换句话说，就是会计信息的传输已实现自动化，不但使会计从业者的工作负担有所减轻，还提高了会计工作的效率。对会计从业者来说，这种改变是思维方式上的改变，但思维方式具有顽固性，很难发生改变，这就对会计从业者造成了挑战。网络技术的不断发展和日渐完善加快了会计信息化的进程，如果会计从业者不改变自己的老旧会计思维，将很有可能被行业所淘汰。

（二）会计从业者人才方面的挑战

在大数据时代来临以前，会计从业者的工作内容只是对账务进行入账和核算、审查等，工作比较单一，和其他业务方面很少有关联，因此对工作的能力要求并不高。但是随着互联网的高速发展，会计工作的环境发生了改变，工作的内容和形式都产生了变化，不再是单一地对账务进行处理，而很多工作都需要在网络环境下完成，和互联网的关系密不可分。这就对会计从业者的能力方面造成了挑战，需要会计从业者不断学习和会计有关的网络知识，提高相关的处理能力，只有这样才能保证企业运作的效率。同时，大数据时代滋生了订单式经济的发展，一系列无库存产业兴起。相对于过去，会计从业者在会计知识学习方面发生了改变，不但要对会计专业知识熟练掌握，还需要了解和企业有关的产业知识。在当前，有一些和知识产权及商业信誉等相关的无形资产方面的经济纠纷众多，这就使会计从业者不得不面对和法律相关的挑战，以及在创新能力上的挑战。

（三）会计信息资料安全性受到挑战

相对于之前的会计信息资料的安全性来说，在大数据时代，会计信息数据大多存留在互联网上，数据的表现形式以电子符号为主，通过硬盘将数据进行记载，不再像过去一样，记录在纸张上面。但是互联网具有资源共享的功能，而且其拥有无限的延展性，这样就很容易使企业的会计信息资料的安全性受到挑战，遭受威胁。具体而言，网络资源具有共享性，会计信息在储存和传输的环节中都极有可能遭到非法攻击或者恶意修改及信息盗取，不但会破坏原有的会计信息，使原有的信息失去作用，还有可能因为会计信息被企业的竞争对手了解和掌握，造成企业不可弥补的损失。此外，在大数据时代，原始凭证信息有可能被伪造。在会计工作中，原始凭证是信息来源的根本，对以后的会计信息尤为重要。但是进入网络时代后，会计进行入账工作时，原始凭证很有可能被有关人员修改，而且修改的痕迹无迹可寻，这种会计凭证的伪造，使得整体会计过程失效，不再具有任何价值。

（四）相关的会计法规滞后带来的挑战

在大数据时代，会计的工作方式呈现多样化，但是和会计相关的法律法规却相对比较落后，这就使得对会计系统的监管变得不易。随着互联网的飞速发展，市场上涌现出了大量的会计信息处理软件，其中不乏盗版制品，这些盗版制品有可能会对公司的财务管理造成很大的负面影响，使得会计信息的安全性与真实性难以得到确保。国家在这方面的法律法规缺失，如对正版制品的知识产品的保护不够，造成盗版风行，在会计行业对会计信息进行监管方面产生了不利影响。此外，互联网的发展和普及，促成了很多电子商务企业的产生，我国的法律法规在这方面还不太健全，很难对这些企业进行全面监管，由于缺少网络会计方面的法律法规，会计管理质量不高，同时，正因为监管不足，网络会计存在一定的风险，会计系统的安全性无法维护。

（五）会计面临国际化发展的挑战

随着互联网的逐渐普及和电子商务的不断发展，人与人、企业与企业之间的联系更为密切，不再受时间和空间的限制。随着全球经济一体化的进展，电子商务的发展范围更加宽泛，公众可以通过互联网和千里之外的客户形成业务往来，所用的时间极短，成交额巨大。可以说，全球一体化正日渐形成。这也意味着企业之间的竞争已波及全球范围，竞争程度更加激烈。企业若想得到长足发展，就必须不断加强自身的竞争力，其中在会计方面必须对国外通行的会计核算办法、会计制度和财务报告的相关制度加以了解并熟悉，找出符合当前我国国情、适合自己并且在国际上通用的会计制度和会计程序，以应对国际化发展对会计的挑战。

二、大数据时代对会计教学的挑战

（一）大数据时代，国家的高等教育面临格局重构和生态重塑的严峻挑战

大数据时代打破了传统高等教育的市场壁垒，使高等教育资源的跨国界流动和高等教育市场的跨国际拓展成为可能。以 MOOC 为代表的在线开放课程不仅代表了一种新的教学样式，更将催生新的教育生态，由此引爆高等教育市场格局的重构和教育生态的重塑。国外优质教学资源的输入，带来的不仅是国内高校的生存压力，也将引发对国家文化安全的威胁。虽然科学无国界，但其传播中不可避免含有西方资本主义价值观和意识形态的渗透。当今世界，文化软实力已成为国际竞争的重要组成部分，外来文化渗透不仅威胁国家文化安全，也会影响国家的文化软实力。

因此，站在全球战略高度审视高等教育的变革是具有必要性的。高校学生是社会的精英、祖国的未来，如果我们不能打造自己的优质教育资源，去占领教育阵地，去吸引广大青年学生，而让他们为外国教育资源所影响和渗透，后果将不堪设想。

（二）大数据时代，高等教育面临着教学模式冲击以及教育理念更新的挑战

现有的高等教育教学方式仍然是以固定课堂为主，而 MOOC、翻转课堂等的兴起，打破了原有的教学方式，将固定教学转化成了以互联网为载体的新型教育模式。课堂主角从教师变为学生，学生自主学习，学习地点也不再局限于教室。随着移动学习终端的迅速发展，在线学习成为日常生活必不可少的内容。如果冲破学历制度上的政策壁垒和社会用人制度，“互联网”必将冲击职业院校的传统教学方式。职业院校的教育理念是以培养知识性人才为主，而职业院校学生大多是被动接受学校安排，以顺利毕业、找到工作为目标。因此，职业院校的教育理念必然要重塑，否则，会在越来越激烈的竞争中被淘汰。

（三）大数据时代，职业院校教师面临自身角色转变和信息技术应用能力的新挑战

职业院校教师要适应互联网教育模式下自身角色的转变，即从信息的展示者向辅导者、解惑者转变。翻转课堂的模式下，教师先录制好视频，学生课下根据实际情况观看视频，自主学习，课上教师按照学生的问题提供专业的反馈，课堂的主角从教师变成了学生。互联网教育模式下的高等教育对教师提出了更高的要求，要加速适应新型教学模式，掌握过硬的信息技术教育能力，提升信息技术教学技能。这在一定程度上冲击了教师传统的教学理念，尤其是中西部地区的部分教师。虽然国家提倡教育公平，鼓励中西部地区的教育发展并提供了信息化设备，但仍有很多教师故步自封，采用传统的教学方法，没有实质性的改变与进步。因此，职业院校教师要转变观念，加速适应以互联网为平台的新型教育模式。

（四）大数据时代，学生面临更高的新挑战

在互联网覆盖的今天，学习资源具有开放性和丰富性，但良莠不齐，学生要学会在资源中筛选有效信息并理解消化，真正掌握知识。互联网教育模式下，学生可以自由选择学习时间及内容，但这些知识可能呈现无序性、重复性，因此要有效利用零碎时间将分散的知识点系统化，构筑知识网，过滤无用信息，掌握核心知识。网络的开放性必然会导致出现更多与学习无关的内容来干扰学生的注意力，从而起到反作用，降低学习效率。因此互联网模式下，对学生的学习能力、自觉性等提出了更高的要求。

第四节　大数据时代会计教学改革的可行性

如今高新科学技术对经济发展产生的影响越来越大，科技成果转化为生产力的周期也一直在变短，知识更新正在进一步加快。高质量的科技成果以及它向生产力转化的程度也越来越依赖于不同学科、不同领域的相互交叉和融合。经济的全球化已经形成气候，以计算机技术为代表的信息技术已经渗透于会计教学和实务的各个方面，所以我国会计教学的信息化和国际化是必然要求。于玉林教授就将 21 世纪会计教育指导思想的内涵形象化为应当实施专业教育、道德教育、外语教育、计算机教育、信息教育和创造性教育六大体系为主体的基本原则。

一、信息化建设为会计教学改革奠定了基础

在会计教育的信息化方面，除了在实验教学里对于实验信息平台在远程教学和模拟实习平台上的应用，目前国外已经开始普及使用可扩展商业报告语言作为财务报告的主要形式，我国有必要将这一革命性的最新应用扩展到会计教学和科研的各个方面。可扩展商业报告语言，是以统一的计算机语言形式和财务信息分类标准为基础的，它使财务信息可以跨平台、跨语言，甚至跨会计准则，进行即时的、计算机自动化的上报、搜集和分析的一项信息技术。目前此技术只应用于我国上市公司在上交所和深交所两个证券交易所的网站上，其他各方面的应用较国外（如美国的强制 Edgar-online 财务报告系统和英国的强制性税务报告形式等）还是比较落后的。我国的会计信息化教育，可以以此为着重点，抓住当前的机遇，满足时代的要求。

二、国际化为会计教学改革提供了方向

大数据时代，信息沟通顺畅，经济更加趋于多元化和全球化，所以要不断发展会计教育的国际化。在会计教育的国际化方面，除了教育形式和培养目标的国际化（英美目前的中低级层次的复合型人才和高级层次的专业性人才趋势），目前国际化的关键点在双语教学方面（或全英文）。会计的双语教学主要包括教材的国际化、授课和考试主要使用英文、师资的国际化三部分，这三大方面也是我国目前主要面临的三大问题。在英文原版教材的选取上，很多职业院校存在版本过旧问题，未能及时根据国际变动而更新。在授课方式上，没有完全将外语形式的专业教育与外语语言教育区分开来。最后，师资上面过于依赖有限的本校双语教师，而未能发挥外教作用，其实适量以外聘或同国外大学合作的形式引进国外会计专业教师授课，可能会达到更好的效果。

三、专业化和实用性为会计教学改革提供了途径

随着社会竞争的逐渐加强，高等学校学生在就业方面与研究生或更高级别的研究者相比，在理论知识的掌握上并不具有优势，而职业院校对学生的培养方向上也更倾向于对学生专业技术能力的培养，学生能够具备较高的实践能力，依靠娴熟的业务素质来达到胜任工作岗位的目的。从这个角度来看，无论是社会发展的大方向还是用人单位的实际要求都对会计专业的学生在专业性方面提出了越来越高的要求。为了满足社会对会计专业学生的用人需要，会计专业在发展的过

程中也就自然出现了专业性发展趋势逐渐加强的特征。

高等院校对学生的培养方向是针对某一社会岗位和用人单位的需求而定的，这也就是为什么职业院校在教育教学过程中都会尽最大可能为学生提供实践和模拟的机会。毕竟纸上谈兵式的会计教学是没有太多意义和价值的。从现实条件来看，通常来说用人单位也并不愿意利用大量的人力与物力去为会计专业学生本应在高等院校获得的能力买单。因此，在高等院校的发展方向，尤其是职业院校会计专业的发展方向上来看，会计专业的教育教学越来越具有实用性倾向。

四、合理性发展为会计教学改革确立了目标

高等院校在对会计专业学生进行培养的过程中，也开始意识到对学生进行综合性能力培养的重要性。对于会计这一特殊职业来说，仅仅对会计专业学生进行理论知识培养、实务操作能力培养是远远不够的，对会计专业学生进行会计法规、经济法规、职业道德、终身教育意识等内容的培养也是不可或缺的。因此可以说，现阶段高等会计专业学生的培养，其综合性也正在不断加强。

第五节　大数据时代会计教学的目标与理念

一、会计专业人才培养的目标

根据企业和劳动力市场对会计人才的需求，以服务经济建设为宗旨，坚持以就业为导向、以能力为本位的教育理念，建立多样性与选择性相统一的教学机制，通过综合、具体的职业实践活动，帮助学习者积累实际工作经验，突出会计专业教育特色，全面提高学生的职业道德、全面素质和综合职业能力。

根据我国会计发展的客观要求及劳动力市场的特点，考虑我国经济领域各行业发展水平，以及不同地区经济、技术、社会以及职业教育的发展水平和区域特点，着力提高学生的操作技能和综合职业能力。会计专业的人才培养应体现以下原则。

（一）根据市场需求，明确人才培养定位

以会计领域的分析、人才市场的分析为前提，以生源分析和办学条件分析为基点，以用人单位对毕业生的满意度和学生的可持续发展为重要检验标准，按照适应与超前相结合的原则，培养各行业和各企业有关市场营销岗位需要的、能胜任相关职业岗位群工作的，技能型应用性中高级专门人才。

（二）以全面素质为基础，提高学生综合职业能力

技能型人才的培养，应加大行业分析、职业分析、职业岗位能力分析的力度，构建以技术应用能力或面向工作过程能力为支撑的专业培养方案，加强实践性教学环节，以提高综合职业能力为着眼点，致力于人格的完善为目标，使受教育者具有高尚的职业道德、严明的职业纪律、宽广的职业知识和熟练的职业技能，成为企业生产服务第一线迫切需要的、具备较高职业素质的现代人和职业人。

（三）以社会和企业需求为基本依据，坚持以就业为导向的指导思想

将满足社会和企业的岗位需求作为课程开发的出发点，提高五年制高等职业教育的针对性和适应性，探索和建立根据社会和企业用人要求进行教育的机制，根据社会和企业用人需求，调整专业方向，确定培养规模，开发、设计产学结合、突出实践能力培养的课程方案。职业学校应密切与相关行业、企业的联系，在确定市场需求、人才规格、知识技能结构、课程设置、教学内容和学习成果评估方面发挥企业的主导作用。

（四）适应行业技术发展，体现教学内容的先进性和开放性

会计专业应广泛关注行业新知识、新技术、新方法的发展动向，通过校企合作等形式，及时更新课程设置和教学内容，克服专业教学存在的内容陈旧、更新缓慢、片面强调学科体系完整、不能适应行业发展需要的弊端，实现专业教学基础性与先进性的统一。在课程中还应融入如何去学习专业知识、寻找获取专业相关信息的途径与方法等思维训练及方法训练的内容，在学习与掌握职业知识过程中强化学习方法与创新意识，培养现代社会从业人员所必须具有的方法能力与社会能力，使学生通过学习能适应时代发展的需要。

（五）以学生为主体，体现教学组织的科学性和灵活性

充分考虑学生的认知水平和已有知识、技能、经验和兴趣，为每一个学生提供劳动力市场需要和有职业发展前景的模块化的学习资源。力求在学习内容、教学组织、教学评价等方面给教师和学生提供选择和创新的空间，构建开放式的课程体系，适应学生个性化发展的需要。采用大专业、小专门化的课程教学模式，用本专业职业能力结构中通用部分构筑能力平台，用灵活的模块化课程结构和学分制管理制度满足学生就业的不同需要，增强学生的就业竞争力。

二、信息化时代下会计信息化人才的培养目标

（一）会计人员信息化

移动大数据时代的到来，推动着云计算、信息录入系统等高科技的应用，原有的会计系统也将转化为以互联网为基础，由专业的服务终端提供的系统，且其中包含会计核算、财务管理等功能。同时也表明，计算机等高科技数码终端将会成为会计工作的主要工具。因此，需要会计人才在掌握扎实的专业能力的同时，还要了解计算机及局域网络应用方面知识，能够轻松运用网络平台进行工作。此外，会计人员还要掌握相关网络管理技能，确保计算工作在一个安全、稳定的环境进行。

（二）会计人员管理化

会计管理工作是企业管理中的重点工作项目，而在大数据时代中，开放性、交互性的网络特点为管理工作带来了很大的挑战。因此，需要会计人员具备优秀的管理能力，利用财务会计知识，提升企业管理水平，从而促进企业发展。此外，会计行业为了适应互联网的环境，逐步推进管理体系以提高服务水平，企业对会计工作的理解也逐渐由基础的账目核算转化为使企业利润最大化的决策工作。因此，也需要会计人员擅长财务核算及管理技能。

（三）会计人员国际化

大数据时代的到来，给传统带来了一次颠覆。一成不变、中规中矩不再是自全之道，特别是对会计而言，计算机系统的“野心昭彰”已初显端倪，如果再以不变应万变，恐怕最后的结果只能是淘汰。所以，随着世界经济的密切联系，会计从业人员必须开阔眼界，学习多种语言。

涉外会计人员在企业的发展中占据着重要的位置，关系着企业的发展，因此成为企业急需的应用型人才。而目前我国涉外会计人员数目较少，供不应求，而相关专业毕业生无法胜任国际化企业会计一职，不仅浪费了国内优秀会计人才，还制约我国企业国际化发展。因此，会计人员需要精通一门外语及相关国际会计规则，并能将其应用到经济管理之中，成为一名国际化会计人员，加强国内外企业交流沟通。

三、大数据时代会计教学的理念

（一）建立专业的师资队伍

专业的师资队伍是保障学生专业化发展的一大基础，因此需要建立多元化教师队伍，提升教师专业素质。首先，队伍中需要包含专业的会计核算教师、财务管理教师、会计评定教师、计算机专业教师、外语教师等。其次，教师需要定期参加培训，使自身的专业能力能够达到社会发展的需求，也要参加针对会计专业信息实践教学的培训，获得真正的实践经验，并能将经验应用于教学中，切实提高学生实践能力。最后，制定教师考核、评价制度，当考核结果未达标准时，可进行淘汰或继续培训的方法提升其专业能力。

会计专业传统教学模式主张理论、实践教学单元单独布置拓展，其中理论教师注重理论知识讲解，实习教师注重实际操作，再加上课程进度不一，理论教学与实习教学严重脱节，不但给学生的学习造成很大困难，也造成了重复教学和资源浪费，更影响了教学质量的提高和应用性、技能型人才的培养。为适应市场需求，现代教育呼唤新的教学模式，“专业基础理论与技能实践一体化”，线上教育和线下交流同步展开，如今此类教学引导模式正在实践与探索行列之中。

（二）创新教学方法

正确的教学方法是学生提高专业能力的基础。传统的教学方法理论度过高，学生接受度不强，且学生无法真正感受到大数据时代的特点。因此，教师需要创新教学方法，加强学生互联网意识。首先，教师需要与学生转变位置，将学生作为课堂的主体，教师仅起到引导的作用。其次，教学手段将传统的“一言堂”形式转变为师生共同学习的方法。教师可将重点内容提前告知学生，并根据学生学习特点分成小组，使其提前预习，在课堂之上进行讲解，教师随后进行点评与指正，这样的方法能够加深学生对知识的印象，并加强教师与学生的交流次数。最后，教师可利用互联网的优势进行教学，例如应用新媒体、计算机等数码设备进行授课，可将理论度较强的知识转化为直观的图像或影音，使学生在课堂之上便可理解知识的来源与发展。

此外，教师可利用问题引导课堂的走向，可将大数据时代的特点融入问题之中，引导学生思考，教师也可将其他相关课程添加入网络授课之中，使学生在课余时间也可观看教学视频，学生可自己掌握及控制学习进度，实现自主化学习。

但网络授课需要教师进行有效的管理，教师需要在网络平台上与学生多加交流，加强学生对教师的信任度，提升学生的学习兴趣，并能了解更多会计知识。而且，教师可以利用互联网技术创建网络班级、云课程等交互式教学设备。学生可以感受到网络的特点，也能享受丰富的网络资源。

（三）调整课程设置，增加实践课程

调整课程设置前，教师需要设定正确的教学目标，根据当前大数据时代的需求，教学目标需要以学生具备优秀的会计、管理、评估能力为主。然后，教师需要根据此目标设置相关教学课程，其中理论课程需要包含会计核算学、会计管理学、财务管理学、外语等相关课程，课程比例应以核算学、管理学为主。而实践教学设置比例需与理论课程相同，以加强学生的实践操作能力。为此，教师可利用建立实习基地、创建实训模型等方法进行实践教学。高等院校可与会计事务所进行合作，给予学生实践的机会及场地，加强学生财务管理方面的实践能力，学生也能因此接触到真实的账目，从而理解大数据时代会计工作的真实情况。此外，教师可利用沙盘模拟等方法，使学生在校内也能感受到真实的经营环境，使其在几天的时间内便可模拟到企业多年的经营情况，了解企业在互联网环境中的发展趋势，并能明确会计工作所要具备的条件。

（四）丰富教学资源

传统的教学方法中，课堂资源皆以课本、讲义为主，学生接触到的知识过少，无法满足社会的需求。因此，教师需要将书本与网络资源进行整合，使得会计教学能够立体化发展。为此，教师可将互联网中可用的教学资源推荐给学生，学校也可与其进行长期的深入合作。保障学生能够享有丰富的学习资源，例如，学校可与论文网站深入合作，如中国知网等权威论文网站。学生应时常阅读会计专业相关论文，了解会计行业最新动态。此外，教师需要根据学生特点，筛选出其可用的课程资源，针对资源设置相关问题，并对教材及习题资源进行有效的改进，从而使学生更多了解大数据时代的大数据特征。

第五章　大数据时代下会计教学改革的新思维

第一节　大数据时代会计教学改革的运行机制

多媒体、互联网等现代信息科技的发展对社会产生了全方位的影响，无论对教育观念、教学思想、培养目标，还是教学模式、教学方法、教学组织形式等都产生了重大影响，从而促使高等学校的教学过程发生深刻的变革。

一、大数据时代背景下会计教学运行机制

（一）教学目标的改革

网络会计环境下，会计人才不仅要懂得会计理论知识、会计核算业务以及财务管理知识，还必须知道如何应用会计软件来实际操作这些业务及如何优化企业的网络会计环境来实施网络会计。唯有这样，学生才能实际胜任会计工作岗位。这时的会计人才显然是既要懂会计知识，又要懂计算机应用，还要懂企业管理的复合型人才，高等教育现行的教学目标定位没有重视网络会计方面的需要。已经开始对毕业生的就业前景产生了负面影响。近两年来，会计专业的毕业生，由于会计电算化方面的技术达不到一定的水平，在北京、广东、上海一带失去了更多更好的就业机会。可以肯定，如果这个问题不加以解决，今后的毕业生的就业就会更艰难。所以，我们的教学目标要改革，要兼顾学生会计业务能力和会计软件的实施及操作能力的培养。树立复合型人才教育目标，用前瞻性的眼光突出和加强网络会计的地位。

（二）教学理念的改革

网络会计的出现使会计学科体系扩充了新的内容，加入了会计软件、电子商务等方面的内容，而且这些课程之间具有纵向上的层次递进关系，在横向上又具有内容方面的关联和关系。其中，电算化类课程的部分内容更新还比较快。

在新的形势下，会计专业教学理念要转变，要用更宽的视野和发展的眼光来看待专业教学，使专业的包容性更宽，而不应为了迎合市场上的某种需要去设置过细的方向，在会计专业中再设“注册会计师”“会计电算化”“会计学”等方向。因为，就会计专业来说，它是定位于培养基础性专业人才的，显然，会计理

论基础知识、会计业务技能、电算化技术应用能力都是必需的，没有必要在这些方面厚此薄彼。如果确实要对学生在会计学理论方面或会计电算化方面进行进一步的专门培养，那是研究生阶段的事情，到研究生阶段再去设一些较细的方向。同时，由于学生从在校学习到毕业后在单位从事会计工作有一个时间差，这样学生所学知识能为日后所用是十分重要的。一般来说，学校教学内容是相对静态的，在一个时期内变动较少，而会计工作实务却是相对动态的，随着国家的会计制度或有关政策的变化，会计核算方法也会发生变化，随着会计电算化技术的不断发展，会计核算手段也会不断推陈出新。因此，会计教学要有前瞻观念，在市场经济条件下，有关会计制度和会计准则方面的变化趋势问题要在教学中加以体现，对已经出现但尚未在企业广泛推广的较先进的会计软件要加以介绍，以保持教学内容能符合会计实务的实际和发展趋势。

（三）教学方式的改革

封闭式教学使学校和社会之间有“一墙之隔”，不利于学生接触实际，不利于理论联系实际。今天的高等教育不仅要向学生传授书本知识，还要注重培养学生获取知识的能力、动手能力和创新能力，而这就需要在教学中向学生提供较为丰富的数学形式，包括情景教学、案例教学和专题讨论等，而这样一系列的教学方式需要的素材资源是十分丰富的。一般来说，学校内部不可能提供这些素材的全部，学校提供的教学条件是有限的，因此，向校外寻求教育资源补充是很有必要的。实行开放式教学就有利于利用校外各种教育资源。组织学生“走出去”学习，可以利用校外企业的网络会计设施实行现场模拟教学，以弥补学校实验设施不足而无法进行的一些实验。学生通过在校外接触企业会计实际，可以尝试解决一些学校教学中没有触及的实际问题。通过请校外有关专家进行专题讲学，可以弥补校内教师某些教学方法的不足，有利于学生拓宽视野、定期接触到学科方面新的动态。同时，实践教学也要进一步加强。这里要抓好两个方面：一是要多上一些实验课，除了课时安排实验课外，还应增加一些开放的实验课，为那些需要进一步加强练习的学生和有兴趣、有潜力在电算化技术方面进一步探讨的学生提供更多的实验机会。二是对现行的实习环节做些改革，目前学校大多只安排有毕业前实习，以准备毕业论文，由于这个时期学生大多忙于工作或考研，可能没有太多的心思用于实习，所以实习效果并不太好。面对新的情况，学校可考虑增加学年实习，以便学生在学习中途有机会接触实际，从而更好地领会和消化阶段性学习内容，也可安排学生在假期进行一些专题实习。

（四）课程体系的改革

当前，高等教育会计专业课程体系设置是按必修课和选修课两个方面来进行的，从其布局来看，这种课程体系设置是和传统会计下的专业教学要求相适应的。它具有一定的重理论、轻实践，重讲授、轻操作，重实务介绍、轻手段培训的倾向。从另一个侧面看，涉及电算化手段内容的课程仅 2～3 门，由于电算化教学内容涉及软件设计原理、会计软件应用、电子商务、网络会计环境建设、数据库知识等多方面内容，要将这些内容压缩在 1～2 门课程中，显然是达不到应有教学效果的。因此，现行课程体系有待进一步改革，一是要增加网络财务方面的课程，正常来论，应该有 4～5 门课程，其中还应该设有主干课程，以突出其主要地位，尤其是网络会计实施方面的内容要增设，这在目前的教学中基本上属于空白点。二是在课程体系中应适当增加实验课程，以利于学生在会计和会计软件应用，帮助学生向企业会计员的角色转换。当前，在毕业生就业市场上，有不少招聘单位都要求所招人员有一定的工作经验。所以，在加强理论知识的同时还要提高学生的实践能力。

二、基于 MOOC（MOOC）的实践教学运行机制

（一）设计理念

按照会计专业实践教学过程实践性、开放性和职业性的要求，根据职业岗位层次、职业能力要求分门别类设置网络模块。此外，在调查现有 MOOC 基础上，分类已有在线课程，以现有实践教学体系为支撑，配套网络实践环境、软件，构建基于 MOOC 的实践教学平台。

（二）功能设计

在线教学平台是实施基于 MOOC 的会计专业实践教学基础，应满足学生实践的要求，可用性的需求，并提高其学习持续性，功能设计应简捷易用，教学资源应呈现多元化，其基本功能应包括基于数据库的大规模学期教学管理、学生注册、课程链接及课程上线、兼容浏览器。运营一定期间后，还应逐步实现手机、平板计算机等终端的访问接口，提供在线课程的即时测试，建立课程论坛，进行课后测试和平时作业，记录课程资源利用情况，提供在线问题研讨厅，配以实时在线

辅导答疑，并提供成绩综合评定系统，为校内导师和企业教师提供综合评价平台。

（三）实施与保障

为了调动学生的兴趣和参与性，其核心是教师。在线教学平台的众多教学活动设计与组织机制，例如设置教学情境，组织教学内容，构建独立的、可以为学生自主预习提供结构完整的短视频、阅读材料，课中的反馈与答疑，设计课程实践情境、完善评价方式等，都需要保障团队来进行，这对保障团队提出了要求。

会计专业实践教学体系的顺利实施需要专兼职教师团队，除校内专职教师外，团队中还需要网络技术专家、视频录制与制作专家和会计行业专家。网络的设计和视频的录制与制作可以外包由专业公司来完成。但优秀会计人力资源，则需要不断的校企合作逐渐开发，进而保持稳定。

（四）实践课程评价机制

会计专业融合了导学、实践教学及学习环境一体化的网络平台，能够充分调动现行资源，如企业案例资料、各类财务软件、教学平台等，建立学生课内和课外与教师沟通交流的有效媒介。除在线模拟课程的学与自身工作项目的做之外，还需建立起实践导师导学、定期见面答疑和常态化网络答疑机制，改变在线课程以往的“视频+答疑”的简单学习与评价模式，形成学生自评、小组评分及计算机客观评分、实践指导教师评分等结合的实践评价机制。会计专业实践教学按照岗位课程的内容，将职业工作内容项目化，配套的课程评价机制则以项目评价为主。评价过程中做到既要检测学生对实践课程相关知识的理解、掌握程度，又要考查学生岗位技能的运用及模拟项目的完成情况，并附带评价学生通过课程的学习，在综合分析能力、表达能力、团队合作、道德素养方面达到的水平，进而全面提高学生岗位适应能力。

成绩评定以过程考核方式为主导。在实践课程学习过程中，对各岗位工作内容设置具体工作任务，完成阶段性工作任务，并根据提交的任务单，填写项目评价表。采用学生自评、小组评价，结合阶段性的课程配套软件成果统计的计算机评分；采用多元化的过程评价方法，教师指导过程参与各个成绩构成，起到有效的督促和指导作用；并且在岗位任务结束时给予总结性评分，综合性评定成绩。具体操作中，学生自评采用定期评价，让学生参照由课程标准提供的任务单元和工作任务评价标准，对自己的完成及成果情况评定成绩。学生自评容易出现“估分过高”的情况，因而在总成绩中所占比重不宜过大。小组评价体现了学生自我的监督机制，根据项目情况组成的模拟公司小组，每个小组成员承担一定的工作任务，小组内部建立相互监督和制约机制，发挥学生的自我管理，确定项目组长，由组长监督和考察，并定期评定本组成绩，同时，汇总学生自评成绩以计算机软件为主要操作媒介的实践项目，将软件自动评分作为成绩构成内容计入小组评分表。阶段性工作任务结束时，由教师进行检查和统一指导，并将阶段性评分评语记录于过程考核表单及小组评分表中，实践项目总体结束后，汇总各评分要素，最终确定综合成绩。

“多元”评价方式能够潜移默化地提升学生语言表达能力，增强学生自主管理、自主学习意识，提升学生自信心；引导学生不断进行自我反思，增强集体责任感，并加强学生间团结协作。学业成绩的多方综合评定校式，显得更加人性化，做到了公平、公正、全面。

第二节　大数据时代会计教学改革的主体分析

一、大数据时代会计师资队伍的建设

（一）会计专业教师课堂内部角色特性的重新定义

随着新课改方针的大面积覆盖落实，职业院校内部的会计专业开始大力提倡项目教学法，希望师生之间从此合作，渲染课堂积极探究互动等愉悦氛围，使得学生能够在课后不断借助网络、图书馆渠道收集广泛课题信息，同时主动渗透到对应岗位领域中积累实践经验，至此不断完善自身经济分析实力。透过上述现象观察，教师全程角色地位几乎发生着本质性的变化结果，涉及以往知识鸭架式硬性灌输行为弊端得以适度遏制，并且其懂得朝向教学情境多元化设计、学生自主学习意识激发和会计专业技能科学评估等方向过渡扭转，规避学生今后就业竞技过程中滋生任何不必要的限制因素。

（二）教师会计专业思维创新和团队协作意识的全面激活

具体就是遵循会计行业专家科学指示，自主将会计一体化教学岗位实践工作内容，视为自我专业技能和职业道德素质重整的关键性机遇条件，积极推广宣传和系统化落实项目教学理论。毕竟，借由上述渠道开发延展出的教学项目内容独特性显著，作为新时代专业化会计课程讲解教师，应该敢于跨越不同学科束缚，

在团队合作单元中完善自身各项学科知识、技能结构机理，这样才能尽量在合理的时间范围内，将今后的工作任务过渡转化为项目教学策略并进行细致化灌输。

（三）不断提升会计专业教师团队整体现代化教学理念的培训研习效率

为了快速辅助会计专业教师进行岗位意识转变，相关职业院校领导可以考虑定期邀请会计分析专家前来开展专题报告工作，确保校本培训工作内容的大范围延展结果；再就是鼓舞相关专业教师明确掌握会计专业课程改革的现实意义，愿意投身到不同规模职教学会、教研分析活动之中，或是参观教学改革成就突出的校园，及时更新自身教学规范理念，避免和时代发展诉求的脱离危机。

（四）有机强化校园、企业的经济辅助支撑、人才供应等事务协作交流力度

为了尽量确保会计专业教学课程能够同步迎合企业、学生诉求，职业院校领导联合以下细节因素进行综合调试。首先，定期组织教师深入会计事务所等单位进行实践体验，快速汲取各类创新知识养分并完善自身动手操作实力，为后期与学生精确探讨会计行业发展趋势奠定和谐适应基础。其次，邀请金融机构专家参与到校内经济类专业建设事宜之中，针对既有师资团队素质和技能优势进行挖掘引导；同时成立行业专家指导委员会，督促相关指导教师透过课堂收集的问题进行汇报咨询，听取其意见并进行校本教材内容革新并确定阶段化教学改造指标。最后，及时跟踪验证财会专业毕业群体就业发展实况，结合学校既有会计专业课程设计形式进行对比验证，为今后后续毕业生职业生涯发展前景稳固提供丰富样式的预测疏导线索。

（五）借助校内各类科研项目成就带动会计专业教师教学质量协调控制力度

职业院校内部会计类专业课程系统化灌输落实的显著特征，就是集中一切技术、经济手段稳定学生实践操作能力完善成果。结合以往实证经验进行综合校验解析，在校内建立起合理规模的科研项目和财会专业实训基地，稳定不同实验设备更新力度，能够为学生今后经济类职业发展前景细致绽放，提供更为广阔的支撑动力。所以说，有关院校应该尽心竭力建立和完善一体化教室，配备各种会计模拟教学工具及设备；同时开放沿用不同类型高水平的现代化的财经实习教室，并全部进行教学联网，专门用于系统的财会电算化培训和学校的电算化教学。

二、师生进入移动自主学习角色

随着现代信息技术的迅猛发展，网络技术在教育中的应用日益广泛和深入，特别是互联网与校园网的接轨，为学校教育提供了丰富的资源，使网络教学真正成为现实，为有效实施素质教育搭建了平台，有力推进了新课程改革。现代信息技术的发展为创新人才培养提出了挑战的同时也提供了机遇，中华人民共和国教育部《基础教育课程改革纲要（试行）》明确提出，要“大力推进现代信息技术在教育过程中的普遍应用，促进现代信息技术与学科课程的整合”。而运用现代信息技术教学具有“多信息、高密度、快节奏、大容量”的特点，其所提供的数字化学习环境，是一种非常有前途的个性化教育组织形式，可以超越时间和空间的限制，使教学变得灵活、多变和有效。处在教育第一线的我们，必须加强对现代化教育技术前沿问题的研究，努力探究如何运用现代信息技术，尤其是在课堂上将基于现代信息技术条件下的多媒体、计算机网络与学科课程整合，创新教学模式、教学方法，更好地激发学生的学习兴趣，调动积极性，使课堂教学活动多样化、趣味化、生动活泼、轻松愉快，提高教学效率。

课堂教学改革是实施新课标的重要基点。现代社会要求青年一代要具有较强适应社会的能力，并从多种渠道获得稳定与不稳定、静止与变化的各种知识。传统的教学模式是教师在课堂上讲课，学生在下面接受知识；而新型课堂教学模式是学生在教师指导下，通过积极参与教学实践活动，自主完成知识的学习。课堂变成了师生之间和学生之间互动的场所。面对常规的每一节课，面对基础不一的每一个学生，面对每一个新的知识点和每一个学生不同的需求，打造“翻转教学模式”下以学生为中心的高效课堂教学就显得十分重要。

（一）学生角色

学生进入移动自主学堂后会看到自己未完成的任务，其中包括教师发布的考试、作业和学习资源；自己制定的学习任务，如查看学习资源和错题练习等；系统根据学习曲线算法在适当的时间给学生布置相应的学习任务，如学生长时间没有复习和练习某个知识点时，系统会将相应的学习资源和练习推送给学生进行复习和练习。学生可以查看自己最近一段时间的学习记录，及时了解自己的学习情况。学习记录中包括最近学习了哪些资源以及学习每一种资源所用的时间、测试情况的反馈，包括每一个知识点测试题目的数量、正确率等信息。平时考试、做作业会产生错题，利用好这些错题可以有效提高学习效率。移动自主课堂考试、作业功能可以根据学生的学习记录自动剔除学生已经牢牢掌握的试题，从而缩短学习时间，提高效率。学生可自主在题库中随机（由系统根据算法进行预筛选）或指定筛选条件等多种方式抽取试题学习，以及根据学生的特点推送与学生掌握不好的知识点相关的试题供学生进行练习（缩短学习时间）。同时，系统根据高分学生的学习记录，推送这部分学生的学习资源和练习题供当前登录的学生进行练习，并根据练习题的测试情况调整推送参数，以探索最适合该学生的学习模式。针对每个学生的不同学习特点，系统对学习资源进行有效分类。

（二）教师角色

教师可利用平板计算机或其他方式出题，同时指定试题的属性，如关联的知识点、体现的能力和难度系数等。对于试题的难度系数，系统可以根据学生答题的情况计算出来，自动将错误率较高的题目推送给教师并给出建议，如题目太难、讲解不够等，从而优化题库。为了提高教学效率及资源利用率，系统可以统计每个资源的使用情况，包括学习次数和时间等，并针对使用过于频繁或者过少的资源推送通知。教师可以通过考试系统发布随堂练习，及时查看学生学习掌握程度，以便当堂解决学生本节课学习中存在的问题。考试系统根据历史数据，对试题库中的试题进行预筛选，剔除正确率非常高、近期出现频率过高的试题，同时将错误率过高、近期很少出现的试题前置显示，为教师提供更多的建议，从而提高出题质量，实现因材施教。在体现个性化教学方面，系统中的学生学习情况查询功能可以使教师了解学生的整体情况，包括错误率较高的知识点和题目。同时，将查询到的数据与相应学生学习资源的时间投入情况进行对应，以协助教师分析学生失分的原因。还可以针对指定学生，了解其最近的学习档案和考试、练习情况，包括其薄弱知识点、资源学习的盲区等，以便针对个体给出个性化的学习建议。

三、营造师生及生生互动的学习空间

（一）师生、生生互动

移动自主学堂采用先学、精讲、后测、再学，并有教师参与的教学模式。在移动自主学堂中，教师根据学科类型、知识点特点、学生特点、教学目标与教学内容等，可采用灵活多样的教学方式，并且系统可自动记录学生行为和教师行为数据。教学生之间可以针对某知识点的学习进行竞争学习，教师和学生之间可针对某知识点发起话题讨论等，在课堂教学中实现师生、生生互动。更重要的是，这样可采集到用于学生分析和管理的真实数据。

（二）个性化学习

在课堂教学中，虽然学生是在教师的安排下有序学习，但课上时间主要集中在教师对疑难问题的解答或教学内容精讲上。而那些课上没学会或缺课的学生，则可以在课外登录“移动自主学堂”，自主学习课堂教学中的相同内容。在课外，系统根据每位学生的学习路径和近期学习情况，针对教学过程中的重难点和每位学生的错误点进行个性化推荐。根据系统记录的学生错误试题的数据，教师也可以进行个性化指导。

信息化环境下移动课堂教学模式探究以“移动自主学堂”为核心，我们还设计了“四课型”渐进式自主学习方式。其基本模式是：先学、精讲、后测、再学，即教师提前通过学生学习支持服务系统向每个学生发送资源包，包括导学案、课件、测试题及有关学习资源（包括微视频等）；学生参考资源包，依据课本进行预习和自学，并记录问题或疑问；学生通过平板计算机或其他媒介展示反馈学习成果，或通过学生学习支持服务系统进行前测，通过测试展示学习成果或问题。对重难点内容由学生或教师进行点拨，在充分质疑交流的基础上进行归纳总结（教师与学生互动）。最后通过学习平台进行练习评价课，系统自动统计测试成绩并进行分析，之后由学生、教师或系统进行讲评、评价。

第三节　大数据时代会计教学的人才培养探索

高等院校已走过初创阶段和快速发展时期，逐步进入提升阶段，高等院校会计专业应抓住机遇、深化改革，从人才培养模式改革入手，对职业院校的人才培养目标进行分析探究会计专业实践教学模式，构建一种应用技术型实践教学模式，使学生的实践能力直接对接企业，提高高等院校会计专业的教学质量和实训能力。

一、网络经济时代的网络会计的应用

随着经济全球化和信息化进程的加快以及计算机技术、互联网和通信技术的发展，信息处理的速度越来越快，传统工业经济模式下的手工操作及简单的电算化操作难以适应网络时代的需要。会计作为经济信息系统的一个重要子系统，对

经济事项的处理和会计信息的传递必须网络化。这样，会计信息的输入、加工、处理和传递才能更加便捷，共享会计信息将达到前所未有的程度，而与国际惯例相协调的会计信息及网络信息，无疑会增强我国参与国际竞争的能力。

二、网络经济时代会计人才需求

目前我国会计人才的供需结构尚存在着较大的不平衡。一方面，会计学专业毕业生的知识面较为狭窄，相当多的毕业生只懂得财务会计理论知识，而对企业经营管理和生产经营活动的业务流程等方面的知识了解不多，缺乏独立性思考和具有创造性思维的能力，理论与实践脱节现象较严重，学生对会计实务了解不深，理解不够透彻。另一方面，社会经济的发展又急需一大批会计专业人员。特别是在会计信息化的普及和经济全球化、国际化的宏观环境下，市场对高级网络会计人才的需求更是十分迫切，这使现有会计人员的能力和素质都面临着更加严峻的考验。在当前及今后相当长的一段时期内，通晓国际会计规则的国际会计人才、熟悉经济管理和税务法规、懂得财务管理理论、具有一定管理决策能力和掌握现代信息技术的高素质会计人才，将备受人才市场的青睐。

随着我国经济全球化网络化的发展，会计人员原有的知识水平、知识结构已经落后于网络经济发展的步伐。在网络环境下，会计人员不仅需要能进行计算机操作，还要能解决工作中出现的各种问题，所以应积极培养能掌握现代信息技术和现代会计知识及管理理论与实务的复合型人才。提高会计人员的素质，是促进网络经济持续、快速、健康发展的基本前提之一。

三、网络经济时代会计人员应具备的素质

高级网络会计人员素质包括以下几方面。

（一）网络经济时代会计人员的管理

网络经济时代下会计的职能由核算型转变为管理型，这要求会计人员具有相应的管理能力。一是决策支持能力：能够提供管理建议，进行预测分析、报告，当好决策者的参谋。二是资本运营能力：不断更新、扩展知识面，拓宽企业生存空间。三是公关能力：处理好与银行、财税、审计、工商等部门之间的关系。四是综合分析、思考能力：能够结合市场经济变化，运用市场经济规律，对财务信息数据进行合理分析，提供决策依据。

（二）网络经济时代会计人员的计算机知识

网络会计人员除了必须懂得一些常规的计算机操作知识，还应该学会一门编程语言并掌握其设计方法。同时，能够结合财会岗位的工作特点，进行有关财务软件的简单维护，并熟练掌握常用软件（如 Office、Excel 等）的使用方法。

（三）网络经济时代会计人员的网络安全知识

网络安全问题一直是网络会计面临的最主要的问题之一。会计人员应努力学习网络安全知识，在对网上会计信息进行有效过滤的同时，注意保护本企业的会计信息，防止非法访问和恶意攻击。

（四）网络经济时代会计人员的网络会计理论

目前我国关于网络会计的理论和法律法规等还不十分完善，因此应该注重对国外先进理论的学习与借鉴，网络会计从业人员应做到与时俱进，紧跟形势，加强对新出现的法规政策的学习，不断丰富理论知识。

（五）网络经济时代会计人员外语的应用

网络经济时代，要求会计人员具备较高的外语听、说、写能力。传统的商品交易将发展成以电子媒介为基础的电子商务，网上交易将成为时代发展的趋势。企业的财会人员很可能因此被赋予了除算账、管账等传统职能之外的许多边缘职能，如重要合同条款的审定、网上支付款项等。或许这些交易的对象是从未谋面的异国商业伙伴，根据通常的习惯，作为沟通和交流的语言一般都是英语。在经济发展全球化的今天，商品交易日益国际化，充斥着大量外语的商业信函、重要合同文本、往来凭证等，支付手段也存在于国际交往之间，英语等外语的掌握已成为衡量一名财会管理者合格与否的标准之一。

（六）网络经济时代会计人员国际化的会计眼光

网络经济时代的到来，同样要求会计人员要有适应国际竞争的新观念。应该拥有全球化的视野和开放的眼光，要站在全球角度考虑问题，而不能局限于本地区、本部门。会计人员要将国际竞争机制和新型的会计规则引入国内，依据法制办理，适应国际办事效率，国内交往中那些不守时、不守约、不守信用的做法，在国际是行不通的，必须尽快改变；要强化质量意识，适应国际质量要求，提高服务思想，适应国际服务水平。会计人员要以更广阔的视野、更博大的胸襟和更开放的姿态，大步地融入世界经济发展的大潮。

四、网络会计人才培养的途径

处于信息环境中的高级网络会计人才培养的途径，主要包括高等学校会计教育和会计继续教育。高等学校会计教育包括一般学历教育，以及应用型的会计专业硕士学位教育，立足于培养未来的高级网络会计人才；会计继续教育则注重于培养和建设现有的高级网络会计人才队伍。

（一）高等学校会计教育

对于网络会计人才培养，主要是对现有的会计教育体系进行改革。从教育系统的角度来看，应该注意以下几个方面：

1. 教育环境方面

首先，要关注计算机和网络的冲击带给我国会计制度、核算方式的变化；其次，网络会计教育的成本较高，要尽力解决资金来源；最后，加强与在职网络会计人员的沟通，使人才的培养速度能够跟上职业界的发展速度。

2. 人才培养目标方面

应考虑网络会计的发展现状，根据环境的变化及时调整和确定人才的培养目标。

3. 专业课程的设置方面

注意落后与过时教材的更新，同时要增加学生信息管理课程和网络等内容。

4. 实践环节方面

加强与企业、注册会计师事务所、财务软件等会计职业界的联系与合作，以保证实践性教学环节的顺利运行。

5. 教育活动实施方面

一是要建立一支高学历、高学识、高素质的会计教师队伍。二是要注重教学工具的改进，特别是运用多媒体教学、财务软件以及上机所需资料的更新等。

（二）会计继续教育

1. 财政系统高级会计领军人才项目

财政部启动高级会计人才工程。其运作模式如下：一是严格的人才选拔机制，确定培养对象。二是领军人才培养机制，采取因材施教、学用结合的原则，实行集中培训与在职学习实践相结合、课堂教学与应用研究相结合、教师讲授与学员互动相结合的培训方式，通过建立学习、研究、实践、交流的平台，全面培养和提升培训对象的综合素质。三是领军人才淘汰机制，强调要“严进严出”，从而确保领军人才工程目标的实现。四是跟踪管理机制，财政部建立会计领军人才库，对参加培训的学员实行跟踪动态管理，通过定期报告制度和考核制度，系统记录学员的学习、科研和工作情况，及时了解学员的工作表现及成长经历，为这些人员提供展示才智的机会。财政部负责全国会计领军人才的培养，各地方财政部门负责地方会计领军人才的培养，大型企业集团负责集团内领军人才的培养，只有从多渠道着手和努力，才能迅速提高我国高级会计人才的质量和数量。

2. 高级会计师继续教育

各财政部门或行业协会组织的高级会计师继续教育，为财会行业培养了一大批高级管理人员，有力促进了我国高级财会队伍整体素质的提高。教育培训的内容包括五个方面：计算机操作能力，能够熟练掌握计算机的操作方法和技巧；网络常规维护能力，能够系统地掌握网络维护的基本程序和方法；数据保密技能；网络安全技能；外语技能。网络经济时代我国高级网络会计人才的培养，既是一场攻坚战，也是一场持久战，机遇与挑战并存，动力与压力共生。经济发展方式的转变和中国经济快速崛起的背景，呼唤自主培育、自主创新，具有国际水平的高级网络会计师将脱颖而出。

第四节　大数据时代会计教学的管理模式

中央文件要求教育工作者要贴近实际，贴近生活，贴近学生。作为教育工作者，我们要不断加强自身学习，认真贯彻高等院校的办学精神和理念，针对会计学院的学生现状，抓氛围，促引导，扎实地做好学风建设工作。

一、会计教育管理信息化建设中存在的问题

（一）会计教育管理软件的开发与维护不足

会计教学管理信息化建设包括硬件建设和软件建设，硬件建设指信息化办公所必需的计算机、处理器等设备；软件建设则指会计教学管理所应用的计算机软件，这两者应当并重，不可偏废。而目前许多职业院校把主要的精力投入硬件和平台的建设，对于软件的引进、开发和维护还没有给予足够的重视。计算机等设施的置备并不能说明实现了会计教学管理的信息化，还要看这些信息化设备在会计教学管理中的作用。然而，现实中会计教学管理系统设计与学校具体需要之间存在矛盾，软件公司在开发时往往选择具有普适性的模板，但每个学校的会计教

学管理体制存在差别、需求不同。因此对于不同的学校，就会导致会计教学管理系统功能上存在不适。

（二）缺乏网络信息风险意识

信息安全不仅涉及计算机使用者的数据保密和硬件维护，甚至会影响到计算机所在局域网络的整体安全，因此必须引起足够的重视。目前的网络应用软件市场良莠不齐，操作系统方面还存在大量的盗版操作系统在运行，一些职业院校为了节省成本而安装或在维护时使用未获得授权认证的系统固件，这不仅给计算机本身的运行带来风险，而且很可能会危及学校整体的网络安全，使得会计教学管理信息化存在一定的安全隐患。为了解决这个问题，可采用身份认证和权限控制的方案对信息系统进行全面监控，也可采用一些保护个人隐私的办法，如数据加密、身份认证、病毒以及隐私保护等。

（三）建设经费相对投入不足

会计教学管理信息化是需要高投入进行保障的教学模式，教学过程不仅需要信息技术的一系列终端设备、维护设备、电气设备，还需要运行设备的场所、配套的实习地。因此，消耗大、投入多，需要得到更多的经费支持。然而，在我国过去一段时期内绝大部分职业院校都没有在信息化建设方面投入较大经费，这在很大程度上制约着会计教学管理信息化建设。因此，各地区应加快会计教学管理信息化经费的拨款，用充足的经费保障来促进会计教学管理信息化的正常实施。

二、大数据时代会计学科的教学管理

大数据时代的发展正对会计教育进行深刻的变革，在这个过程当中，作为职业院校教师，我们必须积极地应对这些挑战，对新时期会计学科的教学管理工作提出新的要求。

（一）教学方式的改革与实践

根据日常教学工作与学生的交流，大多数学生还不了解云会计、大数据这些新概念，更不清楚它们对以后就业带来的机遇与挑战。当下很多学生对大学的学习还是主要依赖于教师的课堂教学以及教材的课本学习，或者选择培训班的方式应对会计的各种专业考试。这种上课、复习、考试的教育机制已经不能满足社会对学生的要求，大学必须培养学生对新知识的认知能力和独立自主的学习意识，教学方式的改革迫在眉睫。

1. 课程建设

在互联网、大数据时代下，传统的课程建设显然已经不能满足我们的教学需求，我们必须积极推进新的课程建设。首先，传统的教学资源比较单一，只有教材习题，而在互联网、大数据时代下，我们可以依靠微课、MOOC、翻转课堂等教学平台，在课前录制短片供学生预习或者课后复习，也可以利用微信等软件进行习题的发布。其次，传统的教学方式都是教师讲，学生听，比较枯燥。在互联网、大数据时代下，学生通过课前的短片学习有了一定的知识基础，教师可以只进行重难点的讲解，也可以组织学生进行小组讨论，相互交流彼此的观点，教师最后进行点评，提高学生学习的效率。最后，教师可以通过软件对学生习题答题情况做一个统计，找出学生的易错点及重难点，及时调整教学方法。

2. 培养学生对网络资源的挖掘能力

随着互联网技术的快速发展与普及，当今大学生都拥有基本的上网工具，具备获取网络资源的条件。一方面，随着大数据时代的到来，会计专业学生可以不受时空的限制进行自主学习。但另一方面，海量的会计数据又让学生应接不暇，如何快速地查找并利用有效的会计资源进行学习是当前会计专业学生面临的困惑。教师在教学的过程中可以鼓励学生主动去关注与会计相关的专业机构的微博、微信等公众平台，接受专业的信息推送。此外，教师在教学的过程中可以多开展数据应用实践，为学生提供专业网站，如国研网、巨潮资讯网、东奥会计网校、中华会计网校、重庆会计之家等，充分培养学生利用大数据时代的优势挖掘网络资源的能力。

（二）教学管理

为了与教学方式相匹配，职业院校必须建立相应的教学平台来进行辅助教学管理。教学平台应当包含以下几个方面的内容。

第一，学生的管理类数据。包括学生的基本信息（如姓名、性别、年龄以及入校的心理测试等）、考勤、作业、成绩以及该生在学校的各类表现（荣誉、处罚）等。

第二，教师的管理类数据。包括教师的基本信息（主要教学课程、主要研究方向等）、教师备课的教案、教学进度、作业批改情况、辅导学生情况等。

第三，综合管理类大数据，包括学校基本信息数据以及学校各项评比类数据等。

第四，第三方应用类大数据，包括地图、天气、安全、网上课堂等教学资源。

第五节　大数据时代下会计教学的考核评价

一、大数据时代中会计教学考评创新体系设计

为顺应互联网技术发展的需求，满足学生超越时空限制的课外辅导诉求，会计教学方式必须求变，要充分利用现有的网络发展技术，开发研制会计网上考核系统，以提升会计教学的效率与效果。

会计考核系统的设计，应体现在以下几个思路。

（一）充分利用信息化的技术成果

互联网已经遍布世界的每一个角落，没有任何一种方式像互联网那样将教育的权利送至千家万户。网络教育已经发展为一项巨大的产业，这是一种自主、快乐的教育形式，能够实现随时随地的学习，达到学习就是生活的最高境界。网络教育具有交互性，相互交流的机会更多。网络教育是一种最廉价的教育形式，不仅教材、讲义的成本较低，而且不需要庞大的教室、设备的投资。会计教育必须利用网络这种先进的技术手段，提高会计教学的质量和数量，满足信息社会的要求。

在系统的设计过程中，要充分借鉴信息化发展的最新成果，尤其是网络互动平台的建设必须体现到系统中去。另外，面对大规模的会计教学数据处置的需求，可以应用最新的云计算成果，提升系统的运作效率等。同时，在系统设计中，要留有标准化的接口，以便将来与职业院校的教务系统完全对接。系统自身的设计框架也应具备开放性和可扩展性，为将来的升级与更新做好准备。

（二）考虑会计教学的实际情况

会计考核系统是为职业院校的会计教学服务的，必须考虑到中国职业院校当前的会计教学实际情况。首先，要考虑师资力量的建设，确保大部分的会计师资能运用该系统，而不能仅依托几个精英来使用该系统。其次，还要考虑职业院校的网络建设水平。尽管现代网络技术已经发展到了一个很高的层次，但职业院校的网络化建设总体水平还不高，系统的设计必须满足现有的职业院校网络运行的条件，不能太过超前。最后，还要考虑学生的应用条件。尽管部分学生拥有了现代化的学习设备，但大部分学生还是依靠学校的机房或图书馆来进行网络学习，

系统的设计必须充分考虑这一点。

反映会计信息化发展的最新成果。会计信息化的发展已经经历几十年的时间，有了一定的成果。尤其是20世纪90年代开始的ERP建设，将会计信息集成到了企业的管理系统中，加速了会计信息化建设的进程。在这一过程中，很多企业运用了比较先进的会计信息系统，尤其是数据库技术的使用，加大了会计数据的处理能力。同时，会计报告的标准语言开发，也促进了会计信息的可扩展性。这一切，在会计网上作业与考核系统的设计上，要予以充分考虑，使会计信息化既体现在教学内容中，也体现在教学手段中。

二、教师考核评价制度的改革

《教育部关于深化高校教师考核评价制度改革的指导意见》指出，要以“师德为先、教学为要、科研为基、发展为本”为基本要求，以“坚持社会主义办学方向与遵循教育规律相结合、全面考核与突出重点相结合、分类指导与分层次考核相结合、发展性评价与奖惩性评价相结合”为基本原则，努力解决考核评价存在的突出问题。为此，应从以下几个方面深化改革。

（一）考评内容

首要是师德师风。职业院校建设与教师发展应回归教育本源，体现教育的实质。为此，必须增加师德师风考评的权重、加强师德考核力度；建立教师师德档案，健全师德长效机制；设计将师德考核贯穿于教师日常教育教学、科学研究和社会服务全过程的软硬指标体系；进一步完善将师德要求和思想政治考核贯穿于教师聘用、职务晋升、岗位聘用和聘期考核的首要参照机制；推行师德考核负面清单制度，加强教师师德考核惩戒机制建设，对职业院校教师师德违禁行为，师德考核不合格，进行严肃惩戒，实行师德“一票否决”。

关键是教育教学水平。教书育人是教师的本职工作，对教师教育教学水平和效果进行考评是人才培养能否达到目标的重要衡量指标。为此，必须健全教学工作量评价标准，特别是针对不同特点的职业院校，建立任务清晰、分层次、差异化的评价标准，充分调动教师从事教育教学工作的积极性；建立由教师自评、学生评价、同行评价、督导评价等多种形式结合的教学质量评价体系；建立课堂教学纪律考核机制，对教师的课堂教学活动和教学实践环节加强督导，严肃处理在课堂偏离正确育人方向、传播违背社会主义核心价值观的有害观点和言论的行为。

难点是科研评价。职业院校教师既承担着教书育人的重要使命，又担负着服务国家社会经济发展的重要职责。科研是教师工作不可或缺的部分，但目前重科研、轻教学，重论文课题数量、轻质量效果的评价体系在职业院校普遍存在。为此，科研评价应改变片面重视论文、专利、项目和经费等量化指标的倾向，建立针对不同类型、不同层次教师的分类评价体系；按照哲学社会科学、自然科学等不同学科领域，根据基础研究、应用研究等不同研究类型，建立科学合理的分类评价标准；建立以服务国家经济社会发展需求和教育教学功能为导向的科研指标体系，推动原始创新和科教融合，落实科研工作的实效性；探索建立“代表性成果”评价机制，将通过长期积累、潜心研究形成的科研成果作为评价教师科研工作的重要依据。

（二）考评方式

第一，应充分尊重教师自评。高校教师是教学科研的主体，但由于在考评制度上成为考评对象，是被动的监督和考核的客体，从而被考评过程所忽视。应充分重视教师自我评价，建立教师在师德师风、教学科研、职业规划、教学环境、心理压力、学校发展目标与自身发展的关系、社会服务贡献等方面的自我评价指标体系，增强教师的主体意识。

第二，应采取学生考评与同行和督导考评相结合的形式。建立包括教师的道德品质和教学态度、教师的理论素养和教学水平、教师的心理素质和与学生的沟通能力、教师对学生的影响力、教师的教学方式方法的创新能力和效果、对学生反馈的接收程度等为内容的指标体系，最大限度地吸收学生以及同行和督导的意见和建议，使之成为教师改进教学、不断调整提升素质的动力。

第三，应形成分类评价体系。基础研究注重原始创新，研究成果往往没有明确的实际目标，但能够彰显以认识论为基础的大学精神与理智传统、高等教育使命与高校教师的内在价值，只有在某一学科和领域的同行专家才能做出专业、科学的评价；应用研究和技术开发探讨的是如何将基础研究应用于实际，是以解决实际问题和实践难题为明确目标的研究，研究成果必须接受市场的评价和认可；哲学社会科学是对社会科学领域的重大理论现实问题提出见解和建议，应主要看其是否遵循国家利益和政府立场，因此必须由社会进行评价。总之，应充分发挥同行评价、团队评价和第三方评价的作用，建立科学化、市场化和社会化的考评制度。

（三）考评效果保障

第一，规范评价程序。科学完善的评价程序是保证教师评价制度准确性和公正性的前提。为此，学校必须做好考评的宣传和解读工作，保持考评程序的公开透明；建立稳定的教学评价机构，以保证考评的权威性与公信力；建立评价结果反馈机制，科学分析教师在考核评价中体现出来的优势与不足，为教师提供自我提高和职业规划的建议；建立评价结果申诉程序，让对评价结果有异议的教师通过正常渠道抒发意见，表达诉求；建立评价过程监督机制，让考评工作程序自始至终在阳光下运行。

第二，注重政策联动。针对目前职业院校评估体系存在的片面、碎片化管理，缺乏沟通与互动所导致的评估效果不彰的问题，应建立各类评估评价政策联动机制，包括探索建立院校评估、本科教学评估、学科评估和教师评价的政策联动，将制约和影响教师考核评价政策落实的评价指标进一步优化和调整。

第三，推进部门协调。建立健全由学校主要领导牵头，人事管理部门协调，教学、科研、研究生等管理部门密切配合的规范化、制度化和常态化沟通协调机制；建立科学完整的教师信息数据库，各部门实现网络数据对接和信息资源共享，为考评提供快捷方便的条件；建立各部门问题解决和纠错机制，准确快速解决部门间在考评工作中出现的矛盾和问题，彼此支持、形成合力，进一步提高行政办事效率以保障考评工作的顺利进行。

第六章　大数据时代下会计教学改革中的实践应用

第一节　大数据时代下翻转课堂在会计教学改革中的应用

一、会计教学实施翻转课堂的必要性和可行性

翻转课堂为会计教学模式的改变带来了新的契机，它将知识的传授与知识的内化进行了翻转，提高学生自主学习会计的能力，激发他们的学习兴趣，提高学生学习效率等，在会计教学中实施翻转课堂并非简单的随意联想，职业院校实施翻转课堂有着一定的必要性和可行性。

（一）会计课程实施翻转课堂的必要性

1.适应教育信息化发展的需要

随着互联网技术和计算机科技研发与应用的发展，我国教育信息化水平也在不断提高，现代信息技术在教育领域的作用不言而喻，而翻转课堂作为一种教育信息化发展的成果，从一定程度上改变了人们对“知识传授”与“知识内化”的传统理解，激发了人们开始对人才培养的创新模式探索和教育模式的改革。中华人民共和国教育部先后通过《教育信息化规划》《国家教育技术计划》两个文件对我国未来的教育信息化进行了计划式的推进规定。总的来看，在教育信息化的发展大趋势下，翻转课堂作为一种新的人才教育理念，对人才培养的学校提出了新的要求，为了适应这种需求，职业院校已经开始以应用型人才培养为主，以教育信息化为基础，不断探索人才的教育方式，翻转课堂在一定程度上则满足了职业院校的这种需求。

2.以考代课，回应课程改革的需要

何种教育是最符合人类认知规律的教育？何种教育才是提高教学效果的教育？这些都是教育者在不断探索的问题，也正是因为有了探索，所以才有了不断的课程教学改革，“翻转课堂”本身也是一种课程教学改革，与传统教学不同，翻转课堂“先学后教”更符合人类的认知，这是因为“翻转课堂抓住了学生最困难与最迷惑的时候”。职业院校所培养的人才是应用型人才、技术型人才，但是职业院校的教育模式往往沿用的是以“教学为中心”的培养模式，学生在学习过程中处于被动接受的一方，很多研究结果都表明，这种传统应试教学模式并不符

合学生的个性化发展和创新能力的提高，这就需要职业院校及时调整人才培养方式，积极面向教育信息化来改革课程教学。

（二）会计课程实施翻转课堂的可行性

1. 翻转课堂能够满足会计教学要求

从会计课程性质来看，课程的实践性、理论性以及操作性都很强，在会计课程中引入翻转课堂理念，将教学时间重新进行分配，将网络学习与课堂学习有机地结合起来，将课堂学习延伸到学生的业余时间，课程学习不再受时间和空间的限制，教学资源得到了高效的利用。在这种模式下，课程教学可以分为课上与课下两个阶段，课上教师是讨论的组织者和作业的辅导者、讲解答疑者；课下是学生自学的阶段，学习内容主要来源于教师的课件、收集的教学资源、发布的教学任务和教学视频等，而课堂则成了学生与教师的互动场所，教师可以有更多的时间观察、引导和帮助学生。

此外，翻转课堂可以避免课程教学流于形式化和程序化，学生在翻转课堂中通过各种仿真实训操作训练，获得更多的实训操作的机会，而学生的知识建构也正是在这种实训实践的过程中生成的，翻转课堂能够进一步提高师生之间互动的频率。对于教育者来说，翻转课堂为师生之间搭建了一个很好的互动平台。在“互联网+”的大背景、大趋势下，远程教育、网络教育等都为教师与学生之间的课堂互动提供了时间保证，将自学放置于课外，在互动交流中解决问题，就是一种有意义的“翻转”。此外，翻转课堂颠覆了师生之间的地位，尤其是对教师来说，自上而下的灌输式教学不再适用于翻转课堂，在“翻转课堂”的理念指导下，教师放下自己的权威，走下讲台，走入学生之中，成了学生在学习中的指导者和引导者。在“翻转课堂”教学模式中，教师的身份更类似于一场比赛中的“教练”，与传统教学相比，身份发生了绝对性的改变。

2. 会计课程能够适应翻转课堂的教学特点

根据翻转课堂的特点，在会计课程的教学中，翻转课堂更适合于带有实践性、可操作性以及应用性较强的教学内容。会计课程其本身除了一定的理论性外，实践性和应用性等也比较明显，这些特征与翻转课堂的本质是十分契合的，这也为在会计课程中实施翻转课堂提供了可能性。在会计传统教学中，由于课时所限，多数教师都只刚好能够完成理论部分的讲解，在关于课程的实践训练安排上则相对较少，学生在学习会计课程时，由于缺乏对会计实务的经验积累和基本认识，再加之个人的生理（年龄较小）等原因，他们对会计基本理论和方法很难充分理解和掌握，过多的理论教学则会影响到课程的实际教学效果。而翻转课堂有助于改变传统教学模式下课时不足、学生自主性不强等问题，对教学效果有着非常重要的促进作用。

（三）会计课程实施翻转课堂的理论基础

1. 掌握学习理论

掌握学习理论是美国学者布鲁姆基于何为有效学习的思考逻辑基础，提出的理论，主要是针对当时在学校中教师对学生“三分之一”等分的预期理论的批判，布鲁姆认为这种预期在教学中是十分有害的，它固定了学生的身份，否定了差生自我改变的可能。这种预期不仅会削弱教师的动力，也会影响到学生的学习动机，所以布鲁姆在“所有学生都能学好”的认知下，提出了旨在为学生提供个性化帮助的学习理论——掌握学习理论，该理论探讨了学习时间与学习者能力之间的关系，该理论强调学习者对知识的掌握来自两个层面：第一个是教师的教学效果（最佳教学），第二个则是学习时间。布鲁姆在他的实验研究中观察发现，只要“能够给学生提供最佳的教学和足够的时间，绝大多数学生都能掌握所学的知识”。在布鲁姆看来，允许的学习时间、毅力以及教学质量是学生掌握知识的变量，在学生的学习程度中发挥着重要的影响，在这三个变量中，学习时间的提法与翻转课堂是不谋而合的。学习时间在会计课程中是十分重要的，因为会计的实务非常需要学习时间予以保证，它不是理论讲解可以代替的。掌握学习理论作为会计翻转课堂实施的理论基础，要求教师要改变学生的“允许学习时间”，而“翻转课堂”的教学模式则为掌握学习理论中提出的“允许学习时间”提供了一种实现途径。

在会计的传统课堂教学中，由于是大班集体教学，教师很难在教学中顾及每一个学生的需求，很难做到因部分基础差、能力差的学生而放慢自己的教学进度，同时，也很难从时间上保证去回答每一个学生在学习中遇到的问题。而在“翻转课堂”的教学中，教师可以将课件和教学资源、视频放置于网络平台中，让学生依据自己的情况有重点地学习知识，保证了“允许学习时间”。同时，学生可以自定学习进度，利用课下学习、课堂提问与探讨的方式，保证了知识掌握的可能。在翻转课堂教学下，学生对会计中的理论学习具有了个性化的特征，在这种模式下，学生的学习能力和学习速度等，不会成为影响学生学习程度的制约，因为学生有了更多的时间可以反复去学习（观看教学视频）。这种课下自主学习打破了传统教学模式在时间和空间上的束缚，保障了学生的学习时间，从而在布鲁姆“掌握学习理论”框架范围内，让每一个学生（好学生、差学生等）都有了实现掌握学习知识的目标，以帮助每一个学生获得提高，同时，也有助于实现会计课程的教学效率和效果。

2. 合作学习理论

合作学习理论最早可以追溯到20世纪70年代末期的美国，是指为了完成共同的一个学习目标，围绕该学习目标进行的合作互助性学习，在合作学习过程中，对于改善和发展学生的认知品质有着良好的作用。在合作学习过程中，学生的分配组合也是非常具有技巧性的，通常是将能力各异的学生进行分组与搭配，通过互助与分工共同完成学习任务，通过小组的整体成绩的提高，来促进小组中成员学习能力的提高和知识的获取。合作学习必须要具备三个条件：①小组成员拥有共同目标；②合作学习目标的达成提高了学生个人的认知；③合作学习除了提高了小组和个人的成绩与知识认知外，还有助于提高学生的非知识能力，如交往能力、合作精神、责任意识、竞争意识、主动学习能力等。在合作学习理论中，师生之间的关系可以诠释为教师主导，以学生为主体的全体式教学观念。教师主导就是教师作为指导者而不是直接以讲授者的身份出现在合作学习过程之中；以学生为主体，就是要充分尊重学生的话语权和对知识的看法，保证学生学习的积极性；全体式参与就是通过分组学习的形式，让每一个同学都参与到任务目标的小组学习中，让每一个学生都能参与，都会参与，都可以参与。

从对合作学习理论的基本了解中我们可以看出，合作学习的本质是一种全体参与的目标导向的实践，小组成员之间通过良性互动和相互讨论等方式来实现对学习目标的达成。在这个过程中，学习能力和成绩相对较好的学生，可以成为学习成绩较差的学生的直接帮扶者，从而实现共同进步的目的。合作学习理论改变了人们对传统师生关系的认知，树立了一种新的知识建构与学习体系，这与翻转课堂中提倡的讨论教学等理念不谋而合，翻转课堂主张在课堂上进行学生讨论，将课下自主学习中的疑问带到课堂上来解决，从而实现学习的提高。因此，我们也可以从合作学习理论这一视角，来阐述和解释翻转课堂在提高学生认知和能力等方面的效用。

3. 建构主义理论

所谓建构主义学习理论，最早由皮亚杰提出，该理论是指学习者的知识获得是建立在一定的情境基础上实现的，这种情境类似于“翻转课堂”中所提到的网络平台中的教学资源、视频资源等。在这种网络情境下，学习者不再通过教师的课堂进行知识的获得，而是自主地在教师构建好的情境下进行学习，利用这些教学资源进行知识的获取与个人提高。虽然建构主义强调的是情境学习，但是教师的辅助作用同样非常重要，建构主义学习理论同样认为教师是学生的指导者。建构主义学习理论的本质是在教师指导下的学生主体式自主知识建构的活动。建构主义学习理论之所以能够成为翻转课堂的理论基础，主要是基于以下三种认识：首先，该理论强调的是学生对知识获取的自主过程，这与翻转课堂的知识内化过程相一致；其次，在建构主义学习理论中，师生在教与学中的作用与地位发生了改变，这与翻转课堂中师生关系“翻转”相一致。最后，建构主义与翻转课堂的效果发挥都对现代信息技术有依赖，受到现代信息技术的制约。作为翻转课堂的理论基础，建构主义学习理论中所提到的理想过程——“情境、协作、会话以及意义建构”在翻转课堂的过程中都可以被发现。

从整个“翻转课堂”的完整过程来看，其效果的实现必然离不开精良的“情境”设计，良好和有趣的情境会极大地激发和提高学生的学习兴趣，激发学习动机，从而让学生在轻松与饶有趣味的情境下获取知识；在“翻转课堂”中，“协作”与“会话”始终贯穿于课堂上的学习过程中，学生将课下通过网络平台自学到的知识与教师和其他同学互动讨论，在发表自己的观点和听取他人认识的“协作”“会话”中丰富自己对知识的理解，从而达到自己对知识的意义建构。“翻转课堂”的这种教学过程，真正地体现出了建构主义学习理论的教学模式。

二、基于翻转课堂的会计教学过程设计

（一）加强课前教学材料设计，做好翻转课堂教学基础工作

传统的会计教学模式通常要求学生们课前对课本进行预习，然而会计专业的教材一般都是老教材，内容单调枯燥，学生预习课本的话很快就会失去积极性，学习效果并不理想。因此，要想提升学生的学习效果，剔除教材中枯燥冗杂的信息，补充学生感兴趣和需要的内容很关键。

翻转课堂需要教师在课前就提前准备好教学用的电子材料，教师在选择材料的时候一定要谨慎并专业。因为，这些材料是要用来给学生日后预习用的资料，学生将通过这些材料了解接下来学习的形式和内容。教师在选择制作这些材料的时候，一定要考虑到整个课堂流程。制作的电子预习材料既要包含学生需要了解掌握的基础知识，又要有拓展的案例供学生去了解分析，为后来的课堂展开做好铺垫、打好基础。

翻转课堂在技术层面常用的教学材料一般是微视频。这些微视频一般时间不超过十五分钟，虽然时间不长，但是具有较强的针对性，质量较精；学生们也能很方便地在网上将其下载下来，因为微视频容量不大。但由于翻转课堂还没有大范围地在我国的各职业院校实施开展，所以有关会计教学的网络视频不是很多，就算有，也是时间较长、内容较为广泛、质量欠缺的视频，因此，这就需要会计教师亲自制作这些微视频。制作微视频可以采用屏幕录制捕捉软件，加以 PPT 辅助说明内容，最后加上教师对知识点讲解的录音就可以了。

（二）建构课堂情境，引导学生互动学习

翻转课堂模式下的课堂强调以学生为中心的互动式学习，教师在这个过程中充当帮助者和引导者的角色。与传统课堂相比，由于学生在翻转课堂的自主学习板块已经对基本知识进行了掌握，课堂时间能对知识进行更加深入的学习，再度强化知识内化过程。知识是学习者在一定的情境中利用个人经验与外界相互作用，通过主动建构而获得的。鉴于中级财务会计的实务导向特点，教师可以根据企业具体业务流程和现实商业环境中的案例，构建真实商业环境的课堂情境。比如，采用角色扮演法让学生扮演企业某一业务涉及的角色，模拟实际的业务处理流程，完成实物流转和单据流转，让学生对实际工作有更加深刻的了解。

（三）综合评价教学效果，总结提升教学内容

翻转课堂的实施想要达到一定的效果需要一个很长的过程，效果是在长时间的实践中积累出来的。以前学校对教师和学生的评价都是以一个学期为周期，学期结束后教师学生互相评价。而翻转课堂会采用全新的评估模式，以每一堂课结束为周期评价一回，教师在上完课后对自己有个评价，发现自己哪里做得不太好及时进行纠正改进，同时，对学生在课堂中的表现也要进行一个评价，这样一来会更加具体和细致化。

目前，我国会计课堂对翻转课堂的实施刚刚开始，对于教师而言，适应这种新的课堂模式是一个不小的挑战，需要教师根据新的模式和学生的知识接受程度，调整之前的授课方式和教学内容。要做到这点，就需要教师们摒弃之前一些旧的教学观念和方法，依据翻转课堂要求的新理念、新方法来教授学生知识，并在不断的教学实践中，运用各种技术手段提升自己的课堂教学效果。

第二节　大数据时代下微课在会计教学改革中的应用

一、微课在会计课堂教学中的基本应用

（一）微课的内涵及特征

微课的雏形最早见于美国北爱荷华大学勒鲁瓦·麦格鲁教授所提出的60秒课程，以及英国爱丁堡纳皮尔大学特伦斯·基提出的一分钟演讲。现在的微课概念是由美国新墨西哥州圣胡安学院的高级教学设计师、学院在线服务经理戴维·彭罗斯提出的，他们的主要目的就是通过录制一些短小的视频，时间主要在 1～3 分钟，视频会标出关键词、主题以及学生需要重点学习的内容，要求学生自己在线学习或者是进行课外学习。其核心理念是在课程中把教学内容和教学目标紧密联系起来，以产生一种更加聚焦的学习体验。我国首先提出微课教学的是教师胡铁生，他指出微课是由教师制作的微视频，其中内容包含针对性的对某一知识点、某道习题或者技能等进行视频讲解示范，这是一种全新的教学模式，很好地融合了教学过程和相关资源。微课的主要呈现方式就是微视频，具有短小精悍有针对性的优势。微课的主要内容不但包括录制的教学微视频，还包括各种教学方案、课后练习、课后总结等多种内容，这些内容相互融合构成了一个拥有明确主题结构的，较为完整的资源应用环境。微课教学模式改善了传统教学模式单一的弊端，并且相较传统教学模式来说，更具有针对性，是一种以传统教学模式为基础的新型教学模式。微课制作可以由教师亲自制作，也可以从网络上下载资源。微课的起源来自网络，学习者可以仅通过一部手机或者其他移动设备就在零散的时间进行学习；然而微课不仅适用于线上教学，它同样适用于线下教学，在课堂中采用微课教学模式，更有利于提升教学效果。

微课的首要特点就是时间短，内容具有针对性。所有微课视频都是以学生需求、教师能力和教学资源为基础进行设计制作的。因此，虽然时长很短，但是内

容往往是最具针对性和代表性的重点知识点，而且这些知识点对于大学会计教学来说是足够用的。学生一般更倾向于短小精悍的学习材料，对冗长单调的学习材料很容易失去学习兴趣。因此，微课视频一般会精简课本中冗长大段的内容，将其浓缩成一个个小的视频片段，学生更容易接受这种学习材料。微课视频的时长一般在 10 分钟左右，全是精简之后对学生而言有针对性的内容，这样做，有利于学生和教师针对某一特定问题产生讨论并对其进行解决。微课虽然时长较短，但是内容却很丰富，并且具备灵活的学习形式。微课视频构成，包含了多种学习资源，如课件、课后总结、课堂活动、课后评价等，并不只是单一的一个教学视频。另外，微课灵活的学习方式使其在课后也能有所体现，学生在课堂上感觉学起来有困难的部分，可以在课后自主观看教学视频，进一步巩固消化不会的内容，有利于提升学习效果。微课具有的明确主题和结构化教学，有利于学生自主学习，并在学习过程中不断自我总结。

（二）微课在大学会计教学中的应用

1. 课堂教学

像上文提到过的一样，微课的主要表现形式是微视频。微课可以贯穿到整个会计教学课堂中，不论是从课堂导入、课堂知识点讲解还是课后总结，都可以采用微课教学。微课教学可以更好地激发学生的学习兴趣，使枯燥的会计课堂变得活泼有趣。

大学会计教学课程中，学生对会计知识掌握程度不同，针对这点，教师可以有针对性地制作微课视频，使学生在课后也可以观看视频，巩固课上学到的知识。微课教学对导入新知识极为有效，教师为微课制作的微视频新颖且有趣，并且制作精美，以此作为课前导入材料，可以极大地激发学生的学习兴趣，从而导入新知识。而对于课上一些比较难理解而又需要学生们掌握的知识点，教师还可以将这些内容集中整理，利用微课有针对性的特点，对学生进行重点教学，可以有效集中学生注意力，提升教学质量。微课虽然是一种新的教学模式，但还是以传统教学模式为基础的。因此，教师必须对微课及传统教学做好一个过渡衔接，不仅要在课堂中体现微课的新，还不能忘了课堂上占主体地位的仍然是学生。并且，要对微课教学配备适合的课堂探究讨论活动，这样才能更好地发挥微课的作用，提升教学效率。教师还可以将难点、重点知识以微课形式表现出来，加上图表等辅助说明，从而使学生更直观地理解知识点，融会贯通。单在课堂上学习的会计内容是远远不够的，会计学习需要更大的环境，这就需要教师在课程设计上多添加一些课外内容，拓宽学生的知识面，使学生对会计学习有一个更全面的理解。

2. 提升学生自主学习能力

如今的在线教学中，微课教学已经成为一种主要方式。利用互联网的共享性，学生可以随时随地观看教师制作好并上传到网络上的教学视频。相较以前，学生可以更灵活地进行自主学习，提高了学习热情和效率。

我国课程改革的目标也是致力于提高学生的自主学习能力，通过课改改掉学生被动的学习方式，鼓励学生积极主动地自主学习，激发学生学习的兴趣和探究欲望。这不仅是课改的目标，也是我国选拔未来人才的标准。微课较传统课堂时间缩短了很多，并且内容有针对性，且由于互联网的便利性，只需输入关键词就可以轻易搜索到，方便了很多；另外，微课的时长通常控制在 10 分钟左右，这也符合学生的身心发展特点，因为大多数学生集中注意力的时间也差不多在 10 分钟；录制的微课视频具备视频的一般功能，可以随时暂停播放，这就大幅方便了对知识掌握程度不同的学生，学生可以根据自身的学习情况和接受程度控制视频的速度。另外，微课内容由教师上传到网络之后，学生不再受时间空间限制，可以随时随地想学就学，学习方式更加灵活自由，极大调动了学生自主学习的积极性，并且为学生能够自主学习提供了一个良好的平台。学生学习知识再也不用只在教室这一个地方了，可以在寝室、食堂或者饭店等各种场所，随时随地观看视频自主学习，如果遇到不会的重难点内容还可以通过对视频的反复观看加深印象，直到全部理解，有利于学生掌握好每个细小的知识点，并逐步提升自己的会计专业知识水平。除此之外，教师还可以准备由学生自己独立完成的微课，提前给学生布置好需要自学的内容，学生了解到这些任务后自主学习会计课程内容，教师可以在之后的课堂中对学生的自学成果进行检验，学生也可以自行检验自己的自学效果。由此可见，微课是一门可以极大促进学生自主学习的课程，通过微课这种形式，学生也可以更好地实现自主个性化学习。此外，微课的移动化、碎片化特点，又方便了学生在课后随时随地对自己掌握不扎实的知识点进行复习。

微课模式相比传统授课模式而言，对教师的要求更为严格，因为微课内容少了课堂的束缚，变得更为开放，这就要求教师不仅要掌握制作微视频的技术和手段，还要掌握在互联网中分辨良莠信息的能力，选择一些真正对会计学习有用的信息，这些都需要教师拥有一定的技术手段和付出一定的时间，不免会加大教师的压力。

3. 提升教师专业素质

微课程是一个极度浓缩，产生精华的过程，在制作过程中往往需要反复推敲，修改直至完善，微课程是一个可以在很短时间内展示成果的课程。因此，在制作过程中，会计教师需要反复观看视频内容是否符合自己的教学内容并加以修改，还要不断学习充实自己，可以在微课中加入更多的课外内容，这样才能准备一堂较好的微课堂。由此可见，微课对于加强教师自身专业技能具有促进作用，因为在制作微课的过程中，教师反复推敲，不断发现问题，从而反思自己，改正教学方法，学习新的教学观念，从而提升自身的会计专业技能。此外，微课还可以大大提升教师对信息技术运用的能力。教师通过制作微课，可以更好地熟悉信息设备，更加熟练地掌握对信息技术的运用，从而树立更具现代化的教学思想和理念。教师制作微课的过程本身就是一个不断反思与发展的过程，在这一过程中，教师不断提升自己的教学能力。微课可以通过互联网共享到全国甚至是全球的资源中，教师可以通过互联网观看不同教师制作的视频，通过视频学习别人的教学内容和理念，彼此间再进行交流切磋。教师要善于利用微课这一教学模式，不断完善这一课程模式，利用微课为大学会计教学做出更多的贡献。教师在课堂中推行微课模式也是深入贯彻《教育部关于全面提高高等教育质量的若干意见》的相关精神，推行微课模式有利于利用信息技术对大学会计课堂的融合，推动大学会计课程的发展和教师水平的提升，职业院校的会计教学若能充分发挥微课教学的优势，可以极大激发学生的学习兴趣，让学生对会计学习产生浓厚的兴趣并快乐地学习会计课程，这也有利于为社会培养高素质的、良好会计专业能力的人才，为社会做贡献。

微课作为一种新兴的教学方式和手段，因其“短、小、精、趣”迎合了时代需求和大众心理，也越来越多地被应用于教学当中。教育部刘利民认为：“微课符合时代的要求，它能在较短的时间内对某一个知识点进行充分的、有趣的讲解，符合当今紧张的学习生活节奏。不仅对大学生的学习和教师的教学提供了更多的方法，也解决了传统教学课堂中比较容易出现的问题。微课是符合时代要求的积极探索，并希望借此推动教师教育方式方法的变革，解决建议需求多样性、资源便捷性等问题，促进教育与现代信息技术的深度融合。”因此，大学会计课堂中应用微课模式是适应教学改革的需要，也是适应时代的发展。同时，微课有利于会计课堂与信息技术融合发展，有利于促进会计教学的个性化自主化发展。微课新型教学模式，适应教育发展的潮流和趋势。微课教育模式在职业院校中的展开已经取得了一些成效。职业院校应用了这种新型教学模式后，有利于职业院校对会计人才的培养。这种教学模式不仅提高了学生自主学习会计的积极性与兴趣，还提高了学生主动学习的能力和意识。除此之外，微课教学模式对教师的专业能力水平提升也有很大的帮助作用。

二、微课在会计教学改革中的实践设计

（一）教学内容分析——微课选题

1. 微课内容选取原则

（1）知识点为重点、难点

微课设计和应用具有针对性，有的放矢。目的在于解决教学中的重难点问题，体现价值性。在技能型知识点教学中，重点是培养学生的会计基本技能，掌握会计核算方法，而难点是技能和方法的抽象性。

（2）以技能型知识点为主

从教学方式视角，胡铁生将微课划分为讲授类、实验（实践）类、操作类、练习类、讨论（研讨）类、表演类、合作学习类、自主学习类等类型。鉴于专业性强和学生零基础的特点，《会计学原理》基本概念和基本原理适用于讲授法，以学生为主体，由教师引导、传授知识。基本技能和方法是原理的应用，学生已具备专业知识，在这个阶段重点是培养学生动手实践能力、解决问题能力和实际应用能力，部分学生需要先模仿、后识记，微课在技能型知识点教学上有独特的优势，学生可以随时看、重复看、选择看，而对于需要长时间持续探讨的课程，或是对复杂解题过程的讲解，微课便不能达到较好的效果。

目前技能操作部分学习资源少，部分知识点在操作上没有统一口径，如日记账的登记，教材规定应该日清日结，但在案例分析中是日清月结，前后矛盾的地方比较多。

（3）内容可分解性

微课是碎片化学习环境下的产物，主要是针对某个知识点或教学环节而设计构建的，短小精悍，时间一般控制在 10 分钟以内。在内容选择时要考虑内容的可分解性，该内容是否可以分解成知识单元，是否可以进一步分解成若干知识点。在《会计学原理》教材中，有些内容不适合做成微课，更适合教师用传统课堂教学。

2. 教材分析

《会计学原理》是财经专业学生的必修课程，是学生接触到的第一本专业课教材。如果将会计专业课比喻为金字塔，《会计学原理》便是塔基，其中的核心概念将贯穿会计专业学习的始终，为后续学习《企业财务会计》和《财务管理》等专业课做铺垫。从职业院校考试分数比例来看，《会计学原理》分值共占专业课总分的三分之二，突显了职业院校将更重视学生基础知识和基本技能的训练。

《会计学原理》课程主要有两大特点：

第一，概念多且复杂。《会计学原理》课程概念众多，其中大部分来自《企业会计准则》，表达严谨、抽象、科学、统一，理解难度较大，如“会计事项”和“会计对象”的概念就十分相近，不容易辨别。学生第一周上课表示“不明白在讲什么”，从第二周开始进入学习状态，但仍然存在靠死记硬背记住概念的现象。

第二，重视基本技能。会计专业培养的是技术型应用人才，不仅要懂会计知识，还需具备实际技能方法和动手操作能力。会计技能包括填制和审核凭证、登记账簿、编制报表等，《会计学原理》介绍的是基本技能，重基础、重视培养学生对会计操作的系统认知。

一般来说，学生在学习的过程中通常存在以下问题：学生的动手实践能力不强；在学习的过程中难以将知识透彻理解，更不能将其用好、用活；在学习的过程中往往存在着“左耳进右耳出”的状态，对操作步骤十分生疏；过分依赖于教师的讲解，课前基本上不预习，准备不充分。所以，有关学者尝试着采取一些有效的措施来改变这个现状，其主要措施如下：有关学者企图将关键的知识点以现代化信息技术的手段展现在学生的面前，以激发学生学习的积极性、创造性。当然，推动学生进行课前预习这一方法，效果与否，还有待实施。总的来说，上述方法是以教程为基础的，在其中灵活运用了与制作技能操作部分中的“银行存款账册”相类似的“专题微课模式”。而此类专题的特点在于：以介绍银行存款相关凭证的入账、填制、对账等实务技能为重要内容，但其中这些知识点又不是毫无联系的，相反，他们之间是相辅相成的，“你中有我，我中有你”的关系，也正是因为这层关系，决定了其拥有开发主题微课的绝对优势。

（二）教学策略及组织形式

然而，开展微课则是以学生自主学习为基础，以启发式教学为主要策略的基本构造上搭建的。而在启发式教学中，教师通常采用多种方法来激发其学习的潜能，以提高其对问题的理解和分析能力。同时，还能推动学生之间进行积极的合作，以促进其养成“合作共赢”的先进意识，以对其未来的发展产生举足轻重的影响，而实现这些目标的主要途径则是指创设情境、设置问题等方面。

（三）教学媒体选择

教学媒体包括多媒体、实务投影、PPT 等。

（四）教学评价

一般来说，教学评价可分为过程性评价和结果性评价两类。过程性评价主要体现在微课实施之前，而结果性评价则体现在微课产生应用结果之后。实践前者的主要途径包括以下方面：首先，通过各种方式对教师等各个参与微课的个体，进行对该微课看法的收集和有关分析。毋庸置疑，以上措施对微课质量的提高提供了一定的保障。其次，要想学生在课前预习和课堂学习等阶段达到一定的预期效果，就必须对其进行监督和规范。最后，非理性认知方面的预习。这主要通过以下途径实现：对多组学习者的检测成绩进行不同方面的对比；评价总结微课应用结果；对参加此次微课活动的各个不同主体进行多种方式的咨询，并以此来征集有关人物的心得体会和感受。

（五）微课脚本设计

相对而言，脚本是一种根据特定的样式而编订的文体类型，而其性质是一种具有特殊性质的表现性语言。而进行脚本编写必须遵循以下原则：学科严谨性原则；针对性和具体性原则；语言表达精准得体原则；注重趣味性原则。在进行专业新生具体学习情况的分析基础之上，学者与出纳者之间相互合作，依靠他们的共同力量对脚本进行“有通性”的设计。

第三节 大数据时代下 MOOC 在会计教学改革中的应用

一、MOOC 在财务会计教学中的应用

（一）MOOC 在财务会计教学中的基础理论

关于行为主义学习理论的代表人物，主要是桑代克，后来又经过一些人的进一步丰富发展。这种学习理论认为在学习的过程，主要是刺激与反应的联结。学习者本人面对外界的刺激时，进行学习行为而进一步获得经验和知识。行为主义理论强调联结是比较直接的，而不是间接的。它主要发生在外部，并不产生于内部。这种学习理论有一定的缺陷，它忽视了存在于学习者内部的活动过程。

在心理学不断进步的同时，人们对学习理论的研究也在不断地深入。认知主义针对行为主义的不足做了改正和完善。认知主义理论强调，在学习者的脑海中会形成一种特殊的认知结构，当环境对学习者进行刺激的时候，就有了刺激 机体-响应（Stimulus-Organism-Response, S-O-R）过程。这种理论把学习者的主观能动性调动了起来。

随着信息时代网络技术的快速发展和进步，人们对学习理论的研究更加深入，其中主要以西蒙斯与唐斯为代表。他们奉行的是连通主义理论，这种理论并不是对前两种理论的否定，而是在前两种理论的基础之上的进步，其中所产生的信息工具方便人们进行交流。

当然，行为主义学习理论也有自己的特殊之处，它是比较典型的刺激-响应（Stimulus-Response, S-R）联结，它所针对的对象正是过往那种教师与学生之间的关系，信息化时代的连通主义理论在新的时代顺应了新时代的需求，也顺应了广大人民的需求，促进了现代教育的改革和发展，真正意义上把教师从课堂上解脱出来，进入真正便捷有意义的课堂，为学生们答疑解惑，促进学生与教师之间的友好交流。

（二）MOOC 对传统教学的颠覆

信息技术的进步，带来了教学的新一轮改革，而且对传统的财务会计领域构成了极大的挑战和颠覆，它主要体现在教学资源、内容、互动，以及教学形式等方面上。

1.MOOC 对传统教学资源的挑战

传统意义上的财务会计资源是十分有限的，很多优质教学资源是很难实现共享和开放的。再加上会计的课本成本较高，和其他专业的教育课程相比较，在学生和教师之间，会计教学都没有得到足够的重视。传统的财务会计教学向社会传播仅是通过出版物的方式，而且个别的时候是用精品公开课的方式来对社会进行公开的，很少能对 MOOC 的教育改革提出实质性的意见，在大学中更是如此，精品公开课很少向社会进行开放。

在大学的会计教学过程中，存在教学的封闭状态和个别大学生对优质资源的垄断，以及对资源的独占。因此，MOOC 可以使财务会计教学的资源得到开放共享。而且在教学过程中，MOOC 能够使学生在教学平台享受到最优质的教学资源，并且能紧密结合企业的实际情况使水平突出的教师在群里脱颖而出。在授课过程中，通过微视频能够最直观地接触到企业中最新的原始凭证、记账凭证账户、会计报表等资料，并且能够书写规范、掌握各种凭证和账表的填列以及注意事项等，并在此过程中，通过模拟仿真软件进行模拟中的实现，从而提高了学生的学习热情与效率，使课堂更能吸引学生的兴趣。

2.MOOC 对传统教学内容的挑战

传统财务会计教学与 MOOC 教学相比不同的是，传统财务会计教学主要表现是教师授课，体现以教师为主体，学生作为被动反应的行为者进行行为主义学习模式，在传统财务会计教学中，讲解、演示、模拟是会计教学的主要流程，教师是设计者和组织者，是课堂的主体，而班级的一切事务都由教师主要操刀。例如，班级分组、材料的发放、操作规范及进度安排、注意事项等，这些在很大程度上抹杀了学生的主体性。而教师作为授课的主体，课堂内容、问题答案都是预先安排的，而学生只是机械地模仿教师的思路，不会挑战教学权威或者对教学过程产生怀疑，大幅降低了学生的积极性，无法培养其独立分析和独立思考问题的习惯，从而抑制了学生的创新能力。

与传统财务会计教学相反，MOOC 教学以学生为中心，教学方式呈多样型，多为利用现代化信息技术实现，是人与人之间互帮互助的连通主义学习模式。在这个模式下，学生作为学习的主体，教师不再是单一的传授者，它的职能表现在更多的辅助效应，而知识的讲解主要由课上转为课下，这就需要学生们通过网络教学平台和仿真实验平台进行线上学习，以及模拟操作、搜索资料、在线测试答疑以及相应的互相交流活动。在这个过程中，教师进行演示，指导学生进行模拟操作。运用这种教学方式，能够促进以学生为中心的学习形式形成，能够充分调动学生的积极性，有利于提高其实践能力和创新能力，有效地融入学习生活中去。

3. MOOC 对传统教学互动的挑战

传统财务会计教学中互动较少。而学习应发生在个体内部，它有内化学习者的活动，并承认学习者生理特征在学习中的重要性，且忽视外部性与技术的作用。而在行为主义理论的指导下，传统财务会计教学都是教师授课，学生只是被动地接受知识，是学习的承受者。在传统的实验教学过程中，即使是由小组成员来完成实验操作，但由于学生缺乏相应的实验理论知识，在日常课程中对于授课内容不了解，无法向教师教学提出疑问，因此，只能按照教师的教学程序进行操作，实验结果只是唯一的。这样，学生与教师之间互动交流少，而学生与学生之间也无法形成相应的互动。

4. MOOC 对传统教学形式的挑战

传统财务会计教学仅限于课堂。行为主义理论与认知主义理论是在信息与网络技术不发达的条件下形成的，其认为学习的空间场所是学校，学习活动主要在课上完成，教师讲解注意事项，演示操作步骤，课下学生完成教师布置的作业。这种集中授课方式不能体现个性化教学，由于受到实验材料和小组分工限制，每个学生不可能接触到全部实验操作。

（三）MOOC 背景下财务会计教学改革的局限性

MOOC 背景下财务会计教学利用现代化网络技术，对传统教学形成挑战。我们在为 MOOC 教育改革欢欣鼓舞的同时，也应进行“冷”思考。MOOC 背景下财务会计教学改革存在的局限性主要表现在以下几个方面：

1. MOOC 不能解决会计教学的实务操作问题

会计实验课程是在“基础会计模拟实验”课程的基础上，衔接“中级财务会计学”课程理论教学内容的实验课程。本课程是“中级财务会计学”课程理论教学的延伸，是介于“中级财务会计学”课程理论教学与实际工作之间的教学环节。本课程侧重于财务会计实务操作技能的培养。教学目标是让学生对一个会计主体正常经济业务（从审核和填制原始凭证、填制记账凭证、登记账簿到编制财务报表）的财务会计实务有程序化的认识，通过实务操作加强其对财务会计的系统理解。由此看出，区别于会计专业理论课，财务会计实验课实务性比较强，需要学生亲自体验和探索，才能真正掌握该知识。学生课下微视频听课、线上互动交流、做练习，这都是为课上实务操作进行的前期准备工作，只有充分准备才能进一步为课堂教学打下良好基础，深化教学内容，课上学生之间以及教师与学生之间的互动交流才更有价值。因此，MOOC 并不能解决财务会计模拟实验的学生操作问题。

2.MOOC 背景下财务会计教学的有组织性

建构主义理论认为学生才是整个财务会计教学的主体，而教师是学习引导者、组织者与评判者，会计教学应是学生主动学习，而非教师强制灌输。MOOC 背景下财务会计教学正是建构主义理论的良好体现。MOOC 背景下将传统财务会计实验教学的讲解、演示环节交由学生课下自主解决，学生通过网络可以不受时间、空间限制进行学习，不受任何监督与约束，完全体现了学生的自组织性，这是 MOOC 所带来的最大革新。但在自组织性下，整个学习过程缺乏有效监控机制，学习者的线上学习过程完全失控，学生如果不能高质量完成实验要求的微视频观看、作业任务、交流互动、网上测试等环节，学习效率得不到有效保障。因此，完全凭借学生自组织性完成学习任务只是一个理想状态，很难满足当前形势下学生的需求。

3.MOOC 背景下财务会计教学育人向善问题

教育既是“教”又是“育”，不仅要培养学生的财务会计实务操作技能，而且要培养学生爱岗敬业、诚实守信、廉洁自律、独立性强等良好的会计职业道德。MOOC 背景下学生利用现代化通信技术通过计算机终端面对影像镜头学习，难以与教师面对面进行情感交流，虽然 MOOC 背景下通过 MOOC 平台，教师与学生之间、学生与学生之间可以相互交流学习，但这种“言传”往往是无效或者低效的，教师与学生之间无法通过情感交流建立信任，学习只停留在浅层次的技能掌握。而会计模拟实验技术层面的衍生职能，如会计岗位的内部牵制制度、职业判断及良好职业道德的培养，由于课程内容所限，在线学习很难涉及，这部分内容又恰好对于培养学生正确的价值观、更好适应将来的工作岗位非常重要。因此，去人工化的实验过程无法承载学生的价值创造与品性培养，育人的职能难以实现。

4.MOOC 背景下财务会计教学效果评价

MOOC 背景下财务会计教学效果受到了学者们的质疑。虽然学生通过微视频听课，与教师、同学之间互动交流，但这种交流只停留在浅层次水平。财务会计课程可能面对众多学生，有时教师团队难以一一解答所有学生提出的疑问，平台评价环节的选择题、判断题、简单的问答与论述题，很多时候都是由机器预设答案完成，答案是结论性的，机械式人机对话很难激活学生的思想潜能，单向视频传递造成学生思维僵化，面对问题往往线性思维，束缚了学生思维的发散，不能引发学生独立思考，需要深入理解和做出职业判断的问题，很难通过单纯的网上互动环节得到及时、有效的解决。因此，MOOC 无法培养学生提出问题、分析问题和解决问题的能力，学生评判性思维无法得到有效锻炼。

（四）MOOC 环境下基础会计教学的基本流程

1.课前准备阶段

（1）教师应借助网络平台，充分收集学习资料

目前，国内网站关于会计教学的学习资料和视频非常多。这些视频资源质量参差不齐，而且缺乏一定的针对性，与教师的教学计划有出入，难以满足实际的教学需求。因此，对于教师而言，不能采用现有的网络资源进行教学，而应该根据学生的实际情况、使用的教材和相应的知识点等，合理选择并整合现有的学习资源。教师在收集学习资料时要全面，避免单一化。

（2）教师应将 MOOC 理念融入教学设计，整合教学内容

当今学生接收信息的途径简便，学习渠道多，MOOC 就是其中之一。如果教师不能与时俱进，讲的知识很可能无法吸引学生，不仅不能激发学生的学习兴趣，甚至会打击学生的学习动力。因此，教师在课前准备阶段，可以借助 MOOC 理念，重新梳理单元教学内容，把适合通过教师讲授、演示的知识点分离出来。例如，可以将基础会计教材内容按照实际工作要求，拆成一个个连贯的项目，每一个项目细分成若干个知识点，根据知识点的重要程度和难度，进行教学设计。重点难点部分可以制作教学视频，供学生课后消化吸收。

当然，在教学内容的整合上，需要教师投入大量的时间和精力，职业院校可以根据自身的情况，成立课程改革小组，不断探索和寻找适合学生学习的教学模式。

（3）培养学生课前自主学习的习惯和兴趣

教与学是统一的，学生课前能自主学习相关知识，对课堂教学有很好的促进作用，能大大提高教学效果。学生课堂下自主学习，对学生的自控能力有较强的要求，教师需要在课前设计好相关的问题或任务，要求学生在规定的时间里完成相关的任务，收集学习过程中存在的问题。通过建立 QQ 群、开通微信、制作短视频等方式，与学生保持交流和学习，把相关的学习资料、课外学习网站、作业、练习等上传到群共享，以供学生下载学习。这样，教师能及时解决学生反馈的问题，拉近教师与学生之间的距离，大大提高教学效果。除此之外，为了监督自制力较差或者学习懒散的学生，将课堂下的任务完成情况，严格纳入考核方式里面，通过加大过程性的考核，提高学生自主学习的兴趣。

2. 课堂内化阶段

课堂内化阶段就是以教师和学生为主体，教与学相统一的现场直播，与 MOOC 学习相比，同样的教学设计和授课教师，学生与教师面对面的交流更胜一筹。问题在于：同样的一门课程，不同的教师授课会产生不同的效果，有的教师能更好地吸引学生，受学生的欢迎，课堂效果好，有的则相反。这跟教师的教学能力、教学手段等是分不开的。

3. 课堂后巩固阶段

在校学生必须培养和提高自学能力，充分发挥主观能动性，而这些能力的培养和提高，关键在学生对课后时间的利用。为此，可以建立课程 QQ 群和微信群，方便和学生随时交流，并及时发布课程相关信息，对于学有余力的学生，还能在群里选择完成拓展任务，阅读课程拓展资料等。通过建立课程学习讨论群，能及时发现学生学习存在的问题并予以解答，既增加了师生感情，也为学生在学习的自主安排、学习内容和学习方法的自主选择上提供帮助和建议。

二、财务会计实验教学的 MOOC 改革方案设计

MOOC 是新近涌现出来的一种在线课程开发模式，它发端于过去的那种发布资源、学习管理系统，以及将学习管理系统与更多的开放网络资源综合起来的旧的课程开发模式。本节主要讲的是会计财务实验教学应该如何进行 MOOC 改革。以下是本节所探讨出来的一些行之有效的方法。

（一）转变教学理念，提高改革的自觉性

会计财务实验教学在进行 MOOC 改革过程中会发生翻天覆地的变化，这种变化主要是针对教师而言的。教师本来的工作是课上授课，向学生传授他们并未接触的知识，是课堂上的权威，但是现在进行 MOOC 改革后，学生可以在 MOOC 线上学习平台上通过观看视频、进行讨论等方式首先预习和掌握课堂所要学习的内容。而在课堂上，学生需要解决的问题就从原来的掌握知识变成了现在的解答疑惑，所以，教师的地位也发生变化了，从权威者变成了解惑者。同时，教师也参与幕后的教案设计、教学设计，便出现了分工现象。但是，这些东西对于老一辈的教师来说，是难以接受的，他们对这种现象是抵制的，并抱有怀疑态度。

想要减缓这种情况，就需要学校的帮助。学校可以说是专业的主办方，应承担起相应的义务，只有 MOOC 教育给学校、给学生带来明显的帮助，他们才会打消怀疑，减少猜测。所以，学校应该要调动学校下面的各个部门，特别是宣传部和学习部，加大对 MOOC 教育的宣传，并支持有关 MOOC 教育活动的举办。只有使 MOOC 教育成为常态化，学生和教师才会更加主动，更加容易去接受它。那么，对于学生来说，在 MOOC 改革下，应该找准自己的定位，我们是一名学生，我们所要做的就是积极地去学习，养成良好的学习习惯，并找到适合自己的学习方法，要利用 MOOC 来提高自己的会计素养。而对于教师来说，不能一味守旧，要更新思想，以学生为重，而不是以自己的经验为重，要帮助学生提高他的实践能力和自信心。

（二）MOOC 背景下财务会计实验教学要与翻转课堂相结合

MOOC 课堂主要是指大规模的网络开放课程，而翻转课堂是指学生在课下学习相关知识，而在课上主要是与教师交流，解决主要的疑惑，这主要增强了学生的自主选择性，能使他们按照自己的意思去安排自己的时间。所以单纯的 MOOC 课堂是无法实现调动学习氛围，增强师生感情的。当然，它对综合能力的培养也起不到很大的作用，所以，一定要将 MOOC 课堂和翻转课堂相结合，这样才能达到课堂质量的最大化。由线下转为线上看似教师的工作变少了，实则不然。教师由台前的工作转化为幕后工作，他们将会形成一个强大有组织的平台幕后工作团队，团队中的各个工作人员之间形成了契约关系，为了弥补传统学习上的道德缺失，教师和团队都需要承担更大的责任和义务，不同的教师担当不同的角色，

并做好其分内的事。而 MOOC 课堂和翻转课堂的结合也是传统教育与线上教育的结合，这样有利于充分利用线上与线下两大资源，节约了时间，也提高了资源的利用率，有利于提高教育的水准。

从 MOOC 与翻转课程结合流程图上，我们可以明显看出它主要的流程，它把整个课程分为了三个部分，第一个部分是教学部分，教学部分又分为了三个小步骤：首先，教师必须做好充分的准备，创作出包含了每节课内容的小视频，这些小视频学生在课前应该观看完毕，并且有选择性地掌握好其中的基础性知识，如果有不会的要留在课堂上向教师请教，这一过程也可以称为是查漏补缺的过程。其次，是课堂讨论，这个过程是帮助学生消化理解所学的知识的过程。最后，是教师在学习后对学生进行的课后辅导，这个步骤可以在线上完成。而翻转课堂的功能是将与会计实验操作有关的问题扩大，像一些职业性的问题就会在学生学习会计知识、解决会计问题过程中去学习和解决。两种课堂的结合能有效缓解传统的教学问题，不仅保留了教师的指导地位，还培养了学生的自主性，可以让学生自主去安排自己的时间，这与以前学生被教师、被学校安排的情况是完全不一样的，有效地提高了教学的质量和学习的质量。

（三）应设立财务会计仿真实验教学平台

有人会提到这个问题，MOOC 是一种线上教学，它只能保证教学的质量和学习的质量，但是面对一些实验性、操作性较强的学科，MOOC 能保证它的学习质量吗？这个问题是值得我们深思的。即使是会计专业，它其中也包含了财务会计操作实验课，这项课程操作性是十分强的，如果学生没有亲自去尝试，而只是听教师或者同学将实验过程口述出来，只能说是学到点皮毛，根本无法真正理解操作过程，也无法真正掌握操作技能。所以，MOOC 现有的教学软件是无法保证操作实验的学习效果的。那么，我们应该怎么做才能保证实验性较强的学科的教学质量和学习质量呢？最新最有效的方法是建立一个线上仿真模拟实验平台，不管是物理、化学、会计等专业，都可以在线上模拟仿真实验平台进行实验。并且，这是一个可以选择参与人数的模拟仿真实验平台，不仅可以个人参加，还可以小组参加。同时，教师可以制作实验小视频发布到网上，供同学们观看、回顾。当然，视频中要包含实验原理、实验器材和原料以及实验步骤。这样做有两个好处：第一是减少了实验花费，现在的实验器材价格都比较高昂，线上实验有效地解决了这一问题；第二是能使实验更加生动形象，并且学生可以不断地回顾，不像线下实验次数少，不容易被学生理解，也不方便。所以，相比之下，线上实验可以更好地提高教学和学习质量。

其实像会计这门学科，实验课程在线下进行会耗费大量的人力、物力、财力。比如，像公司会计部门与其他部门的协作以及会计部门内部的协调，这些实验在现实生活中是很难以实现的。但是，自从有了线上实践操作管理平台就不一样了，它可以很真实地重现现实生活中的场景，让我们可以充分体会到会计工作的工作过程，这些都是线下实践所不能达到的。

（四）MOOC 背景下财务会计实验教学的他组织性

如果一个系统靠外部指令而形成组织，就是他组织，像我们的传统双语教育就属于他组织。如果不存在外部指令，系统按照相互默契的某种规则，各尽其责而又协调、自动地形成有序结构，就是自组织。类似于我们现在使用的 MOOC 双语翻转教育模式。许多人将自组织和他组织看作相互矛盾的两个方面，其实，他们的关系类似于主要矛盾与次要矛盾，都是一个矛盾中所包含的事物，他们是相互联系、相互依赖、相互影响的，主要矛盾支配着次要矛盾，次要矛盾又会影响主要矛盾。我们将国家和学校的政策与目的看作主要矛盾，而将自我发展和安排看作次要矛盾，那么，我们既不能一味地遵从学校安排，这样不利于个人个性的发展；也不能一味任学生发展，有一些发展是无效的，必须要求学校、教师加以引导和管理。

他组织相比于自组织，甚至更强调自主组织的方向发展，有人会提出新的质疑，线上课堂大部分是学生自主学习，但学生真的有那么强的自律性和自觉性吗？是的，即使是自觉性极强的学生，在学习上也需要加以引导和管理，否则效率是无法得到提高的。这就是为什么一个学校的核心部门集中在行政部的原因。所以，即使有了线上课堂，学校也不应该松懈对学生的管理和监督，教师也要对学生的学习效率做出初步的估计。

（五）通过课堂教学提高学习效果

中国有一句老话：菜好吃，但不能当饭吃。这句话用于形容线上课堂和线下课堂是十分恰当的。线上课堂相对于传统课堂来说，的确有很多优势，但却不能取代线下课堂，相较线下课堂，线上课堂传输的知识是一种信息的交流，而不是感情的交流，学生也是初步、浅层地了解课堂专业知识，并不是真正地掌握专业知识，并且也存在一定的知识漏洞。而线下的课堂可以让学生和教师相互交流，提高学生对知识的理解，也可以达到查漏补缺的作用，这也是为什么我们提倡将线上课堂与线下课堂结合的原因。线上课堂和线下课堂两者是相辅相成的，只有两者相互结合，学生才能真正地掌握知识，并把这些知识运用到实践当中。线下课堂的另一个优势是能更好地让教师掌握学生的学习情况，线上课堂引进的是国外评价系统，对于中国教育并不完全适用，单纯的线上评估相对于现在的水平来说，还达不到一定的正确率，不一定与学生本身的学习情况相符合：所以，将线上课堂与线下课堂结合起来是非常有必要的，它能有效地促进学生在线上课堂进行自主学习，也会促进学生积极参与到线下课堂活动中来，并将教师在课后布置的作业认真完成，这对于提高教师的教学质量和学生的学习质量是十分有利的。

（六）职业院校应为实验教学改革创造制度条件

在进行 MOOC 改革后，教师从以前的权威地位变成了幕后的工作人员，但这并不代表他们的工作减少了，他们不仅要参与到线上课堂课前的课件、课业制作，也要参与到 MOOC 的视频制作当中去，并且在线上或者线下随时为学生解答疑惑。所以，教师的教学质量直接影响到了学生的学习质量。因此，职业院校要对教师进行定时的评测和考核，并制定考核的标准，就像线上课堂可以采用学生在每次完结后进行匿名的自主评价的方法，对教师进行测评。当然，也要制定一定的鼓励政策和激励政策，教师们也是很辛苦的，特别是转入幕后工作后，思想就有了松懈，所以，对表现良好的教师进行一定的激励是十分重要的，这个激励可以是思想方面的，也可以是物质方面的。再者，也应该为学生跨专业学习提供机会，并承认其跨专业学习所修得的学分。另外，职业院校应该引入一定的市场机制。会计专业的学生以后是为市场服务的，而学校类似于政治文化机构，它对于市场的了解是远远不够的，所以适当引入市场机制，有利于充分地让学生了解市场的运营机制以及公司的管理机制，这样做会给多方面带来好处。

第四节　大数据时代会计在线课程的建设与应用

一、在线开放课程的发展

近年来，大规模在线开放课程等新型在线开放课程和学习平台在世界范围迅速兴起，拓展了教学时空，增强了教学吸引力，激发了学习者的学习积极性和自主性，扩大了优质教育资源受益面，促进了教学内容、方法、模式和教学管理体制机制的变革，给高等教育教育教学改革和发展带来新的机遇和挑战。

教育部在《关于加强高等学校在线开放课程建设应用与管理的意见》（教高〔2015〕3 号）中，将“认定一批国家精品在线开放课程”作为重点任务。综合考察课程的教学内容与资源、教学设计与方法、教学活动与评价、教学效果与影响、团队支持与服务等要素，采取先建设应用、后评价认定的方式。2017 年前认定 1 000 余门国家精品在线开放课程，2020 年，认定 3 000 余门国家精品在线开放课程。教育部 2016 年在《教育信息化“十三五”规划》的通知中强调要发展在线教育与远程教育，推动各类优质教育资源开放共享，向全社会提供服务。教育信息化对教育现代化的支撑作用充分彰显。要提升 MOOC 服务，汇聚职业院校、企业等各方力量，提供精品大规模在线开放课程，达成优质的个性化学习体验，满足学习者、教学者和管理者的个性化需求。因此，建设一批资源丰富、特色鲜明、质量优良的精品在线开放课程是我们广大教育工作者刻不容缓的任务。

二、基础会计在线开放课程的建设思路与内容

（一）建设思路

加强基础会计课程内容建设，深化课堂教学改革，形成以“知识点为单元、微课为主要展现形式”的颗粒化教学资源和满足不同学习对象需要的结构化课程，实现基础会计课程资源共享。

在教学组织和实施中，充分发挥教师的主导作用和学生的主体作用。实施从 SPOC 向 MOOC 教学模式的转化，实现以课堂教学为主向课内外结合、线上线下相结合的教学转变，实现教师教学方式和学生学习方法的变革，激发学生学习兴趣，使学生从被动学习向主动学习、封闭学习向开放式学习转变，从而提高课堂教学效率和学生学习效果。

（二）建设目标

基于国家在线开放课程建设的标准，以“能学辅教”为课程建设目标，以满足在校学生、教师和社会学习者学习需求为出发点，通过与教育软件企业合作，自主开发基础会计在线开放课程，推进课程在信息化教学环境下的教学模式、教学方法、教学手段的改革。

（三）建设内容

1. 组建优质课程教学团队

按课程建设需要，以“优势互补、建用结合”为原则，组建了20名职称结构、学缘结构、年龄结构、学历结构合理的课程建设团队（课程指导团队、课程建设团队、富媒体制作团队），共同开发优质教学资源。

2. 深入行业企业调研

组建以全国会计专家委和会计学会专家为顾问、会计企业专家、会计专业骨干教师为主的调研团队，完成会计专业人才培养目标、实际会计工作过程、真实企业实际发生的经济业务、高职学生的认知特点和学习方法、会计初级职称考试内容等调研工作，形成调研报告。

3. 确定课程定位、教学内容和教学方法

通过调研和研讨，分析整合典型工作任务，构建学习领域的课程体系，明确课程定位，确定课程学习目标。并按照学习情境的工作任务构成，安排学习任务，明确学习内容。采用基于线上线下混合教学模式，根据不同的教学内容，研究不同教学方法。

4. 完成基于智慧职教平台的课程框架设计与搭建

对接国家资源库和在线开放课程建设标准，引用集资源建设平台、课程应用平台和课堂使用平台为主的智慧职教平台（智慧职教中心平台、智慧职教云平台和云课堂平台）系统设计教学资源内容，结合会计岗位和基础会计课程特点完成平台框架搭建。按知识点为单元颗粒化，形成课程信息库、课程资源库、技能训练库、素材资源库及试题库为主体平台框架设计。

5. 根据知识点，组内人员分工设计知识点、技能点

每一个知识点、技能点包含的内容：教学课件、课程导学、教学要求、重难点指导、课程单元设计、名词术语、教案、任务工单、例题、作业、习题、教学案例、人物集及相关素材、参考资料目录、文献资料等。

（四）建设成效

我院基础会计在线开放课程经过多年的建设，形成了以“知识点为单元、微课为主要展现形式”的颗粒化教学资源，满足了不同学习对象学习的需要，构建了结构化课程，实现了基础会计课程资源共享。

1. 资源丰富

基础会计在线开放课程以信息化教学改革为突破口，开发了 138 个微课、Flash 动画、三维和二维动画，录制了全程教学视频，设计了适合学生学习的各种教学资源、拓展资源、线下教学活动等，满足了该课程实现线上线下混合教学的需要。

2. 搭建了三个平台，满足了不同层次人员的需求

①在“中华会计网校高校一体化教学平台”上线，满足了初级会计职称考试人员的需要。②在“智慧职教 MOOC 学院”上线，满足了社会学员和企业的需要。③在校内 SPOC 平台，搭建了“云课堂”，满足了校内学生学习和选课的需要。

3. 与课程建设配套使用的教材已经出版

在《基础会计》十二五规划教材的基础上，完成了与课程建设完全配套教材的修订出版工作。

三、基础会计在线开放课程运行情况

（一）学员注册情况

课程自 2018 年秋季学期开设以来，对应学期教学任务实行一年两期，每学期一期，既作为职业院校学生上课的有效补充，又能满足社会学员碎片化学习的需要。目前已开设 4 期，第 5 期正按计划开设。

从注册时间段来看，选课学习的学员人数呈先高后低、特殊时段凸起的趋势，如在开课起初、“五一”劳动节放假前后、“十一”国庆节放假后学生注册人数呈爆发趋势，有时增量达到该期人数的 20%左右。

（二）学员学习情况

学员学习主要运用 MOOC 平台，智慧职教云等 app 随时随地自主学习，通过看视频、做作业、阅读文档，辅之以 PPT 课件、答疑、笔记等教学互动，确保学员学习效果。

从资源学习情况来看，学生起先学习兴趣较浓，只要坚持下来，基本能通过考核。如课程设计、认识会计等教学资源学习人数较多，完成其他资源的学习人数占整体人数的 20%左右，与考核通过的人数大体相当。

教学互动环节达 2 303 次，日志数 1 208 338 个，讨论区中讨论主题、回复数量、参与人数及活跃学员等数据呈先多后少的趋势，特别是考试前几乎为零，反映学生对课程学习有一个从不熟悉到熟悉、从困惑到理解掌握不断深入的过程，

符合学生认知规律。

（三）学员成绩情况

课程开设 4 期以来，通过人数 642 人，平均通过率 11.4%。获得证书数 346 本，证书优秀率比证书合格率高，并且呈上升趋势，特别是第 4 期，优秀率几乎是合格率的 3 倍。学员因为兴趣而选择上课，但是部分学生因为无法坚持而放弃，导致无法顺利获得证书。

整体来说，学员成绩与学习过程保持一致。能够坚持学习的学员基本能够通过课程考核，并且其中 80%取得优秀等次。

四、基础会计在线开放课程建设经验

第一，认真总结国家精品资源共享课建设的经验，充分考虑高职学生的认知特点，广泛利用中国会计教育专家委的资源，不断修订和调整基础会计课程建设资源的内容和标准。

第二，严格执行预审制度。首先是内审，课程组教师在完成知识点任务初稿后，必须交给课程组内审人员进行初审。其次是外审，我们主要是通过聘请省外的职业院校和企业的专家进行外审。一般要通过 3～4 次的反复再定稿。

第三，不断完善和调整课程团队。课程团队除会计专业教师外，还吸收了计算机、中文专业的教师参加。

第四，在课程建设中着力培养青年教师。充分利用项目建设的契机，带领会计研究室的全体青年教师，进行教学研究，开展教学研讨。

第五，实现了基础会计课程“线上线下混合教学模式”的改革，改变了以教师为中心的传统课堂教学模式下的讲授方式，从根本上体现了“学生是学习的主体”的教育思想。

第五节 “1+X”证书制度改革与实施

职业院校作为社会技术性人才的培养基地，每年都在为社会发展与国家进步输送着一批又一批人才。随着我国教育事业的不断发展与教学理念的不断创新，职业院校教育教学工作也在不断地进行改革。会计专业作为职业院校重点专业，在“1+X”证书制度的推动下也开始进行教学改革。会计专业的学生不仅可以积累专业知识，还可以考取职业技能等级证书，在一定程度上提高了就业竞争力。

因此，探究“1+X”证书制度下高职会计专业教学改革具有重要意义。

一、“1+X”证书制度的内涵

“1+X”证书制度是2019年发布的《关于在院校实施“学历证书+若干职业技能等级证书”制度试点方案》提出的新型教育理念，是《国家职业教育改革实施方案》对职业院校各专业教学改革工作提出的新要求，也是贯彻党的十九大精神与推进新时代职业教育创新发展的重要途径。“1”指的是学生的学历证书，而“X”则指的是若干个职业技能等级证书，我国借鉴国际上改革职业教育培训的成功经验，深化培养复合型技术人才的方案改革，以坚持国家引导与扩大社会参与、坚持育训结合与注重教学质量以及坚持管好两端与规范中间过程为制度实施的基本原则，始终围绕国家发展与经济市场对技术人才的需求展开教学工作，落实“放管服”理念以提升学生就业能力。目前职业院校会计专业证书主要以“1+X”智能财税等级证书为主，“1+X”证书制度在职业院校会计专业中的试点工作内容主要包括培育培训评价组织、注重会计技能等级证书的培训、会计专业人才培养计划、探索职业教育中学分的重要作用并建立健全相关的管理机制等。

二、“1+X”证书制度下高职会计专业课程教学存在的问题

（一）专业课程的设计不合理

“1+X”证书制度自提出以来得到了广大职业院校的响应，但在具体落实的阶段仍然存在一定的滞后性。目前大部分职业院校会计专业并没有根据“1+X”证书制度的要求设置专门的证书培训类课程，会计专业的课程设计依然停留在陈旧的模式，以帮助学生积累理论知识为主的课程内容相对固定，会计专业的教师也没有将实操课程与理论课程的安排做更好的调节，职业证书培训课程更是少之又少。无论从高职会计专业的教学改革还是从学生的自身发展来看，“1+X”证书制度的融入程度都不够深入。

（二）师资结构有待调整

不少职业院校会计专业的教师是年轻教师，大多是毕业后直接进入职业院校从事一线教学工作，缺乏参加企业实践的工作经验，对企业会计工作的重点、要点不是特别清楚，会出现重理论、轻实践的现象。另外，部分教师的教学方法使用多年后已经变得程序化，在新的制度背景下依然采用之前的人才培养模式与授课方式，培养出来的学生在实际工作中无法独立完成开票、做账、报税等相关会

计工作，不能满足企业正常的会计人才需求。在“三教”改革趋势的推动下，职业院校“双师型”教师队伍有待壮大，师资结构有待调整。

（三）证书制度建设有待提高

结合社会制度背景来看，会计行业的相关制度与执行标准的变化日新月异，其相关法律法规、政策方针也发生经常性的调整与修正，为此职业院校应当注意信息的实效性并进行相应的教学改革。但目前大部分职业院校的证书制度建设力度不够，各种考试平台的开发与应用工作缺乏创新性，部分学校直接委托第三方培训机构来完成平台的研发工作，自身缺乏对证书制度建设工作的资源投入。“1+X”证书制度出台不久，各职业院校的教学改革工作正处于摸索阶段，部分学校在制度宣传方面的力度不够，这直接导致了学生报考数量的波动，也不利于教学改革工作的顺利进行。

三、在“1+X”证书制度下高职会计专业教学改革的重要意义

“1+X”证书制度有别于双证制度，具体差别在于“1+X”证书制度致力于对学生理论知识与实践操作能力进行多样化的考查，其评价指标更为具体、科学，对学生的综合能力与专业素养的评价更为精准、全面。一方面，“1+X”证书制度为职业院校的课程改革与人才培养工作提供了一条创新发展的道路。另一方面，“1+X”证书制度对实现学生的全面发展与促进学生的就业具有重要的作用。为保证学生能够顺利通过智能财税职业技能考试，大多数院校都会集中培训相关技能甚至是开设一门更有针对性的课程，直接促进了职业院校积极更新会计专业课程体系，对提高学生的专业基础能力与实践操作能力具有重要的意义。“1+X”证书制度的应用符合当前社会发展的趋势，满足了社会对技术性人才的需求，同时也提高了职业院校人才培养的质量。学生在学习的过程中明确未来就业形势并有针对性地发展自己的就业优势，通过丰富专业知识并掌握专业技能以弥补自己的短板，从而为自己争取更多的就业机会，学校也在培养人才的过程中实现了自身的教学目标。

四、“1+X”证书制度下高职会计专业教学改革的有效路径

（一）重视证书培训工作，推进技能认定工作

高职会计专业教师应当从自身做起，重视职业证书培训工作，以身作则地引导学生了解“1+X”证书对自身发展以及未来就业的重要作用，充分把握新时代

的发展趋势，做好学生思想工作，从而促使学生主动地参与到学习过程中，实现对学生职业技能与综合素养的培养目标。教师应当突出证书培训工作在教学体系中的重要地位，并正确引导学生在学习过程中重视专业知识与实践操作的综合发展。职业院校应当在平台建设与第三方接洽的过程中实现证书制度的认定与实施，开设具有权威性的技能等级证书考点并扩大覆盖的范围，以确保所有学生在毕业之前都可以获得职业技能等级证书。

（二）重构人才培养计划，完善院校课程设计

人才培养计划与专业课程设计的改革应当注重与“1+X”证书制度的融合，根据职业技能等级考试的要求适当调整人才培养的目标、教学内容以及考核方式，在理论与实践并重的基础上培养学生的综合能力，提高职业技术证书的含金量。职业院校会计专业应该调整人才培养目标，培养学生的理性思维、职业判断力、创新思辨能力，促其成为适应市场需求的应用型会计人才。同时应修改人才培养方案，根据“1+X”证书的能力要求、考核标准，重新修订专业教学标准；应探索以能力为导向的会计专业课程群的模块化建设，建立内容合理、结构优化的课程体系，让会计专业做到有教有产，让企业融入教育教学，从而保障学生的就业质量。依托校企合作的优势资源，拓展更多的实训环节，将实训教学与理论教学相融合。

（三）加强师资队伍建设，深化产教融合、校企合作

教师的专业技能与教学水平是影响教育教学效果的重要因素，应通过职业教师培训加强双师型师资队伍的建设。一方面，职业院校可以高薪聘请优秀人才来校任职，以兼职讲座或全职任教的方式扩充教师队伍，实行学校和企业双主体育人，利用校企两种文化实现职业技能和职业素质培养的目标，在学校教师授课的同时，选派具有丰富企业经验的企业骨干、行业专家向学生直接授课。另一方面，深化产教融合，可以加强校企联合，定期选送部分教师去企业进修或到国外学习先进的教学理念，从提高教师自身专业水平做起来，从而提升教育教学的改革效果。“把企业搬进校园”，将职业意识灌输、职业技能培养和职业素质的养成有机结合。

第七章　大数据时代下职业院校会计实践教学活动实施策略

第一节　大数据时代下的高职会计教学形式

一、培养能力驱动型人才是互联网教学形式改革的重点问题

在知识已取代劳动力成为经济发展战略性资源的当今社会，经营、管理、技术的创新和发展，有赖于高素质的人才。高等教育作为人才培养和学术研究的重要阵地，承担着知识生产、传递和转换的重大责任。如何适应知识经济的需要，培养高智商、高情商和高灵商的高素质会计人才，高等会计教育面临深层次、全方位的改革

（一）能力素质是高素质人才培养的核心

所谓高素质会计人才，是指智商、情商和灵商“三商并举”的优秀人才。智商是成功的前提，在意识上善于吸取“知识”、感悟“常识”，并能融会贯通，运用于实践，实现跨领域思考。情商一般包括自我觉察、自我表达、自我激励、自我控制等方面，具有一定的可塑性，环境和教育对一个人的情商有很重要的影响。灵商代表有正确的价值观与职业观，懂得包容，擅长沟通，既灵活应变，又能分辨是非，辨别真伪。情商决定智商的发挥，灵商的健康和完善是情商的源泉。

人才培养应包括知识、能力、素质这三个基本要素，我国高等教育经历了从重视知识传授到关注能力提高再到强调素质教育的过程，现在逐渐形成构建有知识、强能力、高素质三位一体的新型培养模式，这也是对教育本质的深刻认识。知识是人类认识世界与改造世界的智慧结晶，也是能力和素质的基础；能力是人们胜任某项任务的主观条件，是对知识的内化、转化、迁移、融合、拓展、创新水平和程度的高度概括，是知识和素质的外在表现；素质是指在自然禀赋的基础上，通过后天环境的影响以及主体参与教育活动和社会实践而形成的比较稳定的、符合群体化要求的素养和品质，素质的基本要素是知识和能力。我们认为，未来人才素质差别，不仅表现在专业知识上，更表现在人才的专业能力和职业能力上，其中创新能力居于重要地位。会计专业学生不仅要有宽厚的基础理论知识、扎实的专业技术知识，更要有较强的多层次的综合能力，这是衡量高等会计教育能否培养高素质人才的重要尺度。高素质必须强能力，强能力才能有知识，因此，

能力素质是高素质人才培养的核心。评价一名合格的会计人才，不仅看他拥有多少会计知识，更要看他是否具备解决相关会计、财务、管理问题的综合能力。会计教育的目的在于帮助学生掌握这种能力，而不仅是教导、传承会计知识。高等会计教育应该培养社会需要的高素质会计人才，并在培养学生的专业能力、职业素质方面有所作为，变知识驱动型目标培养模式为能力驱动型目标培养模式。

（二）应用型人才的培养形式

对于普通高等院校来说，“后大众化”时期，会计专业培养目标主要是应用型人才，要解决的是大多数学生的就业问题，培养学生的就业竞争力，把职业优势、就业优势、创业优势作为特色追求。会计专业学生不仅要面对学习，还得面对就业、人际交往、经济、家庭等方面的问题，需要各种职业发展能力支持。个体不可能完全预见未来的职业取向或职业变化，为了自身的生存和发展，会计专业学生自身也需要掌握核心能力。这些能力可以概括为信息能力、表达能力、沟通能力、职业能力和创新能力。

1. 信息能力

信息能力是指个体有目的地搜集、鉴别、存储、利用信息过程中所具有的一种复合型技能，是信息时代人们赖以生存、学习、工作的必备条件，也是会计人才素质结构中最基本的能力要素，主要包括信息意识、信息技术、信息品质等方面的能力。

会计工作的重要性不仅在于反映经济形象、描述经济行为，更重要的是能在纷繁复杂的信息世界中，通过有效的方式，高效地查阅、提炼、组织有用的信息，解决问题。据有关资料统计，现代企业在管理上所需的信息有70%来自会计部门。

2. 表达能力

表达能力是指个体有目的地运用语言、文字、图表准确阐明观点和意见、抒发情感的技能。表达能力的高低直接影响到每一个人的生产生活质量。表达能力成为会计专业学生必须具备的重要能力和基本素质，主要包括语言表达、文字表达、图表表达等方面的能力。准确的表达能力是培育有效沟通能力的前提。

3. 沟通能力

沟通能力是指个体在事实、情感、价值取向等方面有效地与人交流以求思想一致和信息通畅的社会能力，主要包括组织、授权、冲突处理、激励下属等方面的能力。沟通是不同主体之间信息的正确传递，沟通能力的培养和教育可以使一个人吸收与转化外界信息，理解和调节他人情绪，与他人合作，妥善处理内外关系。良好的沟通能够促进与他人和谐相处，创造性地解决好人际关系问题，是事业成功的重要条件。

会计是国际通用的商业语言，企业利益主体的多元化使会计工作处于内外错综复杂的关系中，只有在良好沟通下，才能提供准确、及时、有用的会计信息。

会计工作岗位既分工明确，又相互联系，从凭证填制到账簿登记，从成本核算到财产清查，直至会计报表的编制，各环节紧密相连、互相承接，需要各会计岗位人员通力配合、团结协作、共同完成，才能发挥会计信息的沟通效能。

4. 职业能力

职业能力是指具体从事某一职业所具备的能力，也是在真实工作环境下按照既定标准实现其职责的能力，主要由专业能力、关键能力（包括方法能力和社会能力）、职业价值观和态度三项能力构成。职业能力是指学生所掌握的通用的、可迁移的，适用于不同职业领域的关键能力，是以一种能干的、有效率的和恰当的态度履行高标准工作的才能体现。我们认为，职业能力是个体为胜任特定的专业岗位，将知识、技能和态度迁移与整合而形成的，能顺利完成职业任务所必备的专门技能，表象外显的是专业知识、技能，潜在内隐的有职业动机、偏好、态度、行为等要件，主要包括职业规划能力、职业判断能力、职业品质等内容。

会计具有很强的操作性，会计核算、财务报告编制以及内部控制制度设计等都需要有丰富的业务经验。在进行具体实务处理时有关会计处理程序的选取、会计估计的变更、会计信息化的运作、网络化传输等，都要有相当娴熟的职业技能。

5. 创新能力

创新能力是指由一定的知识、方法、思维、人格等共同构成并相互作用，能够产出和获得一定新技术、新经验或新思想的复杂能力，这种能力的发展有一个由低到高的过程，主要包括应用创新能力、集成创新和再创新能力以及原始创新能力等方面。创新能力是高素质会计人才培养的价值追求目标，其形成与教育方式、方法密切相关。

二、大数据时代会计教学模式的改革

互联网技术的发展为会计教学模式的深层次改革提供了平台和技术支撑，会计教育工作者要解决的问题是如何让互联网技术和会计的教学模式进行深度的融合，探索出大数据时代适用于应用型本科院校会计教学的新模式，在大数据时代下实现会计教学模式深层次的改革必须实现以下五个方面的转变。

（一）教学主体学生化

传统的会计教学理念是以教师为中心，教师集制片、导演、演员为一身，学生是观众，在这种教学模式下，学生的地位是被动的，课堂气氛是沉闷的，压抑了学生的创造性思维，学生分析问题、解决问题的能力低下。尽管大多数教师能将计算机多媒体技术应用于会计教学，使会计教学的手段改变，但新的问题也随之出现，最典型的表现是由于教师课堂板书量的减少，课堂上讲述的内容以演示文稿的方式呈现，课堂教学的知识和兴趣点转移。

大数据时代下，会计教学模式的改革首先要转变的就是教学主体的转变。利用互联网技术可以让学生成为会计教学活动中的主体，教师是制片和导演，学生要从原来的观众转为演员，实现教学主体学生化，让基于知识传授的课堂教学方式转变为基于问题解决的课堂，即我们通常所说的翻转课堂的教学模式。具体的做法是，将会计教学中知识性的内容以微课的形式通过互联网课程平台发布，学生利用课余时间通过自己观看视频进行自主学习。每个学生可以根据自己对知识的掌握情况控制学习进度，没有学会可以反复学习，实现自主学习和个性化学习。课堂教学不再讲述知识性的内容，而是提出新的问题，让学生利用获得的知识去解决问题，通过解决问题的过程完成知识点的内化和提升。课堂教学的重点是帮助学生解决学习中遇到的困难和问题，教给学生解决问题的方法和思路，教师成为学习的引导者。以问题为导向的课堂教学模式可能促使学生去做更多的阅读和学习，这样才能解决问题。课堂教学主体的转变可以激发学生学习的兴趣，培养学生分析问题和解决问题的能力。

（二）课程资源的多样化

在传统教学方式下，会计专业的教学资源主要是教材和习题。这些传统的教学资源是无法满足翻转课堂这种教学模式的，以学生为教学主体的翻转课堂教学模式不是用视频和网络资源代替书本，而是这些资源的融合，使会计的课堂教学模式呈现出立体化，线上课堂和线下课堂做到优势互补。要实现课堂的有效翻转必须做好课程资源的建设，课程资源建设是会计教学模式改革的基石，可以通过一些途径完成一系列现有资源的整合。国内的多数视频学习网站都有会计专业相关教学视频的免费资源，教师要充分利用这些教学资源，对这些资源进行甄别，筛选出适合教学对象的课程资源，推荐给学生在线下观看，并设计好学生要完成的任务以及需要思考的问题。同时，还要自行开发课程资源。由于每个学校办学特色不同，现成的课程资源并不能完全满足教学需要，还必须组织课程的主讲教师针对自己教学对象的特点，开发建设有针对性的课程资源。对传统纸质教材和习题资源进行修改，使之符合新的会计教学模式的需要。在这种教学模式下，课程的资源将呈现出多样化的趋势，纸质的教材、习题，微课视频，动态开放的 MOOC 资源都将成为课程资源，离开课程资源建设，翻转课堂模式就没有实施的基础。

（三）教学控制全程化

传统的课堂教学，教师能控制的只有课堂的 45 分钟，课后学生做什么，教师没有办法控制和实施有效的管理。有人也会提出疑问，辛辛苦苦开发的课程资源通过互联网课程平台发布后，学生不看怎么办？如果学生不能自觉地在线下完成自主学习，翻转课堂的教学模式就无法实现，相当于导演让演员回家背台词，演员根本没背，戏就拍不下去。不能有效地解决这个问题，翻转课堂就是空谈。那么如何解决这个问题呢？可以利用互联网的云技术，创建云班级，云班级以教师在云端创建的班群和班课空间为基础，为学生提供移动设备上的课程订阅、消息推送、作业、课件、视频和资料服务。云班级为教师和学生提供基于移动交互式数字教材的教学互动支持、教师在数字教材中标注阅读要求和学习要点，学生在数字教材学习时可以查看教师的批注，也可以在同学间分享笔记。教师可以查询学生的学习进度和学习记录，学生本学期进度和学习成效都能在手机的 app 里一目了然。到了期末，谁能得高分，谁会被判不及格，就都有了依据。学期末教师可以得到每位学生的学习评估报告，实现对每位学生的学习进度跟踪和学习成效评价，也激发了学生利用手机进行自主学习的兴趣。云班级最大的优势在于可以发布丰富的教学资源。这些资源可以自行设计开发，也可以共享网络中的资源。它并不只是一个类似简单的手机 app，通过对数字资源的不断开发，未来云班级将是一个取之不尽用之不竭的资源库和实现教学全过程管理的有效工具。有了这样一个互联网平台，学生的手机将成为学习的工具，而不再只是聊天、玩游戏的设备，教师手中的手机也将成为教学管理、课程建设的有力工具，这些智能化的电子设备才能实现其真正的价值。

（四）学习情境混合化

在大数据时代，学习情境将呈现出混合化趋势。学习的空间既有线上的课堂学习，又有线下的自主学习。随着互联网技术的深入发展和智能化电子产品的广泛应用，学生的学习方式变得移动化和碎片化，只要有网络，学生就可以利用智能手机在任何时间、任何地点进行学习，提高时间的使用效率，学习的方式更加自由和多元化，文字的课本、发布的视频、网络上的资源都可以利用。在同一个课堂上，有的学生可能在相互讨论，有的可能自己看视频，有的学生可能在静静地看教材上相关习题的讲解，用何种方式获取知识完全取决于学生自己的喜好。但无论用什么方式，要达到的目标是一致。这种学习情境的改变满足了学生个性化学习的需要，对激发学生的创造力，培养学生的创新思维将大有裨益。

（五）考核评价多元化

目前，会计专业大部分课程仍采用传统考核方式，即课程的“平时成绩+期末闭卷成绩”的考核形式，考核的内容主要是课堂和教材的知识无法对学生职业能力进行评价。这种评价的方式的实质是结论性评价，通俗讲叫一考定终身。其最大的弊端是考试时间有限，考试范围固定，以考核知识为主，无法对学生能力进行评价，导致学生平时不用功，期末考试前进行突击复习。学生考前死记考试范围，评卷教师在评判成绩时容易加入较多个人情感，难以真实反馈教师授课水平和学生掌握知识的程度。这种考核评价机制无法适应本科应用型人才培养目标的要求。根据会计专业课程的特点，借助互联网的课程平台，建立一个科学合理的考核评价体系是会计教学模式改革的当务之急。课程考核评价的方式应该从结论性考核向过程性考核转变，评价主体从以教师为主的单一主体向多元化主体转变，可以是计算机考试系统的在线评价，可以是教师的评价，也可以是学生之间的相互评价。考核评价的范围包括对整个课程教学中学生的学习态度、学习表现、能力发展等多个方面的评价，把学习过程和学习成果都纳入考核范围。考核评价不是为了难倒、考倒学生，而是找出每个学生在学习过程中在哪些方面做得比较好，哪些方面还存在何种问题，学生应该如何解决。对学生的学习过程给出指导。学生不会因为自己还有不满意的习题而难受，因为可以在后面的学习中通过个人努力进行弥补。这种考核方式能够调动学生的主动性、积极性，使学习过程变得更加有趣、更加个性化，有利于促进学生能力的发展，也有利于更加全面地评价学生的综合能力。

（六）教学模式现代化

互联网技术和移动互联网技术的推广不仅是信息技术的革命，更是会计教学模式改革的引线。促进会计教学模式的深化改革，在会计教学模式改革的探索与实践中还要注意以下问题，才能避免会计教学模式的改革走进误区。

1. 要实现对“翻转课堂”的有效管理

在会计教学模式的改革实践中，不能把翻转课堂简单地理解成让学生在课前通过观看微课视频自己学习，课堂上教师进行答疑解惑。如果只是简单地读视频，那么，翻转课堂就和传统教学中的课前预习没有什么区别。在翻转课堂中，教师要成为学习的引导者，不再是“授之以鱼”，而是“授之以渔”，必须更加注重学生学习能力的培养。所以对翻转课堂做好课前、课中和课后的整理就显得非常必要。

课前精心设计学习任务单，及时发布课程资源，任务单中要明确学生线下学习应完成的具体任务，完成任务后要解决什么样的问题，学习中遇到困难应该如何解决，完成任务后会得到什么奖励，不完成任务会有什么样的处罚，这样学生线下学习才能目的明确。同时，还要注意课程资源的发布必须及时，让学生有足够的时间完成任务，课中要设计针对性的案例，对学生自主学习获得的知识进行内化，线上课堂的案例或问题的设计必须有针对性和可行性。在教师的指导下，利用学生自己的知识积累能够解决该问题，目的是促进学生在解决问题的过程中实现对所学知识的内化，让学生能够通过这些问题和案例建立起自己的知识结构。

课后要设计综合性案例，实现知识迁移。学生获得知识的目的是提高自己独立解决问题的能力，综合性案例的设计就是为了培养学生独立分析问题、解决问题的能力，满足切实的需要。利用大数据分析的结果，辅助公司决策，以提高自身的竞争力。客户分群、客户行为分析、客户关系管理、市场营销、广告投放等企业核心业务越来越依赖于对大数据的有效分析。如何从海量业务数据中挖掘存在价值的信息和知识，从而指导商业运营与决策、提高企业运营效率和盈利能力，这也成为每个企业都将面临的重要挑战。由于会计专业与社会需求紧密结合，会计专业的人才培养具有明显的应用型导向，强调学生的实践和应用能力，为了适应市场对人才需求的变化，培养大学生知识的迁移。

2. 要实现对知识体系的建构

在会计教学模式改革中，为了提高学生的注意力，将学生课前自学的内容，以微课的形式在课程平台中发布，它的优点是解决学生注意力不能长时间集中的问题，但是也出现了学生获得的知识是碎片化的、零散的。如何把这些零散的碎片化的知识点串联起来，将这些零散的知识点进行复原，按照会计学科的知识结构，构建完整的知识体系，是教师在课堂教学中要完成的首要内容。可以使用思维导图或知识结构图来实现会计学科知识体系的还原。

大数据时代下，会计教学模式的改革是一项长期的系统工程，在具体的实施过程中可能会遇到新的问题，需要广大的会计教育工作者，不断探索、不断总结，找到适合会计教学的新方式。

第二节　大数据时代下的高职会计教学资源

一、会计学科网络教学资源的建设策略

当前，信息化建设正在朝着“数字化校园”的目标迈进。实现数字化校园，网络建设是基础，资源建设是核心，因此，网络教学资源建设已成为当前职业院校信息化建设的重要内容和任务之一。近年来，很多职业院校都组织开发了网络课程和学科网站等教学资源，并在现代化教学中推广应用，成为网络教学资源建设的主要内容和载体。网络教学资源建设将常规教学资源与网络信息技术进行有机的整合，以达到激发学生自主学习兴趣和教师辅助教学的双重作用，是实现教育信息化的重要手段。

会计学科网络教学资源是指基于网络的会计专业教学材料，即基于互联网运行的会计学科信息化教学资源。作为一门热门学科，尤其是实践性和应用性特征明显的学科，会计与计算机和网络的关系十分密切。20 世纪 50 年代开始的计算机在会计中的应用带来了会计数据处理技术的革命，成为会计发展史上的一个重要里程碑。随着计算机和网络技术的迅速发展，计算机和网络在会计工作中的应用范围也在不断扩大，作用也在不断提升。时至今日，计算机应用于会计领域已从最初的单个功能模块发展到集会计核算、会计管理以及预测与决策等功能于一

体的综合性软件系统，并实现了网络化管理。与会计学科的发展动态和教育信息化发展趋势相适应，会计学科专业教学中的网络资源使用也十分普遍。会计专业精品课程、网络课程、会计学科专业网站等，极大丰富了会计学科的教学资源，增强了学生的学习自主性，提升了教学效果。然而，毋庸置疑，当前会计学科网络教学资源建设也还存在一些问题，需要加以关注和解决。

（一）会计学科网络教学资源建设的意义和作用

首先，网络教学资源的使用使会计学科专业教学形式和内容得以丰富。网络教学资源的首要特征是丰富性。会计网络教学资源将大量教学资源以网络的形式展现，改变了传统“纸质教案+多媒体课件”的教学资源匮乏的状况，使学习者可以更多地浏览、观看、下载各种专业教学课件、视频和图文资料，教学形式多样化。另外，网络教学资源及时地将最新的信息以最便捷的途径呈现在使用者面前，使会计专业学生迅速获得最新、最前沿的专业信息资源，使会计专业课堂内容不再局限于已出版的教材上，而是将教师和学生的目光转向对界内最新知识和技能的了解和学习，教学内容大大丰富且更具有前瞻性。

其次，会计学科网络教学资源建设和使用使学生学习的自主性得以增强。高等教育的改革目标之一是培养学生自主性学习习惯，即促使学生从“应付学习任务”向“怀有愉快期望主动学习”转变。网络是当前学生最感兴趣的媒介，通过网络教学资源的使用激发学生探究专业知识的欲望，通过网上讨论培养学生思考的习惯，通过形式多样的互动式教学使教师和学生都摆脱了传统的填鸭式课堂教学模式，强化了师生之间的互动，刺激了双方的主观能动性，使学生学习的自主性得以增强。

最后，会计专业网络教学资源的使用使学生的专业技能得以增强。会计是一门应用性很强的学科，单纯的课堂学习仅从理论上解决了专业知识的讲授，对学生实践知识的运用却未能很好地予以指导。网络教学资源的建设可以有针对性地强化学生对会计知识的实践应用，通过“实践指导”模块的丰富和讨论模拟企业实际会计工作环境，增强学生的专业技能。

（二）会计学科网络教学资源的建设策略

以目标为导向构建会计学科网络教学资源体系，整合现有资源，逐步建设和完善。当前的会计学科网络教学资源比较分散，大多处于教师自建、自管、白用的状态，缺乏整体规划。因此，网络教学资源建设的首要任务是确定教学目标，以目标为导向构建会计学科网络教学资源体系。将已有的精品课程、网络课程、学科网站等进行理顺和整合，专业主干课重复部分考虑调整和删减，而对于之前缺乏的专业选修课内容逐步进行增加和完善。同时，设置每位教师可根据自身特点和学生特征进行调整的特色模块，保障网络资源的共用和可循环再用

以精品课程为基础丰富网络教学内容，增加多种素材充实“动态”资源，随着高等教育系列实施的“质量工程”改革项目的启动，精品课程建设已达到一定的程度和水平。精品课程是集优质师资、高水平教材、先进教学理念和良好教学效果于一体的专业主干课程，最能体现会计学专业核心知识。会计学科网络教学资源建设应以现有的精品课程资源为基础，充实和丰富网络资源的教学内容。同时，为了补充精品课程资源的“静”多“动”少的不足，在会计学科网络教学整体资源库中，增加更多的专业课程的文本、图形、视频等素材，设置“讨论与互动”模块，充实动态资源。

提高教师信息水平，变“拿来主义”为“拿来思想”。在信息化高速发展的当今社会，会计学科专业教师的信息化水平不仅直接决定了网络教学资源的建设水准，同时会影响到网络教学资源的使用效果。因此，有必要通过培训、进修和其他方式的学习，提升专业教师的信息化水平，从而提高网络教学资源建设水准。另外，在网络资源使用过程中，引导教师以现有网络提供教学资源为依据进行特色调整和开发，摒弃“拿来主义”，秉持“拿来思想”，以网络资源为手段提升教学水平和教学能力。

增加互动和在线任务等教学环节设计，注重对学生学习过程的监控。为了发挥学生学习的自主性，建议在会计学科网络资源体系构建中添加形式多样的学生自主学习内容，运用“启发式”和“以问题或案例为切入点”的教学思想和教学方式，设计各种类型的学习任务并控制学生的学习过程。如通过发布通知、在线完成作业、在线期中考试、案例讨论、跟帖参与讨论等，对学生的学习进行必要的督促。同时，对于重点知识内容的学习还可以提出更高要求，如没有完成必要的学习任务就不能进行下一阶段的学习或不能完成学习过程等要求，以保证对学生自主学习的监督和控制。

二、基于互联网的会计教学资源库建设

基于互联网的会计专业教学资源库，以区域经济发展转型及企业需求为依据，以技术更新为热点，打破行业、企业与职业教育的壁垒，形成职业教学与企业用人匹配、校企双主体育人的工学结合平台。基于互联网的会计专业教学资源库具有开放性、共享性、可扩展性、高可靠性，可以满足地区经济转型、产业升级对新技术和人力资源的需求，形成产业集聚，促进地区经济发展；可以满足学生、教师、社会人员对会计知识的需求，共享会计专业优质资源，缩小地区间会计职业教育水平及人才质量的差距、会计具有一定的共通性，基于互联网的会计专业教学资源库的建设必须涵盖共通的会计准则，在此基础上加入与本地区产业结构密切相关的如物流会计、旅游会计、农业会计、成本会计及管理会计等知识体系及实操案例，支持本地区产业转型升级，促进本地区经济发展。

（一）会计专业建设标准库

当前是国家经济转型的重要时期，逐步完成从传统制造业和服务业向先进制造业和现代服务业的升级。培养优秀技能型会计人才是高等教育的目标之一，需要调研区域经济、行业发展和企业需求，制订相应的会计专业人才培养目标及方案、课程建设标准等。

（二）会计职业信息库

会计职业的市场需求面广，电商企业、物流行业、生态农业、互联网+制造业、商业、餐饮业、旅游业、咨询服务业、金融行业等都需要会计人员。但不同行业对会计人员专业知识侧重点的要求不同，对会计职业资格的要求也不同。此外，会计从业人员还要了解与自身权益相关的知识和法律条例。会计职业信息库要包含不同行业、企业信息，相关产品的流程介绍、服务内容、会计岗位描述等。

（三）会计专业课程资源库

根据企业需求，参考技能型人才的发展规律和会计职业生涯发展需求，以会计从业能力—初级会计师能力—中级会计师能力—高级会计师能力为基准线，设置会计专业课程，如会计从业能力核心课程“会计基础”“出纳实务”，初级会计师能力核心课程“财务会计实务”“纳税实务”“会计电算化”，中级会计师能力核心课程“中级会计实务”“成本计算”“财务管理”，高级会计师能力核心课程“审计”“财务报表分析”“高级会计实务”“管理会计”，特色行业会

计课程“物流会计”“旅游会计”“农业会计”“金融会计”等，建立会计专业课程资源库。会计专业课程资源库包括精品课程、课件、名师讲课等视频（中华会计网校教学视频等），核心课程电子教材，企业会计制度准则等。

（四）学习资源库

学习资源库为学习者提供自主学习素材，主要包括文本资料、图片信息、音频或视频文件、虚拟实训内容、职业资格技能训练，来自企业、行业一线的实际案例库，帮助学习者实现学习迁移。

（五）测评资源库

测评资源库主要包括专业知识题库、知识运用测试、职业判断测试、技能操作测试、毕业设计等。测试分别在学习开始前和结束后进行。企业可以根据测评结果选择所需的人才。会计课程组建系统具有学前评估监测系统，学习者利用它进行学前分析，教师通过后台评估监测系统准确了解学习者的学习情况，根据学情排列课程。会计虚拟教学系统和实训平台是将会计职业场景、岗位设置、岗位任务和操作角色结合起来的。3D 虚拟实训系统，具有仿真性、任务操作性和过程判断性，按照工作流程布置典型操作性任务，实现融职业认知、职业判断、业务处理、实务操作、评价反馈和教学管理于一体的实训教学功能。会计资源管理服务器系统是一种基于互联网的双向资源共享，类似于 MOOC 的教学模式。基于互联网，利用 Web 技术完成专业门户和课程门户定制，用户打开页面进行学习，并通过成果评价得到反馈信息。基于互联网的会计教学资源库最终实现知识共享、资源开放，面向社会服务于全民学习、终身学习。在会计专业教学资源库建设过程中，要建立长效机制。在论证、立项、建设、评估、验收及维护等环节明确资源库的专业性、实用性要求。具有计算机基础的会计专业人员是教学资源库建设的重要保证。要提高会计专业教学资源库的利用率，就要加快素材的开发与更新，融入现代教育技术，改变会计职业教育的管理方式、教学方式、学习方式及会计专业的建设方式。还要重点服务会计行业，重点建设工商登记服务案例（工商登记、公司变更、工商年检）、财税业务服务案例（代理记账、纳税申报、信息化实施与维护）、审计服务案例（验资、审计）、咨询服务案例（财务咨询、管理咨询、税务筹划）等。

第三节 大数据时代下的高职会计教学方法

一、大数据时代的会计教学方法改革的设想

（一）树立教学理念

教师在教学过程中应该树立“以学生为本”的观念，一切教学活动都应该以调动学生积极性和主动性为立足点，帮助学生学习和探究会计知识。总之，教师在教学过程中应该尊重学生的主体地位，提高学生的主动性和创造性，使学生积极参与到会计学习中来。

（二）改革课程设置

在大数据时代的大背景下，教师应该根据会计发展的新领域和会计结构的新变化来设置相应课程。多媒体教学作为一种新型的教学模式出现在当今教育体系中，学生在课堂上可以通过互联网掌握和理解更多的会计知识，也可以通过互联网了解更多的会计实例，让学生逐渐提高会计的实际操作能力，加强对基础会计的模拟实践，积累学习经验，这样有助于学生对会计工作的环境和过程有一个直观的认识。同时，改革课程设置可以使学生通过现代信息技术提高自身的积极性和创造性，活跃课堂气氛，从而提高会计教学的整体水平。

二、大数据时代的会计教学方法的利用手段

（一）案例教学

案例教学是对传统教学模式的补充，学生在学习会计理论知识的同时，通过剖析案例，将学到的理论知识运用到实际生活中，以提高会计分析能力。随着教育体系的不断完善，为适应教学改革的需要，案例教学也应该逐渐被重视起来。

大数据时代，会计教学方法是会计教育改革的重要组成。在新时期，各类教学手法是对教学改革的启发和总结，案例教学法的主要教学目的是提高学生对知识理论理智性的理解及应用能力，提高和培养学生的评论性、分析性、推理性的思维和概括能力、辩论能力以及说服力方面的能力和自信心。案例教学法能够增加学生的认知经验、共享经验，能够促进学生扩大社会认知面以及激发学生解决一些社会问题的愿望和相关能力。此外，案例教学也利于培养和发展学生的自学能力和自主性思维习惯。

所有的教学方法目的都是让学生学到知识，传统教学方式的讲课方法一般是

通过演绎推理来传授知识。其逻辑起点是较正式地阐明概念结构和理论，然后用例子和问题来论证，教师授课辅之以阅读、音像、练习和习题等有效方法传递具体事实、原则、系统技术。在会计教学中，授课的意义受到极大的限制。因为对于资历较浅，尚处于成长期的会计专业学生来说，事实、原则和技术只是他们应该掌握的知识的次要部分。许多学生在复杂多变的环境中工作，必须在不具备可靠的完备信息的前提下，做出判断并采取行动。如果只会查阅有关原则、理论和事实的记录而不能做出判断，就不能出色地完成学业和工作。事实上，学生的知识水平在很大程度上并不能决定成败，决定成败的是到底怎样思考、怎样判断和怎样行动。在提升思维能力方面，更积极的教学法，尤其是案例教学必以学生为中心、教师及时发问的授课型教学法更加有效。

案例教学通过对具体事件的分析来促进学习，最突出的优点是学生在学习过程中扮演了更为积极主动的角色。这种方式从归纳的角度而不是从演绎的角度展开某一专题的学习，学习过程中让学生高度投入事先安排好的一系列精巧设计的案例讨论之中，从而达到教学目的。

案例一般描述的是现实的财务管理经验或某种假想的情形，是案例学习的基本要素。财务管理案例表现为多种形式，大多数都用归纳方法进行教学，或是情况诊断，或是决策研究，或是两者结合。诊断的案例又叫评价案例，描述了会计从业人员的成功与失败，学生可以了解系统特征与决策结果之间的因果联系。描写管理成功的案例，可称作“解剖学”式案例；描述失败的案例可看作是“病理学”案例。把一系列案例组织起来教学，能帮助学生理解什么时候特定的管理抉择和管理风格是有效的。

另外一种通行的管理案例是决策案例。能使学生身临其境地像管理决策者一样进行思考。这类案例经常提的问题是应该做什么？与现实决策相似的是，这些案例提供的决策相关信息也不完备和不完全可靠，因而不能单单通过系统规范的分析技术来得到答案。许多案例把诊断和决策联系起来，要求学生不但要分析情况，还要给出行动方案。

案例教学的另一基本要素是要采用苏格拉底式的循循善诱的教学风格，给学生分析问题的机会和分析案例的责任感，并对其观点进行评论案例教学。教师的角色是促进讨论而不是写正确答案，即使学生有正确答案，也不应轻易表态。

（二）互联网教学

大数据时代教学是声音、文字、图像的结合，它避免了传统教学的弊端，互联网教学是利用现代信息技术，将多媒体运用到教学领域的一种教学方法。在整个教学过程中，学生可以学到书本外的知识，也可以使学生发挥自身个性，提高学习效率。教师利用互联网教学可以缩短教学时间，提高教学质量。因此，互联网教学可以提高现代化教学的效率，教师和学生都能从互联网教学中受益匪浅。随着多媒体技术的不断发展，在大数据时代，通过会计教学改革，可以为社会培养出大批会计实用型人才。教师应该与时俱进，推进互联网会计教学改革，适应当前经济体制和教育体系的改革需要，为我国新时代会计领域培养更多的优秀人才。

三、大数据时代会计教学方法的其他变革

（一）交互式会计教学情景设计探索

会计教学情景是大数据时代会计教学的新方法，但是，会计情景模拟实验教学有物质情景是不够的，还需要表演情境、语言情境等情景设计，让学生产生心灵共振。这就需要广泛借助社会力量将会计生活化、情景化、剧本化，让学生扮演各种会计角色，尝试会计职业发展轨迹和会计人生的酸甜苦辣。

1. 会计业务融入情景剧本

会计情景实验教学实施的关键在于布置高仿真的工作场景，并设计合理的会计教学情景。这就需要将会计业务生活化，将具体会计业务的处理嵌入情景剧本中，采用会计职业含义更加丰富的“学习情境”搭建教学单元，提升学生的职业能力，结合实践，探索出一本理论联系实际，提高学生动手、动脑能力的教学剧本。显然，互联网技术将是会计剧本设计最重要的手段之一，可以实现区域内企事业单位联网贡献设计复杂的业务内容，让企业更好地承担社会责任和享受“免费”午餐，即让企业主动将财务难题、会计疑问作为情景贡献出来，并得到区域“会计云平台”的支持。这样可以实现模拟生动的情景，也能充分发挥学生创新能力和应用能力，实现校企合作共赢的目标。当然，根据会计职业的特点，还需要渗入职业道德教育的内容，让学生领会到会计职业道德的真谛。

2. 角色与人物的情景构思

会计情景剧本是一个生动、引人入胜的会计业务的缩影，可以是会计人才培养的蓝本。当然，有了剧本，就需要演员去扮演角色和体会任务，并组织实施实

验教学情景。这就需要互联网的互动思维，让每个学生演对手戏，因为企业会计业务是交易型业务，每笔经济业务的发生涉及多方，这就需要学生站在各自的会计主体去体验会计业务的处理。同时，“互联网+”可以让人物生动化，这里的虚拟人物可以聘用企事业单位的在职会计人物来串演一部分角色，让职业感悟能力通过“会计云平台”去培养学生的职业应用能力。

（二）“互联网+”与会计游戏

会计情景实验教学具有多功能的特点，是一项极其复杂的教学任务。“互联网+”给其带来巨大的发展空间，可以使枯燥的会计教学变得像玩一场会计游戏一样。会计情景实验教学可以借助互联网技术使“单体教学”变成“立体教学”，让会计虚拟情景平台具备智能功能，为教学提供诸多方便。在会计游戏中充分让学生体验到会计职业成长的过程，记录每一次会计人生的经历，而这些信息也将会为人才培养提供更多的定量分析的大数据，促使个性化人才的培养。

（三）问题探究式教学

问题探究式教学是指教师或教师引导学生提出问题，在教师组织和指导下，通过学生比较独立的探究和研究活动，探求问题的答案而获得知识的方法。这种方法为教师在大数据时代发挥教学中的引导、指导作用提供了很大帮助。教师可以利用网上论坛中热点问题引出教学相关问题，组织学生利用互联网、网络资源库等工具进行答案的搜索，并利用各种互动工具进行学生间、教师与学生间的线上、线下讨论、互动、指导，最终探求正确答案并获得理论知识。问题探究式教学使得学生自主学习能力更强，学习主动性增强，学生在这个过程中学到了如何去获取知识、应用知识和解决问题的方法。

（四）项目教学

项目教学是指在教师的指导下，将一个实用性强、相对独立的项目提供给学生自己完成。学生通过信息的收集，对项目进行评估、设计、实施、评价，最终完成项目并获得知识、能力。互联网大会计时代下，我们的会计技术将得到快速发展，会计的职能将发生转化，从传统的提供、处理会计信息转向会计信息的使用、分析、参与决策，事前预测、事中控制的职能逐渐显现。这就要求我们学习、掌握互联网应用技术，应用大数据、云计算等新手段，借助信息新工具，更高效地履行会计的预测、计划、决策、控制、分析、监督等职能。而项目教学将会更好地帮助我们适应互联网所带来的信息技术新挑战。项目教学将以企业具体项目对学生提出相应的任务，借助信息工具，完成项目要求。通过项目教学，学生学习更有目的性、主动性、积极性，学习的内容与实际企业更加接近，随着各个项目的完成，学生成就感更强烈的同时完成了相关理论内容的学习。

（五）利用信息化教学资源教学

信息化教学资源是指经过数字化处理，可以在多媒体计算机上或网络环境下运行的课件、学习工具、教学网站等。利用信息化教学资源进行教学顺应了大数据时代的需求，为教师的教学和学生的学习提供了有力的保障，这种教学方法有着其他教学方法无法比拟的优势，为培养大数据时代的会计人才发挥重要的作用。教师可以利用课件、图表、动画等演示工具为学生提供更加形象、生动的音频、视频教学内容；可以利用邮箱、QQ、论坛等交流工具与学生进行互动、交流；可以利用练习、测试软件、实训平台等辅导工具让学生在练习和测验中巩固、熟悉所学的知识；利用移动学习软件等评价工具对学生成绩进行更全面、综合的评价。

（六）尝试跨专业教学

跨专业教学是指在教师的指导下，不同专业的学生在一个模拟的工作环境中，通过信息的搜索、传递、处理、分析，最终完成不同岗位工作任务并获得知识、能力的教学方法。互联网为会计跨专业教学提供了技术支撑。跨专业教学把会计问题放在一个更为宏观的各专业教学的视野下加以审视，解决了学生的思维整合问题。通过跨专业教学，学生的整合思维能力可以得到发展，可以消除教师只关心自己本专业教学的心理，可以解决学生体验知识的需求。

大数据时代，我们的会计教学方法终将发生变革。教师在会计教学中可以选择问题探究式教学、项目教学、利用信息化教学资源教学、尝试跨专业教学、过程性考核教学等方法，这些方法可以进行优化组合和综合运用。无论选择哪种方法，我们都要充分考虑教学内容的特点和学生的特点，充分关注学生的参与度，充分发挥学生的主动性，逐步实现教师的“主导地位”转向“指导地位”，学生的“被动学习”转向“主动学习”。

第四节　大数据时代会计课堂活动教学实施策略

一般而言，所谓“传统”会计教学方法，是指按照学科线索和知识体系的内在逻辑关系，即从基础会计知识到专业（工业、流通业、金融保险业、服务业、事业单位、其他）会计知识，循序渐进，由易到难渐次展开学习。这种教学方法自有其合理性，那就是逻辑严密，知识线索清晰，按部就班，逐渐掌握较为复杂且系统的会计知识，同时，为巩固知识，辅以适当的技能训练（如学习凭证取得与填制方法、登账及更改错账方法、编制报表的方法等）。但是，在传统教学方法中，会计专业知识的掌握才是最根本的任务，技能训练其实只是为之服务的，处于相对次要的地位。

一、现代会计专业课堂教学方法

严格来讲，就课堂教学而言，并无“传统”与“现代”之分，彼此间很难说泾渭分明，而是你中有我，我中有你。所谓“现代”，其实是对“传统”的改进，或者侧重点有所不同，即更加贴近企业会计实践活动要求和会计专业岗位能力需求而已。因而，现代会计专业教学方法更加注重“工作过程”和“业务线索”，而知识的系统性、逻辑性、连贯性则处于相对次要的地位。由此，技能训练显得突出重要。一切学习，最终都是围绕会计工作“过程”“线索”“环节”展开的，“学”的目的是“做”，“做”的效果好坏，成为验证“学”的标准。技能训练效果即真正学会“做账”，这是教学最为核心的工作任务。“教”完全为“学”服务，是为“学”提供指引、示范和帮助的一项工作。教师是学生的协作者、服务者，共同组成教学活动的“双主体”。师生关系不再是主客体关系或“主辅”关系，而是“双主体间关系”。

二、大数据场景教学法的应用

（一）大数据场景教学法概述

大数据场景教学法也是在大数据时代下会计课堂教学经常使用的方法。大数据场景教学法，是以真实会计工作场景为核心，提倡“以用为本，学以致用”，利用项目导向的角色模拟方式，以网络为学习载体，规范并系统地培养专业技术人才，从实际工作内容出发，确定各阶段培养目标、项目实战内容和培训课程内容。具体而言，是以会计工作经验为指导，强化会计业务处理技能训练，辅以实际企业会计业务测试项目，使用角色模拟方式，通过逐步深入的“六步教学法”，即提出问题、分析问题、解决问题、总结出一般规律和知识，并不断地扩展知识和技能，解决更高级的类似问题，展开整个教学过程。这种教学方法极具现实性、可操作性、可复盘性，打破了学科专业藩篱，以工作过程为导向，以项目为引领，任务驱动，以能力培养为主线，知识学习只为技能提高做准备和铺垫，因而在会计教学中有广阔的应用前景，可极大提高会计专业教学质量和会计专业人才职业岗位能力。

（二）大数据场景教学在以工作任务为导向的课程体系中的应用步骤

1. 设置工作场景

针对企业会计实际工作流程和工作场景，结合已经实际投入使用的软件项目，进行项目分析和任务分解，重现企业会计工作任务环境。

2. 安排会计工作主导性项目

所有知识点和技能都是通过一个或者几个项目来组织的，学生通过可扩展的项目案例来逐步学习知识和技能；所有的会计专业实践都是项目中的一个实际任务，通过实践，学员可具备完成一种任务的能力。

3. 进行角色模拟

学员在实际动手操作的课程和项目实训过程中，使用真实的企业项目，真实的企业工作流程和工具，模拟项目组中各种角色（会计、出纳、主管等），协同完成项目和任务，体验和掌握各种角色的工作技能和工作经验。

4. 实施任务分解

在为完成整个项目而必须掌握的概念和知识环节的讲解上，将整个项目划分为多个子任务，再分析每个任务需要的知识、技能、素质要求，并通过完成任务的形式来组织学习内容、设计课程体系。

5. 分享项目经验

通过对企业会计实际工作场景的模拟和实际测试项目的训练，积累实际的项目经验，熟悉项目测试过程中常见的技术、流程、人员协作问题，并掌握相关的解决方法。

（三）大数据场景教学法应用效果

在场景教学法下，知识和技能的传授和自学都严格遵循从具体到抽象、从特殊到一般的规律，将在提升学生职业素质等多个方面产生明显效果。

1. 全面提升学生职业素质

通过互联网条件下的上机操作、项目实践、课堂研讨、在线学习，以及职业素质训练，学员能够从任务目标设定、个人时间管理、团队协作和沟通、冲突和情绪处理等方面，得到会计工作岗位所需职业素质训练。

2. 培养学生团队协作

在授课过程中，学员将被划分为几个团队，每个团队将根据课程内容和教师安排，通过技术研讨、实际操作等手段，合作完成一个任务和项目。

3. 提高学生动手能力

为使学员知识面和思路有所扩展，鼓励学员自己动手，通过实际操作课程中的实验和进行项目演练，培养学员举一反三的能力，从而帮助学员掌握重点会计业务处理技术的应用，为日后完成更大的项目积累经验。

4. 提高学生学习能力

通过项目训练、上机操作、在线学习和讨论，使学员养成自学习惯，并掌握自学的有效方法和工具。

第五节　大数据时代会计课外活动教学实施策略

大数据时代，会计教学不仅能够在课堂上展开，在课外时间，完全可以通过计算机、平板电脑、手机等工具进行线上学习。现阶段，互联网会计教学的开展主要为微课。

一、会计微课程概念

微课程是一种包括介绍、关键概念和结论的短小视频课程。微课程可以通过移动通信设备，观看一个话题介绍、一个快速回顾或者巩固课程学习内容。微课程首先由美国新墨西哥州圣璜学院（San Juan College）开发，其后被推广到高等教学体系中。所谓的会计微课程就是围绕会计课程中的某个知识点或者环节而记录的视频或者其他形式的多媒体微内容。

二、会计微课程的特点

（一）移动化学习

开放式课程计划（OOPS）是一种在线或移动学习模式，它强调的是学习者自主学习行为，更多的是以人为进度，数字化学习资源可以重复使用、大幅度节约有限的师资资源，但它对学习者自律性要求高。

OOPS 最早源于麻省理工学院开放式课程计划。比如麻省理工学院下的史隆管理学院（Sloan School of Management）开放了与会计有关的课程计划：财务会计、财务与管理会计、财务会计、财务与管理会计导论，包括相应的课程大纲、教材、教学用书、作业习题、考试题和答案、延伸阅读书目清单，以及课程的影音档案等。目前，犹他州立大学、剑桥大学、早稻田大学等名校都有该计划。

微课程和国内外的开放式课程都是借助于网络平台提供免费的网上课程，但是其载体有区别。微课程特别适宜与智能手机、平板电脑等移动设备相结合使用，而早期的开放式课程和国家精品课程则是强调运用计算机进行的一种在线学习模式。

（二）碎片化学习

后期的开放式课程包括萨尔曼·可汗成立的非营利性的可汗学院网站，将教学视频放在 YouTube 网站上供网友进行在线学习。在可汗学院金融学中有资产负债表和权益两个问题的介绍。巴黎高等商学院《会计和管理控制常见问题》的公开课也是通过教学视频讲述资产负债表、利润表和现金流量表等问题。

微课程和后期的开放式教学计划都是通过教学视频传播课程内容，其中可汗学院的教学视频可以看见授课教师的板书，将问题推导过程清晰地展现在观看者眼前，能够了解问题的来龙去脉。巴黎高等商学院的教学视频和国内教学视频一样，把教授上课的过程拍摄下来，可以一览名师名家授课风采和师生之间的教学互动。不同的是可汗学院的教学视频时间一般在 10～20 分钟以内，巴黎高等商学院的会计课程只有 10 多分钟，而国内会计课程教学视频与教学时间一致，45 分钟讲授一堂课的内容。

三、我国会计学微课程现状及其对策

（一）会计微课程的现状

1. 讲课式微课程

国外高校的微课程包括课程设计、实施和评价等环节，通过教学视频在 1～3 分钟的时间里传递给学生核心概念，并以核心概念为基础，提供 15～30 秒的介绍和总结，注重对现有教学的支持。与国外高校微课程比较，我国高校微课程还处于初级的课程设计阶段，会计微课程主要还是以讲课式微课程为主，通过语言提示课程内容使学生理解内容，将某一个话题控制在 10～20 分钟，授课教师讲话语速较快。

2. 目标短视微课程

国外高校的微课程是基于建构主义理论和联通主义理论，以学生为中心，构建一个学生学习的知识网络，学生自主地、有针对性地学习，实现课堂的紧密结合。而我国高校微课程短期性目标是为了切磋高校教师的授课水平，展示教师个人风采而制作的微课程，因此选题具有短视性，教师根据自己擅长的课程，选择一个主题进行录制，对于微课程对现有课程是否形成互相补充的关系，缺乏一个全面、综合、长远的考虑，因此对学生的学习指导欠考虑。

（二）会计微课程发展对策

1. 多元化微课程

会计课程是理论性和实务性都很强的课程，会计理论是一个完整的体系，并不是所有的内容都适宜于分拆以讲课式微课程展示。会计课程中还有大量的实践教学环节，比如会计认知实习、ERP 模拟实习等更适宜于微课程教学的内容，通过操作性示范形式，利用语言、动作、书写、操作等直观的教学方法把课程内容展示出来，更好地对学生进行指导。

2. 合理定位微课程

会计微课程是对传统会计课程的一个补充，两者之间应该有一个合理的分工。传统会计课程强调理论，会计微课程突出实践；传统会计课程突出前沿，会计微课程突出不容易变化的、可重复的部分；传统会计课程讲授复杂的会计问题，会计微课程讲授最基本的会计问题，这样两者互为补充，相得益彰。

第八章　大数据时代下高职会计实践教学拓展与创新

第一节　基于“互联网+会计工厂”背景下高职会计专业实践教学体系构建

职业院校会计专业因为是一种有着很强实践性的专业，所以一直都存在着很多的问题，如专业的对口率低下，很难培养可以适应公司企业需求的实用型人才，怎样才能经过技术的进步来缓解如今产业与产业之间的矛盾和人才的供给与需要之间的矛盾，这是一个企业必须认真思考的问题。“互联网+”技术与会计专业教学之间的结合使会计专业实践教育的系统发生了很大的变化，比如，现在已经出现的财务机器人为主的科学技术为老式的会计专业带来了改天换地的变革。职业院校会计专业的实践教学经由虚拟的仿照现实的教学设备与财务实践真账练习等培养实用型人才的方法，培训了许多适应时代步伐与满足社会需要的会计方面专业人才，这也让学生们可以有更好的机会实习，从而给会计专业的学生实习方面提供基础与“互联网+”的自动化与智能化的解决方法，进而找到可以解决很久以来的大学生就业遇到的很多“真账”的问题。

一、“互联网+”会计工厂实践教育系统内在意义和要点

（一）“互联网+”会计工厂的内在意义：“互联网+会计工厂”

这指的是在互联网环境中适当地利用“互联网+”的方式来解决会计专业实践过程中信息不对等的劣处，把企业的会计实际要求当作目的，把“互联网+”和企业财务管理的现实需求一起融合，再把科学技术信息和企业深处的需要结合起来，从而建立起一个职业院校会计专业的实践教育的系统，形成与学生专业实践和企业要求融合在一处的会计专业实践的教育系统。在大会计的这个特殊时代，必须把会计专业中的财务预算与财务审计与企业财务运营等内容和“互联网+”思想融合在一处，变成一个网络会计实训系统，从而提高财务管理专业学生专业实践的水平。

（二）把信息技术和会计专业实践融合在一起

将信息技术和会计专业实践教学融合起来，运用多媒体技术与网络教室，依

靠互联网等网络硬软件设施，就可以经过多种模拟实践软件的操作，给学生带来栩栩如生的会计专业实习实景和环境。融合“互联网+”的思维，在原有的专业课基础上添增电子商务与计算机网络技术等有着很强实践技能的课程，让学生可以利用“互联网+”的方式解决会计实践中存在的问题。把企业和公司中对会计工作的重点需要转移到互联网中，使学生可以运用网络模拟掌握企业会计实践操作的具体操作过程，把培育学生的实践应用能力作为主要目标，从而提高学生的适应社会的能力水平。

（三）把“互联网+”企业工厂的真账实务与实践教学相结合

作为一个很需要实践能力的专业，会计专业中，学生必须要经过真实的实践才可以掌握会计所需要的基本知识，在“互联网+”的形势中，职业院校必须联合企业、工厂，提供给学生做真账的条件，比如学校可以联合当地的大型会计事务所、财务咨询公司等企业或者公司，利用“互联网+”的思维，创建网络真账处理系统，使学生可以在学校内的实践基地和企业内的实践基地在线做真账。如此就可以在前期经过利用“互联网+”思维给企业做真账课程，然后在实习与在岗研习的期间，学生就能经过网络和会计软件和审计软件等工具，为企业做出代理记账、报税、财产登记和会计核算、企业财务审计以及个人所得税的计算与清缴等任务，这样对于学生提高自己的专业知识和实践能力很有益处。

二、如何创建实施职业院校“互联网+会计工厂”实训教学系统

以“互联网+会计工厂”为主的实训方式，让学生于实践中提升着自己专业实践能力的水平。

（一）创建职业院校会计专业实践课

职业院校必须大量运用创建的专业实践平台，解除会计专业实践课程在时间和空间上的枷锁，运用多种多样的实践教学方式，积极利用翻转课堂、MOOC、云班课等教学方式对学生进行教学，充分运用信息化的实践教学平台。学生可以选修自己喜欢和适合的课程，教师必须给学生提供实训案例教学，让学生可以经由案例分析、讲解、应用等对会计专业的方法和技巧进行学习，并且经过网络平台增加会计实训操作，比如银行账目的流水，就可以运用网络平台来创立实训系统，把企业财务管理工作转移到学校实训基地中，变成“网络财务操作”实训模式。这不仅可以增多实践教学的方式，还可以加强师生之间联系与效率，起到提

升会计专业的实训效果的作用。

（二）把“互联网+会计工厂”实训教学系统与学生实习相结合

运用“互联网+会计工厂”实训教育系统必须把职业院校的学生专业课程实践教学与在企业实习等实践过程融合起来，创建一个“互联网+”的信息化教学基地，利用信息科技和会计企业联合合作，创立一个完整的学生会计实践管理系统。教师可以对会计专业学生的实习实训岗位与内容等基本信息进行采集，以方便对在读大学生的实训状况进行专业性的讨论，对职业院校会计专业的实训效果有很大的益处。

第二节　产教融合背景下高职会计专业实践教学体系的构建

会计专业是一个实践性较强的专业，同时又是一个工作保密性极高的专业，实践教学体系改革一直以来都是制约高职会计专业发展的瓶颈之一。在“互联网+”、人工智能的背景下，在企业财务工作不断转型升级的今天，我们应该深入贯彻《国务院关于加快发展现代职业教育的决定》等文件的精神，深化产教融合，进行实践教学改革，探索构建高职会计专业实践教学体系，以进一步加强专业内涵建设，提高专业核心竞争力。

一、高职会计专业实践教学存在的问题

高职会计专业经过近十几年的发展，教学改革不断推进，教学成果日益丰富，人才培养质量也在逐年提升。但是，纵观各职业院校会计专业的实践教学，仍然存在不少问题。

（一）人才培养目标不够清晰

经过调查我们发现，有些职业院校没有认真进行专业调研，专业人才培养目标过于笼统或者滞后于当前会计行业转型升级要求，对于学生素质、知识、能力的要求也与会计实际工作岗位要求有所偏差。这就导致其实践教学目标不够明确，实践教学环节设计不够科学，学生动手操作能力不强。

（二）实践教学体系不够完善

大多数学校都设计了基于本校学生现状的实践教学体系，但是在实训模块与实训项目的设计上还不够合理，没有紧密对接企业的实际会计岗位工作要求，从而无法支撑相关岗位的职业能力要求。另外，有些学校的实践教学只注重对课本

知识的反复训练，没有将专业技能竞赛与会计职业资格证书内容有机融入实践教学体系。

（三）教师实践技能不高

鉴于会计行业的保密性工作要求，大多数教师无法深入行业企业实践，无法及时掌握会计行业的最新技术变化，行业产业融入度不高，会计职业判断力与岗位工作能力不强。

（四）实践教学评价不够合理

不少院校的实践教学还是以终结性评价为主，对于学生实践过程中的沟通协作能力、创新创业能力等很难量化考核。另外，在评价主体方面，往往还是以教师为主，忽视了学生的主体性作用与企业的指导作用

二、高职会计专业实践教学体系的构建思路

（一）精准定位高职会计专业学生应具备的素质、知识与能力目标

坚持每年进行一次全面的专业调研，调研对象包括行业企业、兄弟院校、会计行业专家、“1+X”证书牵头单位、职教专家等，结合“互联网+”“大数据”“云计算”等行业发展背景与本校办学定位，精准定位高职会计专业人才培养目标，明确人才培养的规格与岗位能力要求，确保人才培养目标的先进性与科学性。

（二）明确会计专业实践教学体系的构建思路

深化产教融合与校企合作，以立德树人为根本任务，以学生职业能力培养为目的，将实践教学内容与岗位工作要求、职业资格证书考试内容以及技能大赛知识点有机融合，将校内模拟实训与校外岗位实践有机融入人才培养的全过程，提高学生的核心职业能力、创新创业能力与综合职业素养。

（三）构建“能力递进，双创贯穿”的实践教学体系

1. 按照学生岗位认知规律与职业成长规律，合理划分实践教学的阶段，进行学生的能力递进培养

根据学生职业成长规律，将实践教学划分为四个阶段，分别为第一学期、第二至四学期、第五学期、第六学期。明确不同阶段的实训环节，校内实训包括职业通用能力实训、专业核心能力实训与专业综合能力实训，校外实训包括专业认知实习、跟岗实习与顶岗实习。通过四个阶段的实践教学，培养学生的账务处理

能力、成本核算能力、筹资融资能力以及报表审计能力，实现学生由基础—核心—综合的能力递进培养。

2. 将创新创业教育融入实践教学的全过程，实现“双创”能力的全程贯穿

将创新创业教育与实践教学有机结合，通过开放校内实训室、校企共建校外实训基地、邀请行业企业专家进校园等方式，为学生提供职场体验、企业实训、科技创新、成果孵化等实践活动，培养学生的创新意识和创业精神，提高学生的创新创业能力。

（四）加强实践教学的方式、方法改革

将理实一体化教学、校内模拟实训、校外见习、专业技能竞赛、企业顶岗实习等实践教学方式有机融合起来，注重学生知识学习与技能训练的结合，让学生在职业训练中学习，在学习中进行职业训练，激发学生的学习动力，提高学生的核心职业能力。

（五）推进实践教学平台建设

将课堂、校内外实训基地、社团、企业工作岗位四个平台有机结合，打造多样化实践教学平台，各平台之间做到分工合理，相互促进。加强教学平台质量建设，整合优质的实践教学资源，实现教学平台建设由规模管理向质量管理的转变。

（六）加强实践教学运行机制建设

实践教学的正常运行离不开健全的机制体制保障。应该大力加强会计专业实践教学运行机制建设，如加强实训室管理制度建设、推进校企合作制度建设、完善教师考核评价制度、完善实践教学考核评价体系等，以不断推进校企紧密合作，加强“双师型”教师队伍建设，为培养创新型、发展型、复合型会计专业人才提供保障。

第三节　大数据背景下的财务共享课程的实施

财务共享模式作为现代企业智慧财务的切入点，推进了企业“业财一体化”的进程，推动了企业对于云计算、大数据的运用。财务共享模式将原本分散在不同地区、不同实体中的会计业务集中在财务共享中心进行处理，保证了业务处理的规范性，节约了成本，同时加强了集团的管控。财务共享中心的建立和实施有利于企业财务管理的转型升级，实现企业价值增值。同时，大数据、云计算和财

务转型对财务人员提出了更高的要求。职业院校作为人才培养的基地、创新实践的载体，如何有效实现社会发展需要与人才培养的对接，推进人才培养模式改革与转型，培养适应时代发展需要的会计人才，具有重要的现实和战略意义。

财务共享中心对人才的需求是全方位的，需要的不仅是擅长基础核算、从事简单重复性劳动的财务人员。财务共享中心在建设、运营的不同阶段对人才的需求有所不同，而且人才在财务共享中心的建设、运营中也起着关键作用。所以在职业院校的人才培养方案中，应结合财务共享模式对人才的需求特点，构建、优化财务共享课程体系，完善财务共享理论及实践课程，确定课程的目标、授课模式以及考核评价方法，培养新时代全面型财务共享人才。

一、财务转型对会计人才的新要求

（一）核算型转向管理型

随着智能化与财务共享模式的密切融合，大量重复的、规律性强的、容易标准化的会计业务将由计算机完成，而且随着流程的不断优化、标准化，越来越多的业务将纳入财务共享中心自动完成，企业所需的核算型人员将大幅减少，财务人员将更多地参与到企业的财务管理、成本控制、经营预测等其他方面，财务人员的职能正面临着由传统核算型向管理型转变。在培养会计人才方面也面临着转型，应调整相应课程的结构体系，培养社会需要的管理型会计人才。

（二）大数据的应用

由于财务转型、大数据技术的全面推动，财务人员将面临海量数据，包括结构化数据和大量非结构化数据，财务人员需要对海量数据进行分析和处理，以辅助决策。在此背景下，一方面要求财务人员具备实时的数据处理分析能力，能够在最短的时间内通过行业大数据了解市场的变化，提升决策的反应速度。另一方面需要财务人员掌握更为先进的技术以及应用大数据处理工具，帮助企业在最短的时间内从瞬息万变的市场中搜集更多信息，为大数据处理创造条件，争取时间。财务共享中心逐渐成为这些数据产生、处理和加工的中心。

（三）要求一定的外语水平

财务共享模式的出现源于企业规模的扩大，特别是跨国集团的出现，集团财务共享中心可以同时处理不同国家子公司的经济业务，因此外语对于财务人员来说是一项必备技能。特别是随着财务共享中心的发展，出现了全球共享服务中心

（GBS），承接来自国内外的外包业务，对财务人员的外语水平提出了更高要求。

二、财务共享课程的模式和内容

财务共享课程的开设方式有两种，一种是将财务共享课程嵌入原有的相关课程中，如在财务管理、高级财务管理、财务会计、会计信息系统、会计信息系统实验等相关课程中补充和财务共享有关的内容及重要的知识点，对原有相关课程的内容进行补充完善；另一种是单独设置相关课程，如“财务共享中心理论与实践”“财务共享软件操作”“财务共享中心建设沙盘模拟实验”“财务共享中心仿真模拟实验”等。当然，无论采用哪种模式，都应该包括以下内容：财务共享相关理论和案例分析、财务共享软件操作、财务共享中心建设沙盘模拟实验以及财务共享中心仿真模拟实验。

（一）财务共享理论

学习财务共享理论知识的目的主要是让学生了解财务共享中心的理念和价值，理解财务共享中心的组织和流程设置，学习内容主要包括：财务共享服务的相关概念，财务共享中心的发展历程和未来发展方向，财务共享中心建设的可行性分析，财务共享中心的建设与实施路径，包括业务范围的确定、选址、业务流程的确定、信息化平台的建设等，还包括财务共享中心的运营管理、人力资源管理、质量管理、安全管理、绩效管理等方面。在学习这部分内容时可以针对实际中的典型案例进行分析，探讨在建设和运营财务共享中心的过程中存在的问题和应对措施，为后面的学习内容做铺垫。

（二）财务共享软件操作

学习这部分知识的目的是通过学习真实的财务共享业务案例、财务共享软件系统以及影像系统，使学生掌握财务共享软件中的专业化分工协作，以及标准化、流程化和集中化的业务处理及影像系统的运用。软件操作的主要内容包括影像扫描上传、多组织单据批量审核、多组织凭证批量处理、个人任务处理效率查询等业务。通过学习，使学生掌握影像系统、企业费用共享模块、应收共享模块、应付共享模块、出纳共享模块、资产共享模块、核算共享模块、报表共享模块等功能操作。

在学习软件操作的过程中，可以采用通岗模式，即不分工，一个人完成所有的岗位操作，全面掌握所有岗位的操作内容；也可以采用分岗模式，即在不同的岗位上设置不同的学生，这种模式更接近实际，业务流程也更加清晰，只是每个人接触到的岗位操作内容有限；还可以采用轮岗模式，首先将学生分成小组，每组的不同岗位由不同的人来操作，在操作一段时间后，再进行岗位轮换，使学生既掌握了不同岗位的操作方法，也清楚了分工和业务流程。

此外，在开设该课程时需要选择适宜的财务共享软件，市面上已有的软件包括金蝶、浪潮等。金蝶 EAS 集成了财务共享中心各模块，开发了专门针对学生实验的财务共享实践操作平台，可以对学生的操作全过程进行监控并考核；浪潮 GS 财务共享软件集成了运营支撑平台、网上报账平台、业务操作平台、运营管理平台、资金结算平台，实现了与财务核算等系统的集成。

（三）财务共享中心建设沙盘模拟实验

这部分内容的学习目标是通过分组、角色扮演、沙盘推演等实际场景，让学生在沙盘中完成财务共享中心的构建过程，用实践来检验前面所学的理论知识，真正做到“理论实践结合”。学生应掌握如何根据企业的实际情况构建财务共享中心。课程的内容主要包括介绍沙盘工具的使用和人员的分工、小组成员结合案例共同讨论确定案例公司财务共享中心的建设方案，包括建设的整体规划、建设目标的确定、建设的策略（包括选址、组织结构的确定等），各小组通过沙盘上的内容，完成建设方案的设计，并分组进行展示和报告。通过建设沙盘模拟实验，可以调动学生的学习积极性和主动性，培养学生主动思考分析问题的能力、团队协作意识和沟通能力。浪潮公司针对此内容，也开发设计了专门的沙盘工具及案例背景。

（四）财务共享中心仿真模拟实验

仿真模拟实验的教学目标是通过虚拟仿真的实验环境，有效提高学生的职业能力，加深学生对职业的认知。职业院校可以按照实际的财务共享中心来搭建虚拟仿真环境，根据分配的角色设置及对应的案例设计，学生分岗位、分角色在仿真的虚拟环境中学习财务共享中心的业务操作流程，培养实际的业务处理能力，更加积极主动地去了解和学习财务共享中心的业务处理流程、工作内容方式、影像设备、档案管理的具体应用。

三、财务共享课程教学的支撑体系

（一）教学模式多样化

财务共享课程属于实践性较强的课程，教学中可以混合运用多种教学模式，充分利用互联网平台，既可以采用小规模限制性在线课程（SPOC）、翻转课堂，也可以使用问题导向式教学模式（PBL）、任务驱动教学模式等多种教学模式。通过 SPOC，教师可以在线上发布丰富的课程资源，如课件、视频以及在线测试题，使学生明确课程的目标、内容和重难点，学生可以将在学习过程中遇到的不懂的问题通过在线答疑的方式获取教师的帮助，线下的见面课主要是解决线上未能完全解决的问题，对于集中的共性问题可以开展讨论，在此过程中，教师扮演着引导者、组织者的角色。对于财务共享案例分析可以采用翻转课堂的模式，课前将案例资料发布给学生，布置学生分组进行课下资料的搜集和讨论，课上分享案例分析的结果，针对不懂的问题由教师进行解答，最后进行总结。对于财务共享软件的操作，PBL 是一种比较好的模式。财务共享中心的一项主要任务就是集中对共享池中的业务单据进行审核，教师可以将实务中容易出错的问题设计到案例中，要求学生分组自主地找到解决办法，实现提高学生在实践操作中发现问题、解决问题的能力。另外，任务驱动模式也可应用于财务共享软件的学习，可以将学习内容划分为出纳共享、费用共享、应收应付共享等不同的任务单元。每项任务即是一个模块，每个模块都有明确的学习内容和目标。在教师的帮助下，每次实验都围绕着一项或多项具体任务展开，在问题的驱动下，学生会积极主动地运用各种资源进行自主学习和相互协作，完成既定的学习任务。

（二）运用多维考核体系

有效的课程评价体系能够指引教学，如实反映学生的学习情况，也能激励学生的学习。财务共享课程既包括理论案例的学习，也有实验操作，对不同内容的考核标准是不同的，不能仅以一份试卷、一张实验报告作为课程评价的标准，应构建多维度的科学评价体系。

对理论部分的学习，主要考核学生对基本理论的理解程度，可以采用卷面考核的方法，也可以利用教学软件和平台，课上课下向学生推送教学资料和试题，通过学生的答题情况和在线学习进度对学生的学习情况进行评价。对案例部分的学习，主要考核学生分析问题、解决问题的能力，可以在卷面增加案例分析的题目，或者布置小论文。在平时的教学过程中可以穿插案例进行小组分析，小组之间的协作、案例讨论的结论都可以作为评价的依据。

对建设沙盘的考核主要来源于最终的实验结果数据、实验报告及展示报告，同时小组内部成员之间可以针对任务的相互协作、专业判断、对小组的贡献等方面进行互评，并结合以上结果给出最终评价。软件操作主要考核学生对业务流程及软件操作的掌握程度，一般的实验软件都具备直接对学生的操作过程进行评价的功能，如在金蝶财务共享中心实验平台上，整个实验被分成多个不同的任务，每项任务对应一些操作和一些单据的形成，学生用分配的账号进行操作后提交单据，后台可以将学生提交的单据和标准答案的关键字段进行比对，实时检验学生对软件的掌握情况，可以针对整个实验过程进行监控，督促学生掌握整个软件的操作流程，同时激发学生的学习兴趣和主动性。对于综合的仿真模拟实验，考核的依据主要来源于平时表现、小组成员之间的配合、灵活运用理论知识的情况，最终对平时表现、实验结果及实验报告进行评价。

（三）构建校企联合培养方式

为了更有方向性地适应企业对财务共享人才的需求，校企联合培养是一种有效途径。一方面，在校企合作的基础上，加强与相关院校、企业、科研机构的合作，推进财务共享中心实践平台的开发，形成长期有效的人才培养保障机制，鼓励青年教师带领学生参与企业实践项目，提升教师的实践能力。另一方面，通过校企合作建设财务共享中心实验基地，在指导教师的带领下，学生可以直接面对财务共享中心的真实情境，操作真实的业务，既提高了学生学习的主动性，也提升了学生的动手能力。另外校企共建的共享服务中心可以承接外包业务，例如代理记账、会计咨询等，既充分利用了资源，丰富了教学内容，激发了教学活力，也提升了社会服务价值。

（四）结合会计证书内容教学

传统的会计证书有 CPA、ACCA 等会计资格认证，伴随着财务转型，管理会计类的资格认证如 CMA、CIMA 等也越来越受到财会人员的重视。财务共享中心的出现，不仅推动了财务理论和实务的变革，也促进了原有认证体系内容的更新。AC-CA 与中兴财务云在上海宣布联合推出首个全球共享服务（GBS）证书中文版，推动了财务共享中心的发展，给转型期财务共享人才的培养指明了方向。GBS 中文版对应的课程内容包括全球共享服务简介、流程设计测量与管控、基础绩效、优化绩效以及全球共享服务财务流程介绍，对财务共享课程的设置提供了更加宽广的思路。在授课过程中教师可以结合GBS的内容，培养适应国际化需求的财务共享人才，加快全球共享服务的进程。

（五）师资体系构建

财务共享是一门新的课程，实践性较强，应由专业带头人、骨干教师及企业技术人员共同构成专业课程团队，有效提高教学质量，实现课程教学目标。对于师资来源，一方面可以对现有教师进行财务共享相关课程培训，或者通过挂职、科研课题等方式，直接派遣教师到财务共享中心实践，丰富教师的实践经验，提升教师的实践水平，为“双师型”教师队伍建设提供保障。另一方面，可以通过校企合作，聘请有实践经验的财务共享中心技术人员作为外聘教师，通过专题讲座、实践教学，使学生及时了解行业发展现状，接触到更真实的财务共享实践。当然，也可以邀请实践经验丰富的财务共享中心管理人员、技术人员参与到课程的建设和改革、人才培养方案的修订及教材的编写中来。另外职业院校应不断完善薪酬制度、职称评审制度，吸引人才、留住人才、激励人才。

随着云计算、大数据、移动互联网技术的不断发展，财务共享中心将朝着智能化、一体化、国际化的方向发展。当前财务转型的背景对财务人员提出了新的要求，职业院校应紧跟时代的发展，构建财务共享课程体系，运用适当的教学模式，结合建设沙盘和软件操作实验课程，校企联合建立实践基地，培养适用于新型财务共享中心建设及运用的会计人才。同时，会计认证体系和会计证书的新内容，也应该融合和发展到新的课程体系中去，为数字经济时代培养具有财务共享理论与实践知识体系的人才奠定基础。

第四节　职业院校会计专业教学与创新创业融合机制解析

职业院校要将创新创业教育融于会计专业教育中，必须全面规划。建立一支具有开拓意识的教学团队，搭建创新创业平台，系统改革人才培养方案、教学方法、教学内容，提高学生的职业能力和创新创业技能。

一、在专业教育中融入创新创业教育的内容

高职会计专业学生创新创业能力的培养，仅靠几门创新创业课程，组织几次

创新创业实践活动，是远远不够的。应该将创新创业教育融入并贯穿于专业教育的各个阶段。这不仅需要学校各部门的联合行动，还需要社会大环境的支持。

（一）专业课程体系中开设创新创业课程

单独开设的创新创业课程要列入专业课程体系，写入人才培养方案。比如我院会计专业开设的创新创业课程主要有《职业形象塑造与创新意识培养》《职业生涯规划与就业创业指导》《创业项目策划》《创业案例讲座》《现代礼仪》《创业实践》等。通过设立创新创业课程、举办创新创业讲座、创业学生代表回校访谈等系列活动，实现完整创业教学。教学中及时向学生传达国家的创业帮扶政策，让学生了解国家的创业环境，为创业实践奠定基础。

（二）专业课程中融入创新创业内容

单独开设几门创新创业课程远远不够，必须在课程设置中结合会计专业本身特点，在专业课程教学中融入创新创业内容，穿插创新创业知识，从而有效地在日常教学中逐步培养、提升学生的创新创业能力。如在《经济法》中涉及创业企业注册的案例；在《税法》《纳税核算与申报》中讲解创业企业办理税务登记、进行纳税申报等流程和技能；在《企业财务管理》中讲授融资渠道与技巧、投资方向与策略等；《成本核算与分析》中加入降低成本途径的探讨等内容；《企业财务报告编制与分析》中融入通过报表分析企业的债务偿还能力、营运周转、盈利能力等实际训练，让学生会分析财务报告；通过《ERP 沙盘模拟实训》这门课程来了解市场，懂得营销方式，学习企业物流管理和经营之道。通过专业课程的学习，不断融入和渗透创业所需能力，让学生增强创业的本领。

（三）改革课程教学方法与考核方式

积极推进以就业创业为导向、以学生为主体、以能力为目标的真正具有职业教育特色的课程改革。以真实工作任务为载体组织教学内容，在真实工作情境中采用多种教学方法和手段来实施。多进行课堂讨论、案例教学、情景式、体验式教学，对于体验项目，要合理引导，积极推进，培养学生的创新思维。探索实施课堂教学和网络教育有机结合的途径，实现线上、线下教学交叉的混合教学模式。专业教学要按照创业实践项目组织实践类课程。

比如，要求学生组成团队，成立一个财务公司，前期运用市场理论分析此公司成立的可行性，运用财务管理知识对此投资项目进行可行性分析和筹资渠道分析，运用成本分析的方法对企业降低成本费用的途径进行探讨。财务公司运营中会出现什么问题，如何解决？让学生将不同阶段的具体情况进行分析，提出解决策略，提高学生的创业实践能力。对学生评价与考核上，要根据内容不同，采用项目考核、口头测试、方案设计、课堂展示等多形式，体现对学生的创新意识和自我学习能力的考核。在教学管理上，要积极探索学分制和弹性管理，尽量满足不同学生的个性化需求。

二、建设一支具有开拓创新意识的教学团队

进行创新创业教育，必须建设一支具有开拓意识的教学团队。首先，要定期组织会计专业教师进行创新创业理论的学习，通过培训，转变会计专业教师传统观念，树立以创新创业为核心的新观念，根据相关创业知识，找准结合点，从而设计创新创业项目。专业教师和创新创业教师进行集体备课，将课程项目重新进行整合。可以根据教师们的优势分财务管理、成本分析、税收筹划等方面的研究团队。其次，鼓励专业教师到创业一线实习、兼职，熟悉市场运作，促使专业教师将专业理论知识的学习与创新创业活动连接起来，这样教师们在一起就能够进行创业或进行创业方面的研究和交流，提高创新创业方面的实际经验，为学生提供优质的实践指导。最后，在实战方面，一定要聘请有创业和管理经验的人员来学校，为学生带入创业、市场分析运营、财务分析、投资理财、企业管理等方面的最鲜活的案例和经验。

三、通过搭建平台，开展创业实践

（一）在校内搭建创业平台

学校要亲自为学生搭建创业平台，由教师带领学生们团队创业或者个人创业，如依托淘宝或学校搭建的创业平台，也可以以实体店的方式，或者在大学生孵化园内进行创业。通过自己创业来了解创业的流程和相关知识。教师需要对学生的创业过程进行指导和帮扶，对创业效果进行评价，通过分享创业体验等方式深化学习效果。

（二）课内和课外实践相互融合

课外的专业社团活动、寒暑假社会实践作为课堂活动的延伸，也是专业教育的重要组成部分，也必须融入创新创业教育。比如在社团中开展财务分析、纳税筹划、市场分析、运营管理等具体的活动，提高学生的组织和协调，创新和创业

能力。所以我们要继续加大宣传组织全国大学生“互联网+”创新创业大赛的力度，以比赛为契机，鼓励同学们参与创新创业活动，加入创新创业的队伍。此外，学校还要给学生提供机会，让他们近距离接触企业家，切身感受先进的企业文化，推进课堂内外的融合渗透，使创新创业实践活动入脑、入心。

在会计专业建设中融入创新创业教育，是职业院校会计专业发展的契机和趋势。只有通过课程体系建设、创新创业师资队伍建设、创业平台的搭建和考核评价的改革，将创新创业教育真正渗透融合到会计专业教育中，才能有效促进高职会计专业的发展，促进学生的就业与创业。

第五节　财务机器人时代智能财会教学的创新与发展

“人工智能+”把人工智能的创新成果与社会各领域深度融合，财务机器人并不是与人类有着同样外形的物理机器人，而是一款基于桌面记录的自动化软件，是机器人的流程自动化，将原来由人的操作转变为由流程机器人自动操作。它可以替代人类完成结构化的、规则导向的、重复性高的工作，大幅提高会计核算部门的工作效率，是人工智能发展的重要成果。传统财务会计人员为了有效应对财务机器人带来的就业冲击，就必须要求高等学校在培养财会类专业人才时，使学生能够顺应人工智能对行业发展的影响，不断提升财务实操能力，增强其职业核心竞争力。

一、财务机器人与财务会计人员工作比较

财务机器人的出现是现代科技飞速发展的结果，财务会计人员要适应这样一个快速发展的智能时代。作为企业管理者，要有效地利用财务机器人和财务会计人员，准确把握二者在工作中的优势和劣势。根据二者的优势和劣势合理地向二者分配工作任务，使二者通过配合高效地完成工作任务。职业院校要时时关注社会对财务会计人才工作能力的需求，通过对财务机器人与财务会计人员工作优劣势比较，帮助财务会计专业学生做出合理的职业规划，突出职业要求重点培养人才。

（一）与财务会计人员相比，财务机器人工作优势

一是财务机器人大幅提升财务工作效率和财务信息质量。在企业账务处理和会计核算业务中，财务机器人处理一些重复率高、繁杂、自动生成的业务，极大地缩短了业务处理时间，降低了业务出错率，有效地节约了财务会计人力资源，

明显提升财务信息质量，从而提高了会计核算效率及企业经济效益。二是应用财务机器人能够有效降低财务管理成本。由于机器人工作过程无须休息，不会因为持续工作而效率低下，与人的工作效率相比，可以降低人力资源成本，从而减少财务方面的成本支出。三是财务机器人较强的自我管控能力和程序审核能力，能够详细实时地追踪所有业务流程和处理步骤，提高业务处理全过程的有效监控和各环节执行精准度。四是财务机器人可以有效规避财务操作风险。财务机器人操作过程无须人工，能够自动校验和进行流程检查，有效规避了财务操作风险。

（二）与财务会计人员相比，财务机器人的工作缺陷

财务机器人较财务会计人员具有较大工作优势的同时，缺点也是显而易见的。由于缺乏职业判断能力和分析预测能力，财务机器人无法提供决策建议。财务机器人处理完大量的数据和报表时，只能进行平面运算，无法像人类一样进行多维度、多层面的思考、分析、解读数据，无法对企业经营管理者提供有益的决策和建议。此外，由于缺乏灵活变通能力和管理协调能力，财务机器人无法全面分析企业的财务运营情况，以实现资源的最合理配置。现代社会对财务会计人员的要求不是拘泥于表面的报表数据，而是站在可以纵观全局的角度，结合宏观经济和整个行业的情况，客观公正地看待企业的财务状况，用更长远的眼光去分析企业的财务运营。

毋庸置疑，财务机器人的出现给财务会计行业带来了很多的便利。一方面，企业应该做到合理地分配工作任务，分配财务机器人进行简单的、标准化的会计业务工作，与财务会计人员共同合作完成工作任务。另一方面，高等学校必须加强财务会计人员的职业判断能力、分析预测能力、灵活变通能力和管理协调能力培养，弥补财务机器人的工作缺陷，提高学生就业水平，保证学生就业。

二、财务会计专业人才培养模式存在的问题

（一）人才培养目标有待更新

人才培养模式能否与时俱进在一定程度上影响财务会计人才的就业状况。随着人工智能的发展及财务机器人问世，企业及其他招聘单位对会计人才的要求也在不断地发生变化，用人单位已经不再单一地看重财务会计人员的成本核算能力，更看重其对财务报表的分析能力，以及对企业进行财务管理和风险识别与控制的能力。因此，这些人才需求的变化，就要求高等学校更新财务会计人才培养

目标，加强实践教学环节，让学生善于利用系统的财务及管理知识解决企业实际问题。

（二）课程设置不合理

高等学校开设的财务管理学、管理会计、财务报表分析等课程，注重理论知识的讲解，没有很好地将企业的实际财务、管理、报表等具体问题和案例进行结合，缺少理论联系实际的过程；甚至有些高等学校将财务会计专业开设的管理会计和财务分析列为选修属性的课程，这导致学生对此类课程重视程度不够；另有部分高等学校对以上课程安排教学课时较少，学生理论学习不透彻，更不可能融入实践环节从而真正具备实践能力。当下人工智能不断发展，高等学校对财务会计专业学生开设的计算机基础和统计学课程，只是较为粗浅地教授学生计算机使用和简单统计方法，没有将其与财务会计联系并融合成专业应用课程。

（三）财务会计实操技能落后

目前，大多数高等学校只能在本校有限的实训资源条件下，开展财务会计专业的实验课程，如通过手工会计、财务管理实训、沙盘模拟演练等，来训练学生的实际动手能力。通过这些课程，学生只能接触部分岗位业务，教师无法对学生业务处理全过程进行有效考核。有些学校积极参与财务会计技能竞赛活动，这类活动很大一部分是财务软件开发企业举办的，以宣传其软件使用为目的，对学生财务分析及管理的能力训练非常有限。

（四）校外实习管理不规范

学校在校外实习的管理方面松懈，实习岗位随意，不能使学生毕业前找到与专业对口的岗位来实习。学校也没有与专门的企业开展合作，不能使快要步入社会的学生更好地了解未来马上要面临的就业问题以及现今财务会计行业的实际情况。学生步入社会时手忙脚乱，发现学校学习的理论知识无法解决在工作中面临的问题。

三、财务机器人智能发展背景下财会专业人才的培养

（一）创建“人工智能+教学”平台

在信息高速传播的时代，职业院校应有效整合教学资源，研究开发一个综合的多功能财务会计学习平台，将财务会计课程资源、会计准则和相关法规的变动、线上教学资源和学习交流工具等模块及信息技术归集于这一个平台上。师生可通

过“人工智能+教学”平台快速获得需要的最新学习资源。例如，当国家政策引起会计准则发生更新变动时，财务会计师生可以从该学习平台的发布消息模块，更快地掌握其变动内容；应用此平台，教师能够布置线上作业和发起考试，平台可以利用专业技术知识库批改作业和考卷，并将成绩自动导入学生的学籍管理系统。

（二）进行校企联合

职业院校应寻找使用财务机器人的企业，并与其开展合作。了解财务机器人在企业中的运用，知道自身的不足。职业院校可以将合作企业当作学生的实训培养基地，培养学生与财务机器人作为“同事”时学生的工作能力；同时加强与合作企业沟通交流，提高校企双方的合作效率和信息共享水平。在高等学校创建的“人工智能+教学”平台上增设校企合作项目模块，实现将该合作企业的最新动态直接链接到学习平台上，师生都可以更快地获取企业、社会和经济环境变化所映射出的信息。

（三）实施“理论教学+实训实践+财务智能”团队授课机制

职业院校对财务会计专业学生的培养可以采用团队授课机制，针对人才培养方案中的基础会计、财务会计、财务管理、审计学、财务分析、金融企业会计等核心课程，根据教师的研究方向和专长确定授课团队，采用“理论教学+实训实践+财务智能”的团队授课方式。团队中的每位教师承担不同的教学任务和授课内容，可以依据自己的专长采取不同的授课方式，至少由三名教师分工合作，完成本门课程的财务及会计信息化的教学任务。在这种团队授课机制中，职业院校应该充分利用校友及周围信息化环境资源，聘请企事业单位中的财务会计专业人员对财务智能部分教学内容提出指导和建议。

综上所述，财务机器人智能发展时代，职业院校培养财务会计专业人才不能一贯地将培养目标确定为操作型人才，针对财务会计专业人才培养的课程设置和讲授也不能停留在技术和操作层面，而是要更加注重向管理会计转型，增加经济学、管理学、哲学、人工智能等课程，完善财务会计专业人才培养课程体系。一方面，职业院校要注重提高财务会计专业大学生应对现代社会复杂环境经济业务的职业判断能力，使他们能够适时做出重要的经济决策，或者能为企业管理者提供正确的决策建议。另一方面，职业院校要注重培养财务会计专业大学生的简单编程能力和对财务指标的解读与运用能力，培养适应智能时代要求的复合型人才。

第九章　大数据时代下会计教学改革中的人才培养

第一节　会计信息化人才培养的理论概述

一、会计信息化的含义

会计信息化简单讲就是将会计专业的工作内容与现代化信息技术相结合，通过信息技术对会计的工作数据进行获取、加工、传输和应用处理，将会计工作信息化，为企业的日常经营管理、内部管控决策和经济运行提供有效的信息管理。会计信息化是当今社会发展的必然产物，由于近年来信息化社会发展不断向广深发展，信息技术越来越成熟，任何工作都开始与信息化技术相融合，会计也不例外，这也是未来会计的发展方向。会计信息化对于我国企业的发展将带来巨大的现实作用，因此也对财务管理提出了新的要求。

二、会计信息化的优势

会计信息化的发展是随着网络时代的发展将传统会计重新整理使用的过程，对于现实工作来说会带来以下三个方面的作用。

（一）提高工作效率

会计信息化的发展可以使会计核算系统更加规范和正规化，免除了手工录入会计信息和会计核算环节，只需要将数据人工录入计算机，很多信息便可以自动形成会计需要的信息，从而使会计的工作时间缩短，大幅提升了会计的工作效率。

（二）提高了会计信息的准确性和可靠性

会计信息化相比于传统的会计而言，信息更加全面准确，录入一次便可以长期使用，不会受到公司倒闭的影响，其可靠性可以保证。同时也避免了纸质版手工录入时部分信息缺失或者部分信息不准确的忧虑，减少了人为舞弊等现象的发生。

（三）实现在线业务办理，降低企业财务风险

会计信息化的实现将使企业的会计部门与税务、银行、社保、公积金等部门建立网络联系，工作来往也从现实接触变为部分网上执行，这样来往账目信息将会实现留底存根，既方便了会计工作，也降低了公司在财务方面承担的风险。

三、会计信息化对会计人才提出的新要求

新形势下，企业的会计人才急缺的是复合型的人才，只有复合型会计人才才能够在激烈的市场竞争中帮助企业制胜，才能为企业的发展带来更好的发展动力。

（一）熟练掌握会计电算化

会计电算化是会计行业的一次具有深远意义的变革，这一变革不仅将会计从繁重的财务信息工作中解放出来，还对会计工作的效率提升和准确度起到了巨大的作用。然而在信息化发展的今天，会计电算化也在发展，对人才的要求也在提高，不仅要求会计人才迅速掌握各种会计软件的使用，还要求企业的会计人员对互联网有所了解，提高会计在企业决策方面的作用。

（二）拥有深厚的知识背景

当前社会是一个信息化时代，无论从事什么行业，都必须有深厚的知识背景和专业体系。就会计人才而言，在这样的社会大背景下，会计人才在掌握会计专业知识的基础上，还要拓展国际会计和商务惯例，对所从事行业的行业信息、社会信息有所积累，以方便做出更为符合企业需求的会计数据分析，为企业提供更为科学的会计资料。

（三）创新能力、数据分析能力

在以上两点要求的基础上，会计信息化对当前会计人才还提出了创新能力和数据分析能力的要求，因为当前的会计业务，并不是简单的记账、查账功能，会计工作已经逐渐地开始向企业的经营战略决策方向发展。在未来，会计的主要职责不是记账、查账，而是企业财务的分析，这就要求财务人才应该具有财务分析能力与创新能力。

四、会计人才培养新目标

会计信息化对会计人才的要求随着信息技术的发展而不断增强，会计信息化要求从业人员必须兼具信息技术和会计专业知识，成为复合型人才。

（一）以培养会计人员的综合能力为核心

当前我国会计的教育仍然停留在培养会计专业人才上，然而现在社会对会计的要求是会计人员必须具备以会计专业为基础的综合能力。会计信息化要求会计从业人员对会计知识有着更具深度与广度的了解，包括会计专业知识和信息技术等方面的知识，同时对于企业管理方面也要有所涉猎，对行业知识以及社会背景

知识都要有所涉猎，最重要的是对国际会计和商务惯例进行深入的研究和分析。只有这样，才能够在现代企业的信息化会计管理中担任更关键的职位。

（二）会计+信息化专业要求

会计信息化的专业要求非常高，所以对人才的要求也比较高，一般必须具有会计和信息化双重职能的会计人才方能胜任。由于信息化环境下的会计工作需要在业务量减少的基础上，对业务的处理更加多样化，对财务的判断、分析、控制的要求更加高，所以信息化环境下的业务从业人员必须具有数据输入、分析、输出等能力，为公司的经营决策提供更加可靠的参谋数据。在业务基础上，对于沟通、数据处理分析、市场预测等方面都要有更高的要求。

（三）差异化人才培养战略

从我国会计教育的实际情况出发，分阶段、多层次地确立会计人才培养目标。区分专科、本科、硕士、博士等不同的阶段，对专科生应注重实际操作技能的培养；本科教育应注重学生综合能力及社会适应力的培养；对研究型院校学生应发挥其科研实力雄厚、综合能力强的优势，注重培养研究能力和创新能力；对于教学型大学，应根据国家和本地实际，培养出高素质、动手能力强的应用型人才，不同层次的职业院校应根据其教学资源有针对性地确立会计人才培养目标，以满足社会不同层次对会计人才的需求，体现不同学校的办学特色。

第二节　大数据时代下会计人才培养的现状

一、大数据对会计职业的影响

（一）对会计职能的影响

移动互联网对会计职业的影响首先体现在对其职能的影响上。在以前的会计工作中，会计核算、会计监督构成了会计的两个主要工作内容。仅是这两项工作就让会计工作者应接不暇，耗费大量的人员和物资。对比起来，会计的其他拓展职能，如会计预测、会计决策、会计管理发挥的作用则微乎其微。随着大数据的进入，高科技互联网手段的运用使得会计工作变得简便、快捷、高效，节约了工作人员的时间和精力，使大家参与到预测和决策工作中，发展了会计的拓展职能。另外，从市场经济的环境上讲，迅速发展的市场环境也需要会计人员在企业的发展中发挥管理职能，将会计的各项职能综合运用为企业更好的服务。

（二）对会计服务模式的影响

移动互联网的到来改变了会计传统的服务模式，会计工作的形式从线下工作转变到线上操作，摆脱了以前受地域影响的困惑，这就有力地构建了新的会计服务体系，实现了经济共享新模式。

会计共享经济的新模式能够节约企业的投资成本，受到众多企业的青睐，各行各业都跃跃欲试，如阳光保险就首次运用互联网平台将会计工作内容进行划分，细分后的工作由广大的互联网用户接单完成。用户将工作完成后由已经设置好的系统后台程序进行逐一环节评定，这种财务众包形式平台的使用让企业的财务作业共享社会人力资源，为企业大大节约了投资资本。

（三）对会计工作流程的影响

我们知道，会计所包含的工作内容非常细微、琐碎。以前的会计工作每项都需要付出大量的时间等待，其中企业事物花费的报销就是明显的例子，每每报销都必须经过各种批示，层层下来已经浪费了非常多的时间。然而，移动互联网的运用改变了这一点，它使会计工作运用科技手段进行线上操作，工作简单明了，效率得到大幅提升。

随着互联网的普及，越来越多的实力企业都实现了会计工作的线上操作。报销内容已经可以通过相关专业软件完全实现网上提交、审批、支付的全过程，工作人员不用见面，不受任何地域影响也不再考虑时间限制。专业的软件会设置固有的报销单据模板，工作人员按照模板提交信息，平台会按固有程序步步移动直至走完整个流程。我国已经有多家企业将财务工作运用平台系统进行统一操作，工作的准确性、高效性大幅提升。

二、大数据时代带给会计人才的危机

危机一：互联网信息安全。移动互联网带给会计专业人员方便快捷的同时也存在一定风险，企业数据在互联网的背景下实现了极大的资源共享，透明度的不断增加使不法分子极易窃取商业信息，这就对企业商业秘密的信息保护手段提出了更高的需求，需要工作人员同时具备良好的技术手段和高度的警惕意识。由于企业会计信息对其发展和存活起着举足轻重的作用，在瞬息万变的网络时代，极易泄露的数据信息需要会计工作者拿出百分之百的责任心去守护，这是对会计人员专业度、综合素质的全新考验。

危机二：专业人才接替和企业人才需要的矛盾。大数据时代的快速发展使得新的技术手段迅速覆盖到各个行业，企业对专业会计人员的要求既有专业的线上操作又有综合的素质水平。然而，各个院校输出的会计人才难以完全跟上时代发展进程，能够真正符合当下企业要求的高水平人员较少，初级待提高人员较多。互联网的迅猛势头加速了这种矛盾的出现，这是目前我们面临的一大问题。

危机三：会计院校教育体系落后于现实发展。由于互联网快速覆盖，会计专业院校反而难以同步跟进，其输出的专业人才各个方面素质欠缺。旧的教学模式教授的学生们学到的是过时的思考问题方式以及死板的业务处理能力，无法跟上信息化企业的脚步。

三、大数据时代带给会计人才的时机

第一，大数据时代开启了信息和资源共享的新模式。移动互联网使得会计工作操作突破了空间、地域的限制，走出了信息局限的工作模式。新模式下会计人员通过利用共享信息大大加速了工作进程，节约了时间资源、物质资源，能够更好地将精力运用在优化工作质量上。

第二，大数据为会计人才提供了更为广阔的发展平台。当下，企业对专业会计人员的高标准需求与会计院校输出的会计人才难以进行良好对接，企业会计职位存在很大缺口，而会计毕业生们却很难找到好的职位学习实践。互联网的广泛运用逐渐融合了这一点，互联网通过供需信息的充分共享使得招应聘信息透明化，无形中按需分配了信息资源，无限拓展了就业机会，也增加了企业和会计人才双向选择的空间，使得双方都可以找到对应的人才和岗位。

第三，大数据时代会计人才获取相关信息更加便捷。大数据的无限共享便于会计工作人员敏锐地洞察行业动态，处理和解决问题愈加及时、迅速。工作人员通过多样的、新型的办公手段节省了地域成本、空间成本，进而做到高效及时地更新、归纳工作内容，可以说互联网的发展带来了会计行业无限的崭新提升渠道。

第四，大数据时代提高了会计人才对于相关财务信息利用的效率。移动互联网的发展迫使旧的会计工作理念进行改变，打破原有的工作方式不断进行提高，由低能向全方位综合能力提升。大数据下无限资源和信息的共享为会计人员提供了广阔的学习方向，专业人员工作过程中可以利用新的途径获取新信息，发挥自己独特专长，充分改进工作质量，人员能力的提高使得企业运作成本也大幅降低，从而能更大发挥其经济价值。

第五，大数据时代下企业提高了对会计从业人员的要求。网络时代促使企业对专业人员的要求提高，当下企业需要的是高度专业的、综合能力过硬的专业人才，这就需要会计人员接受过会计高等院校学习培养，具备专业知识和素养。社会低端会计学习者很难适应企业职位要求，高等院校的专业毕业生将会得到更多的就业机会和实践机会。

第三节　大数据时代下会计人才培养问题发生的原因

一、传统会计人才培养模式难以满足现代企业新需求

传统会计模式是以手工记账、算账、报账为主要的工作内容。近年来，大部分企业实现了会计电算化，但是工作量依然居高不下。高负荷的会计工作难免会出现一定的错误率，既影响工作效率，又影响工作的时效性。在我国，传统的会计模式会带来很多的不便和错误，如会计信息传递矛盾，会计信息错误率居高不下等。而现代企业的发展最讲究的就是时效性，如果错过了市场机会，就会错过很大的机遇，错误的会计信息也会给现代企业带来损失，传统的会计模式对企业财务有五个制约。①过大的会计工作量不利于会计工作效率的提升。②无法为企业参与国际竞争提供帮助。③办公地点受到限制，不利于随时办公。④传统的会计模式无法参与企业的管理，主要是对成本的核算和管理。由于工作效率和工作负荷大，成本核算的数据提供一般都相对滞后，这对于企业在对自身物资和资金的管理方面都有很大的约束，不利于企业的预决算。⑤落后于市场和商业发展，传统的会计模式已经落后于市场形势，再加上不支持电子商务应用，在电子商务发展迅速的当下，已经越来越不适应当今会计的发展。

二、会计信息系统将产生革命性变化

自从中国加入 WTO 之后，中国开始逐渐参与国际市场竞争，一直发展到现在，已经逐渐融入了世界经济大圈。而与国外企业相比，在企业管理和会计信息化方面，我国企业都有不足，所以为了提升国际竞争力，必然要实现管理的现代化和会计信息化，以便为企业在做企业决策时，提供辅助判断的工作。

（一）会计功能扩大化

与会计信息化相比，传统的会计信息系统主要功能有所欠缺，只能反映企业

经营活动的基本功能，而在大数据时代，会计信息化使会计工作的内涵和外延都有所变化：

第一，互联网的使用者范围扩大，在大数据时代，会计信息的使用者不再仅是企业内部的会计部门和企业的管理层，而是扩展至企业外围，包括投资者和政府部门，以及技术供应商。

第二，会计信息化将改变货币价值信息的重要性，然而会计信息化能够为企业的决策提供更多的依据。例如在创新能力、客户满意度、市场占有率、虚拟企业创建速度等方面都有所依据。会计信息化的发展，扩大了企业决策的数据信息化，为企业决策提供更有力的助力。

第三，互联网使会计信息化的操作流程变得更加简易，同时也变得更加方便，把企业的会计人员从繁重的企业财务工作中解救出来，在企业管理和决策方面，提供更多科学数据。互联网的发展给会计发展提供了新的机遇，使会计信息化发展更加壮大。

（二）财务信息的搜集处理使用动态化、实时化

互联网背景下，财务信息实现了共享，所以企业各部门之间对财务信息的搜集是实时的，没有时间和空间的界限，无论是企业的内部数据，还是外部数据，都可以在系统中调出进行搜索、查询。在互联网背景下，企业的原始数据和记账凭证都被记录于数据库中，可以实时做账，实时查阅，而这种状态对于企业的经营状况和成果都能够动态查询，账面信息都能够如实地反映出来，这样可以使企业的财务数据随时结清，有助于企业的发展。互联网会计信息化的发展，对我国企业的会计信息做了更加动态、更加实时的分析，也对当前的企业经济环境判断做了更好的安排。所以，财务信息化的实现，必然能够对企业的发展乃至企业的会计人员有巨大的提升作用。

（三）财务信息无纸化

会计信息化的发展对企业财务的分析和发展都有非常重要的作用，其中最重要的一点就是无纸化。①数据输入无纸化，数据通过计算机录入，既可降低财务人员的工作负荷，同时又可以节省运营成本，还可以降低财务工作的出错率，可谓一举三得。②处理过程无纸化，会计信息化录入的数据可以自行完成数据处理，节省财务人员的分析过程，大幅提升工作效率和准确率。③财务信息输出无纸化，

财务信息与互联网连通，可以使财务信息的储存和输出都通过互联网实现，以网络方式输出的数据可以直接观看，无须以纸为媒介，可以节约成本，也可使数据的运用更加便利实时。

（四）结算支付电子化

结算支付随着网络时代的到来更加便捷，结算方式逐渐由货币支付转变为电子支付，而电子支付主要是由中国人民银行牵头达成的，在当前越来越便利，越来越成为主要的支付方式之一。当前无论是电子商务，还是网上购物，基本前提都是网上支付，网上支付既无需现金交易，也无需支票交易，只需要网上转账即可。包括中国人民银行在内的几大银行共建“金融认证中心项目”，这标志着我国的互联网金融支付的开端，也是未来发展的趋势。随着结算的电子化，我国的现金支票将会慢慢退出资金流通领域。

（五）财务、业务协同化

财务、业务协同化是互联网的发展与普及的结果，而财务软件的使用使得财务信息的使用和发布逐渐由企业内部转移到企业外部，实现财务信息共享，对于企业之间判断市场趋势有着重要的作用。

（六）决策支持群体化

企业决策层决策以前是凭借企业经营管理人员的经验和当前市场的判断，而随着财务软件使用，可使财务信息通过互联网传递到每个人员手中，企业在国内，则传递至国内，企业跨国，则可跨国运用。

（七）财务人员工作方式网络化

传统的财务工作需要财务人员手工记账、入账、分析，当时没有计算机，所以必然如此。随着电子信息技术的发展，财务电算化逐渐实现，财务工作逐渐由手工发展为计算机财务，财务人员的工作方式由手工转为计算机录入。而今，随着财务的发展，会计信息化逐渐进入企业视线，当前大部分企业都实现了互联网财务，财务信息实现了随时传输、随时共享，企业财务状况更加直观、明了，财务信息对未来的经营预测更具时效性，不仅提高了工作效率，还对企业的发展有更好的作用。

（八）财务部门扁平化

传统的财务工作分工明确，一个岗位一个人员，每个岗位都不可替代，缺少一环便缺少一部分账单，所以，在传统会计模式下，会计部门人员最多，也最是效率低下；而现今在互联网背景下，会计信息软件将一些财务岗位模糊化，很多财务职能如出纳、成本、材料等岗位可以逐渐模糊化，总账、报表等岗位可以被取消，而对于数据搜集、数据分析等岗位则需要加强，这是财务信息化带来的变化，也是财务部门的扁平化趋势，不再有太多的主管和经理兼任财务部门领导，而是将职权分散于每个岗位之中。

（九）财务工具Web化

与传统的财务工具相比，互联网财务软件的应用是网上办公，也就是互联网财务工具 Web 化，互联网工具 Web 化可使客户的财务服务器置于计算机上，也可以是便携式的。互联网的财务管理使财务的核算与管理发生了巨大变化，形成了高效率低成本的互联网会计信息化。

第四节　大数据时代下会计专业人才培养改进措施

会计专业人才培养主要是对复合型会计人才的培养，这是企事业单位在未来的发展中必须遵从的。各大职业学校都需要为社会输出高质量的技术应用型人才。在我国，会计教育具有职业性、岗位性、针对性和实用性等特色，其最终的目的是为企业培养高素质会计人才，培养学生的软件操作能力、职业能力以及数据分析能力。在当前会计信息化趋势下，对会计人才的培养主要是对财务分析能力和财务创新能力的培养，从核算型会计逐渐转变为决策性会计。在互联网背景下，会计人才培养还要从以下三个方面入手。

一、培养互联网思维

（一）会计信息化教育要多元化

传统的会计专业以基础知识教育为基础，但是在大数据时代，也要增加网课、微课、翻转课堂等教学形式，丰富学生的教学模式，拓宽学生的学习渠道，丰富学生的学习内容，借以增强学习效果。新教学手段的运用可以有效培养学生的独立学习、思考和解决问题的能力，对于学生未来的职业发展和人生发展都具有非常重要的作用。互联网背景下的职业院校教育需要以提升学生综合素质为核心，从而满足新时代会计人才的需求。

（二）培养学生的互联网思维

会计信息化时代的到来对会计专业的学生提出了更高的要求，不仅对专业知识有要求，也对学生软件适应和运营能力、数据收集和分析能力提出了更高的要求。一般而言，数据信息化时代，财务学习的重点在于将理论与现实技术相结合，构建全新的学习模式，并将教育逐渐社会化，加强学生的毕业后教育和财务信息化教育。

二、企业层面：加强培训、调整人才结构

（一）注重企业财务人员的培训，并建立多种培训方式

第一，培训要循序渐进，根据各企业对会计人才的要求，对会计人才的培训要循序渐进，首先要从会计专业知识入手，然后加强互联网技术、财务软件使用、平台管理与应用的培训。

第二，企业内部开展各种形式的培训，可以以网络为基础，进行网络培训、微课培训等，也可以邀请著名的会计专家举办讲座培训，在平时的培训过程中，多注意人才的培养和储备。

第三，企业内部开展各种比赛交流活动，以促进会计信息化知识的消化与应用，活动开展形式可以是技能大赛，也可以是论文评比，总之目的只有一个，那就是提高大家的学习兴趣，使知识掌握得更扎实。同时，企业还可以通过各种物质上和精神上的奖励促使财务人员工作干劲十足，学习劲头十足。

（二）优化财务会计人员结构，实现财务会计的扁平化管理

第一，企业要制订相关的财务人员岗位职责和岗位待遇方案，该方案对财务人员的具体职责、薪酬待遇都要有明确规定，优化财务人员队伍，另外还要对财务人员建立起相应的奖惩措施，以便能够更好地管理和制约财务人员，使财务人员认真工作。

第二，加强财务人员的人才储备，通过对职业院校和社会上的优秀财务人员进行考查和引进，并加以重点培养，来促进企业的发展。

第三，实行轮岗制度，它能使每个财务工作者都熟悉工作流程，万一发生突发事件，不至于使财务工作形成短流；同时，轮岗制度可以有效培养新人和重点培养对象，为企业财务工作积蓄力量。另外，轮岗还可以有效地提升会计人员的素质，培养出一些业务能力强、数据分析能力强，对企业发展有重要作用的人。

（三）加强校企合作的模式，使学校的人才能够迅速为我所用

第一，与学校订立用人意向，使学校为企业培养专业化的、高素质的、对口的会计人才，这对于企业和学校来讲是双赢的，不但为企业解决了人才问题，同时也为学校解决了就业问题。

第二，制订企业财务人员的学校再培养计划。学校一直都是知识的传播基地，如果企业的财务人员能够定期到学校进行再培养，不定期参加财务课程讲座，必然能够有效提高素质，促进企业的发展。

第三，组织财务人员骨干培训班。财务人员的骨干培训班是企业为自身发展培养财务人才的必经之路，也是企业发展的最终归宿。

第四，通过学校培养一批中高级会计职称人才，为企业的会计发展做出贡献。

三、个人层面：加强信息技术学习

（一）具备网络技术业务处理能力

随着我国会计信息化的不断发展，会计从业人员必须从自身找原因，迅速提升自身的业务处理能力，这是一名工作人员的立身之本。会计从业人员不仅要对会计的基本知识和基础知识烂熟于胸，更要对互联网技术、会计软件的使用和管理，以及网络平台的运行与维护都能熟练运用，向复合型人才靠拢。

（二）提升自我信息判断能力

会计信息化的发展必然引起会计职务的变革，随着会计信息化的发展，会计的工作已经逐渐转变，由财务信息的处理和提供，逐渐转向了对财务数据分析和参与企业决策。财务信息的录入不再是最重要的，而对企业发展的决策前预测和在企业决策执行过程中的成本控制变得尤为重要。所以，对于会计从业人员来讲，具备一定的行业判断能力、市场分析能力和敏锐度都有更高的要求。

（三）要有保障会计信息安全的能力

随着互联网、移动设备、云计算和社交媒体等新技术、新载体的大量运用，会计信息系统将面临被外部攻击的风险。所以，会计从业人员必须强化保障会计信息安全的能力，有效防范会计数据被截取、篡改、损坏、丢失、泄露等风险。

第五节　互联网远程教育在会计人才培养中运用

一、远程教育的概念及其特点

这是一种新兴的教育模式，是一般更加适合业余充电学习者的一种教育方法。它采用的媒体手段一般以网络以及电视为主。它打破了地域和时间的限制，学习者可以没有固定的学习场所，学生不需要在必需的时间和地点听课学习，学生和教师也不需要见面，学习的整个阶段都是通过远程的移动网络或者广播等数字媒体传送的。远程教育是一种非常开放的、灵活的学习方式，它打破了旧有的单一的学习模式，使得学习途径更加丰富、多样的同时也增加了适应性。

二、远程教育会计专业实践教学的重要意义

远程教育会计学专业的培养方向主要是向社会输出适应各种国有、民营、基层单位财务方面人才，通过对学生的远程培育使其能在相关单位担任财务核算、整理、分析等工作，并能够运用高科技手段处理工作业务，达到会计学专业必须具备的实用性特征。不难看出，会计专业的最终培养方向还是使学生胜任企业职位，这就需要培养学生的教学内容不只是局限在理论知识的学习上，还要结合实践进行实操训练。只有将教学理论和实践相结合，多增加锻炼实操的各种体验课程，才能培养出高能力、高水平的学生，培养出真正适应工作岗位的会计人才。

会计专业高等院校作为培养会计专业人员的主要场所，输出的会计人才能不能适应社会企业岗位，是否有过硬的业务实操能力，直接反映出院校的教学水平。这是社会评价院校的铁标准，所以实践教学的构建也是提高教学质量的重要步伐。

新型的教学模式要培养出适应工作需要的实操型会计人才，就要在教学中将理论知识和实践能力契合地相互融入，梳理两者的相互联系，不断优化理论知识在实际工作中的应用方法，提高实际操作的学习质量。将建设远程教学打造为理论与实践并重，适应多种学习受众群体的特色实践性教育性体系。

三、远程教育会计专业实践教学体系的构建

会计专业的学习主要包含三方面：①理论基本知识；②会计基础技能的学习；③会计实际操作培训。通过加强学生实践，增强学生理论和技能的理解和掌握，让学生明白怎么具体操作。经过这些培养，学生对知识的认知和实际操作的运用能够得到有效加强。具体来说，会计实践教学结构中包含的项目有教学实验、规

定时间内的专业实习、模拟专业体验等。高效的专业教学质量不仅需要有充足的实践教学时间以及高标准的教师指导，需要具有模拟真实常见工作场景的场所，还需要具备专业的管理模式。

坚持以实践教学思路为指导是构建远程会计专业实践教学体系的关键所在，首先，要从思想上重视专业学习中实践教学的部分，从政策上支持实践教学。其次，要坚持教学中理论与实际相结合的基本思想，还要坚定教学方式转变的信念，明确其重要地位。实践教学是有其整体体系的，整个体系中的环节缺一不可，实践教学应建立在教师学生积极参与过程中，将教师教授课程过程和学生学习课程过程都融入参与中完成。这也是实践教学的基础。体系中需要将课程进行的实际操作和学生实习期学习作为实践教学效果的增强力量。最后，综合素质运用，如毕业设计实践操作，作为体系核心完成全部实践教学体系结构，细节分类我们又可以从实践教学方式上、内容上、教学程序上做详细分析。

首先，从教学方法上来分析主要体现在利用多种形式贯穿全程参与，意思是必须保证教学过程学生全程参与其中，参与程度可以逐层加大，由起初的小范围手工实验模拟到中间阶段的基地实战训练，再到最后完全自己实践完成毕业论文。学习过程中 3 种方式依次进行。

其次，从教学内容上分析主要体现在实践课程安排递进进行，第一阶梯是小范围实验教学；第二阶梯是实习实践，学生进入实习单位接受实际工作完成任务；第三层阶梯是实战训练，学员深入具体单位完成完整业务；第四阶梯是毕业论文和毕业设计。4 个阶梯如同楼梯一般上下分明，层层递进，通过前一层才能到达下一层。教学机构需要坚持理论联系实际的教育原则，合理安排教学内容，对各个阶段学生的参与成果进行指导，最后用心、合理地选择毕业论文命题。

最后，从教学程序规划上分析，要以“以学生为中心、全过程监控”为指导原则，多方面完善教学计划，促使教学规划顺利完成。一方面是要严格完成规划内学时时长。会计专业学生要利用足够的时间进行实践活动，选择实践活动的方式方法，这也就是常说的教学计划执行监督。另一方面要对学生进行的学习实践提供必要的场地、所需要的设施以及专业化的指导和评价，也就是常说的服务支持。同时，还需要为进行实践活动的学生们组织专门的教学教师、设置教务组织等，以保障实践活动教师团队的专业性，也就是人员方面的支持。除此之外最后两项也必不可少，一是要建立评定学生实践效果的考核制度，定期考试，公布成绩，利用考核制度监督督促，也就是考核制度监督。二是监督检查。职业院校机构为了保障教学计划顺利完成，达到预期效果，要定时对教学进度进行查看，纠错指正，定期监督检查保障是实践教学全程监控的重要监督力量。

四、会计专业实践教学方案的实施过程

远程教育作为一种开放式的教学方法已经被越来越多的学习者喜欢和接受，追随这种发展趋势，以此为基础设计出适合会计学专业的实践教学体系是开始新的教学方案的第一步。实践教学方案的完整实施，我们还需要很长的路要走。

遵循教学方案的整体结构，在进行实践教学步骤时需要按照大纲要求步步分解开来，一步一步依次进行学习。清晰了解实践学习包含的三方面步骤、四步递进阶梯、五种监督机制，在此基础上逐层分化进行小范围实验课，针对性实习，专业基地实战，最终重点聚集实操，完成毕业方案。全程完成细节包括以下几个方面。

学生学习过程中要做到理论与实践相结合，两方面的学时时长应当相当，不应顾此失彼。这样更有利于学生在学习会计专业基本知识、基本技能的同时锻炼其对实际账目的分析、整理能力，这就为以后步骤的学习奠定了扎实基础。这个学习过程同样需要教师的监督。教师们通过考核记录成绩、评价实践效果、到课人数签名等措施提高学生积极性。

实践教学学习不是一成不变的，无论是学生实习期还是实践基地学习中都可以灵活学习方式，设计加入符合学生单一培训的学习模式，通过小插曲似的针对性实操业务工作提高学习者的主动性，加强兴趣感。学生在企业实操实习过程中，学校需关注并指导学生在其实习的企业财务业务上寻找自己擅长的、实用的毕业论文选题，以便在后期论文设计中将实习期所学学以致用。

会计专业学生通过深入企业具体财务岗位实践可以学习到实时的行业动态，也会在具体工作中自然而然地将校内所学理论知识进行应用。实践和理论的双重融合培养了学生学以致用的能力，为实践教学的后期步骤打下基础。

为了使实践教学规划方案得到实施，在整个教学实践中我们必须充分重视对实践教学全程的监督评价工作。学校为保证这一职能发挥充分作用需要设立专门部门，组织各个职位人员对教学过程分段监督。实现有力监督的同时，学校也应

该积极对教学效果及时评定，评定需具体细化如对学生出勤、实操、主动性、理论理解、实践应用、财务业务分析，报表编制等做出评定，达到督促目的。在评定学生各方面的同时，教师需要对学生体验、实验过程的问题做出引导，并结合新兴模式教学，适用当下学生乐于接受的教学方法灵活授课，多样授课，在注重教学效果的前提下保障学习者的积极性。

第六节　大数据时代下会计人才胜任能力评价指标体系的建立

一、胜任能力概述

（一）胜任能力的含义

“胜任能力”一词，英文名为competency，指的是可以胜任某种工作或者活动，而且比他人优秀的一种能力和素质，或者说，胜任能力强调员工高于一般的优秀素质水平。胜任能力是美国管理学家麦克利兰提出的。国内学者把这个词翻译成关键胜任能力、核心能力、胜任特征，也可以简单地称作素质。

人力资源管理理论与实践和现代管理学非常重视的就是胜任能力。如何界定人力资源个体胜任能力，可以得出招聘和任职的依据，可以顺利地找到优秀的人才，同时也有利于员工招聘任职之后进行正确培训、高效使用和进一步的开发。

据斯宾塞的分析，胜任能力分为6个方面，有表层的、显现的因素，也有“作用更大的、隐藏在深层的内容”，这一思想被称为“冰山理论”。

（二）胜任能力的内家

据斯宾塞的研究，最常见的、具有一定普遍意义的胜任能力涵盖以下6大类别、20个项目：

1. 个人特征

包括自信、自我控制、灵活性和组织承诺。

2. 影响特征

包括个人影响力、权限意识和公关能力。

3. 服务特征

包括人际洞察力和客户服务意识。

4. 管理特征

包括指挥、团队协助、培养下属和团队领导。

5. 成就特征

包括成就欲、主动性和关注秩序和质量。

6. 认知特征

包括技术专长、综合分析能力、判断推理能力和信息寻求。

也有的学者注重胜任能力中与工作绩效有直接因果关系的一系列因素，如认知能力、人际关系技能、与工作风格有关的因素等。认知能力主要指一个人分析和思考问题的能力，它包括问题解决能力、发现问题的能力、决策能力、项目管理能力、管理时间能力等。与工作习惯有关的因素主要关系到一个人在特定情境下采取何种行动。人际关系能力是与人打交道的种种技能，如处理与上司、同事、客户等的关系。

二、大数据时代下会计信息化人才职业胜任能力供需现状分析

（一）基于能力要素法的用人单位招聘意向分析

研究用人单位的人才需求是会计人员职业胜任能力框架建设的首要工作。招聘单位发布的招聘信息通常能够表明用人单位对人才能力的要求。接下来我们分析会计人员的社会发展现状，主要从用人单位的招聘信息着手研究。

首先，能力要求是用人企业发布的招聘信息中表明的岗位要求，即用人单位对面试会计人员的职业能力要求。说法很多，不过实质内容是类似的，我们对一些职业能力合并汇总：热爱本职工作、为人正直、保守商业秘密等都是职业道德层面，因此类似的要求都在职业道德的类别里。其次，所占比重指的是岗位要求中提到用人单位对某种能力的个数占样本总数的比重。最后，解释信息是指对第一列中列示的各种岗位要求所做出的相关解释。

1. 用人单位都非常重视会计人员的信息技术能力

大数据时代下，会计人员熟知相关信息技术知识能够更好地胜任会计工作。公司向着信息化发展，在公司管理中财务软件发挥着越来越大的作用。现在市场上商业化的财务软件主要是金蝶、SAP 和用友，它们不单是会计记账工具，还能够为公司决策提供信息支持，这直接关系到会计人员对财务软件的使用程度，59%的用人单位要求面试会计人员掌握财务软件的使用能力，这就表明了财务软件在

公司管理中的战略地位。除此之外，由于办公自动化的应用，也必须熟练掌握Word和Excel等办公软件的使用方法。调查结果表明，有近一半的用人单位要求会计人员熟练掌握办公软件。同时，由于信息技术的进步，数据库管理、电子商务、网络知识、数据分析等计算机技术也必须熟知，会计人员对计算机信息技术的熟知除了可以增强自身的竞争能力，还可以给公司发展创造价值。

2.用人单位非常重视会计人员的工作经验

市场经济环境下，经济业务变幻莫测，实践和理论需要结合，课本中的知识需要实际应用到千变万化的经济环境里。公司招聘会计人员的时候，衡量人才能力的重要标准就是工作经验，而且拟招聘职位越高，对工作经验的要求也越高，有些高层财务人员招聘要求应聘人员具有10年以上工作经验。另外，在一些会计职业资格考试中，如初级、中级、高等会计职称以及CPA,CCTA,ACCA等证书，会计人员报考时都要求有一定年限的工作经验，这就说明了工作经验对会计工作的重要性。

3.用人企业更加青睐有职业资格的会计人员

基于企业角度，检验面试人员专业能力的主要方法即面试人员是否持有相应的资格证书，这直接导致了资格证书考试变得十分抢手。初级的会计人员要求必须持有助理会计师证书和会计从业资格证。高等（财务经理和财务主管）会计人员要求具备CPA证书、中级或高等会计职称。除此之外，因为全球经济的飞速进步，对于国际化会计人才的需求与日俱增，一些洋证书如ACCA开始备受喜爱，用人企业开始关注了解国际经济环境的会计人员。

4.用人单位比较注重会计人员的专业素质

专业会计人员的素质一般指会计人员的实务操作能力、风险管理意识、筹资能力、专业知识、财务管理能力、决策支持作用、财务分析能力等，有的是任职会计职位所必需的专业能力，剩下的则是成为高等财务人才应该具备的能力。

用人单位对工作经验、职业资格、学历和熟悉相关法规的要求就是对会计人员专业素质的门槛。某些专业素质一般都是在学校教育里面学习的，之后在实际工作中进行应用实践，渐渐构成了个人的专业素质。会计人员的专业素质影响了他们工作能力的大小，直接影响为公司创造的价值，因此用人单位特别在意。

5. 用人单位越来越重视会计人员的职业技能

研究结果表明，用人单位对会计人员的能力重视程度与日俱增，仔细研究可以看出来，职业技能成为专业能力里面增加最多的，学习能力、沟通协调能力、团队合作能力、表达能力、人才培养能力、分析解决问题能力最为明显。因为会计职能开始从简单的处理账务变为管理公司，操作实务的能力开始变小，慢慢变强的是职业技能，集中体现在高等财务人才群体。

6. 用人单位更加注重会计人员的职业价值观

会计人员与公司的资金流动密切相关。他们熟悉公司内部的财务机密，而且背负着相关社会责任和希望，他们的职业价值观决定了会计工作的完成情况，更是直接关系到公司的生存发展。

因为社会的进步，会计职能也随之充实丰富，会计事务要求会计人员的基本能力与日俱增，归根结底是我国社会经济的不断发展的必然产物。研究直接表明了当前阶段我国对会计人才的需求状况，成为会计信息化人才胜任职业能力的主要参考指标。

（二）基于功能分析法的职业胜任能力现状研究

说起我国会计人员胜任职业的能力状况，初级会计人员供大于求，而高等的财会人才成为至宝，需求量越来越大。高等会计人员到底应该具备哪些能力？初级会计人员欠缺的能力到底有多少，到底是什么能力指标限制了他们的能力发展？

会计学术界以及会计从业人员仔细探索研究过会计人员胜任职业的能力，归为以下几点主要问题。

1. 会计职业道德观念有待提高

我国的财务人员贪污挪用公款和资本市场财务造假以及美国的“世界通讯事件”爆出的财务丑闻等，反映出从业人员职业道德缺失，各项研究中提到最多的问题就是职业道德危机。官方在会计从业资格考试职业道德科目中明确表示，会计职业道德 8 项要求：提高技能、客观公正、参与管理、爱岗敬业、坚持准则、强化服务、廉洁自律、诚实守信。事实上，大多会计人员对这些要求并不关心，有的会计完全依照上级领导的要求处理账务，弄虚作假、贪污腐败，甚至爆出财务丑闻。会计行业信誉被这些违背职业道德的行为严重伤害。现在行业里讲究诚信至上，让会计人员身败名裂的并不是不熟悉职业知识，主要是因为败坏了职业道德。

2. 信息化条件下，会计人员业务水平不够

现在的用人单位都认为信息化十分重要。会计信息化对会计人员的要求越来越多，但是，有的会计人员，特别是喜欢手工处理账务的大龄会计，对财务软件的使用根本掌握不了，直接限制了公司实现信息化。更有甚者，有的公司要求使用信息化软件，会计人员业务能力不足，只能做全都是形式和表面的工作，根本实现不了现代公司的管理模式，导致了大量人力物力的浪费。很多公司在面试时会对会计人员是否熟悉财务软件及办公软件的使用有明确的要求，尽管有的公司没有直接说明，但是会计在工作时也会用到相关软件。

3. 缺乏必要的职业技能，无法顺利完成工作任务

尽管相关会计人员熟悉大量的专业知识，而且获得了很高的学术研究的成果，但这不表示他们能做好会计工作，这主要是因为他们缺乏必备的职业技能。如果不善于沟通，与公司其他部门的合作就不会太通畅，无法快速适应规则和相关法律规范的变化。

4. 知识结构不合理，财务业务水平也不高

由于会计人员单一的知识结构，初级会计人员仅仅熟悉会计核算，对金融、投资等方面的知识完全不懂，其职业水平会被限制。高等会计人员的工作任务不局限于处理账务，主要管理公司资金，进行正确的投资、融资等管理财务事务，必须掌握会计核算知识以及金融、投资、经济等相关专业知识。会计人员增加学历教育和提高实践经验才能解决这一问题。

总结一下，一般会计人员嗷嗷待哺，高等会计人才缺口太大，这就是中国当今会计人员职业能力状况。中国会计人员职业能力问题突出，必须构建一个职业框架规范相关能力，给社会上的会计人员提高职业能力做出一个参考，也是我们构建职业胜任能力框架的主要目的。

三、经济全球化大背景下会计人才胜任能力评价指标体系的建立

（一）经济全球化大背景下会计人才胜任能力评价指标设立原则

1. 可行性原则

指标的确定必须要有理论依据、合理科学的指标，而且必须结合实际情况，直观可量化、操作起来切实可行，用这样的指标来进行评价，得出的结果才是正确的、合理的。

2. 科学性原则

如果要求指标得出的结果更接近客观事实，那么设计评价指标时必须坚持科学性原则，这样得出的结果才是真实可靠的，评价的结果才是可信的。如果想要准确和全面地评价一个对象，那么必须有一系列具有内在联系、能够立体地对评价对象进行评价的指标体系。因此，坚持评价指标的科学性原则，基本上体现在指标的数量和层次上。

3. 可操作性原则

如果评价体系指标设计得粗陋简略和烦琐复杂，就违背了科学性与可操作性原则，直接后果就是结果太简单有失精确或者过程太复杂无法计算。因此，在科学合理的前提下，设计指标的时候应尽量做到简单，而且要充分考虑实际情况，可以在具体操作中进行简单的操作，让设计出来的指标具有实际意义。

4. 目的性原则

每一个因素或指标都是借助层次分析法把总目标逐级分层得到分目标，因此在设计指标时，要保证每一个指标都能和上一级目标结合，并且能够全面体现这一目标。同一层次的不同指标可以互相补充，这些指标放在一起可以完整地展示他们上一级的目标。

5. 分类原则

我们把会计人才分为初级、中级和高等会计人员，初级会计主要处理基础的财务工作，在企事业单位中一般担任会计和会计助理等职位；中级会计人员是指可以担任企事业单位主要财务负责人工作或者可以处理相关领域的财务工作，主要涵盖小公司财务部门的负责人或者大公司集团会计总负责人助理等职位；高等会计人员是指掌握丰富的会计实践经历和较强的职业能力，可以独立领导和组织处理本单位财务会计工作，当成公司的管理层，在企事业单位中主要担任高等财务分析师、高等会计师、首席财务师。基于不同层次的人才，承担不同的工作，对他们的胜任能力要求也是不同的。

（二）经济全球化大背景下会计人才胜任能力评价指标设立

1. 初级会计人才胜任能力评价指标设立

（1）知识

互联网形势下，初级会计人员必备的知识分为与互联网相关知识、基本知识、相关的专业知识，因此我们把信息技术知识与相关专业知识和专业知识标为二级指标。在专业知识层面，我们把会计管理、财务会计标为三级指标。信息技术知识层面，把常用软件工具的运用和商务相关信息技术知识标为三级指标。相关专业知识层面，把法律和税务标成三级指标。

（2）能力

现在，初级会计人员需具备的能力涵盖与工作相关的表达沟通能力以及业务能力。其中，业务能力涵盖判断能力和操作能力，表达与沟通能力涵盖口头表达能力以及协调沟通能力。因此，可以把业务能力与表达沟通能力标成二级指标，判断能力、操作能力、表达能力以及协调沟通能力标成三级指标。

（3）技能

互联网大背景情况下，初级会计人员必须具备的技能涵盖相关技能和专业技能。专业技能涵盖纳税事项、日常经济业务核算与财务报告，相关技能涵盖财务软件的运用和操作计算机常用工具软件。因此，可以把专业技能与相关技能当成二级指标，二级指标下具体相应的技能就是三级指标。

（4）素质

经济全局化大背景下，初级会计人员应该掌握的素质基本上就是道德素质，我们把道德素质当成二级指标，然后把诚实守信、自律精神、客观公正和爱岗敬业当成三级指标。

2. 中级会计人才胜任能力评价指标设立

（1）知识

经济全球化背景下，可以将中级会计人员必须具备的专业知识和专业相关知识当成一级指标。专业知识又涵盖了财务管理、审计和高等财务会计，这三项当成三级指标。专业相关知识又涵盖税收策划以及相关法律知识，这些项也当成三级指标。以上为经济全球化背景下中级会计人才一级指标知识的各级评价指标。

（2）能力

经济全球化大背景下，中级会计人员应该掌握组织协调能力、业务能力、分析与解决问题能力，可以将这三种能力当成二级指标，业务能力涵盖以专业的角度对经济业务进行判断的能力、对所需财务信息的捕获能力；分析与解决问题能力为对所遇到的问题从专业的角度进行分析以及利用专业知识进行解决的能力；组织协调能力涵盖协调沟通能力与组织、管理能力，我们把上面几项当成三级指标。

（3）技能

经济全球化大背景下，会计人员应该掌握以下能力：相关技能以及专业技能。专业技能与相关技能是二级指标，专业技能涵盖资金的筹集、投资、资金的分配以及财务分析能力，相关技能涵盖操作运用公司管理软件与会计软件，我们把以上几项当作三级指标。

（4）素质

经济全球化大背景下，中级会计人员有必要掌握的素质涵盖业务素质和道德素质，因此我们把业务素质与道德素质当成二级指标，在业务素质中涵盖会计职能的转变以及全新的会计理念。道德素质主要涵盖提高技能、参与决策管理、服务意识、坚持准则，以上就是三级指标。

3. 高等会计人才胜任能力评价指标设立

高等会计人才胜任能力评价指标的制定包含能力、素质、知识 3 个方面。

（1）知识

经济全球化大背景下高等会计人员应该熟悉的知识分为专业知识和相关专业知识。这里面的专业知识内容涵盖了基础财会专业知识和高级财务知识，相关专业知识涵盖了管理经济金融知识、公司相关知识和法律相关知识。专业知识与专业相关知识就是二级指标，下设的内容就是三级指标。

（2）能力

信息背景下高等会计人员应该具备的能力划分成分析决策能力、组织领导能力、业务能力、沟通协调能力，这些能力就是二级指标，把里面涵盖的详细内容当成三级指标。以上是经济全球化大背景下高等会计人才一级指标能力的各级评价指标。

（3）素质

经济全球化大背景下，高等会计人员必须有的素质涵盖视野素质、职业道德和职业素质，这些素质当成二级指标，把它们涵盖的项目当成三级指标。

（三）经济全球化大背景下会计人才胜任能力评价指标内容

1. 初级会计人才胜任能力评价指标内容

（1）知识

一般来说，在经济全球化大背景下基础会计人员应该熟知的知识划分为信息技术知识、会计专业知识与相关专业知识。

信息技术知识是目前会计人员必须具备的，这样才能顺利完成会计工作，由于现代公司之间的交易和相关经济业务基本上都是借助互联网在计算机上完成的，借助计算机软件也能对公司会计信息进行计算，会计人员必须了解这些方面的知识才可以处理财务工作。这些知识一般涵盖商务相关信息技术知识和常用软件工具的操作。商务相关信息技术知识涵盖电子汇兑、信息安全、电子商务系统和电子数据交换等；常用软件工具涵盖 PPT，Excel，Word 等常用软件。在经济全球化大背景下这些知识是十分重要的，熟练学习了信息技术相关知识就可以借助信息化的工具操作会计工作。

专业知识是会计人员必须具备的基础，是担任工作的前提，基本涵盖财务会计和会计管理等。在经济全球化大背景下，要做到全面系统的监督与核算公司发生的各项经济业务，能够给涵盖公司投资人、债权人等在内的与公司利益密切联系的人提供公司的经营状况与获利能力。

专业相关知识是与会计工作相关的知识，一般涵盖税务、法律等相关知识，尽管这些知识不是会计专业的基础知识，但是由于经济全球化大背景下，公司与外部金融、法律机构之间的关系越来越紧密，这使会计工作和这些相关知识也变得越来越紧密，在会计工作中变得日益重要，因此必须掌握相关知识。

（2）能力

完成一项工作，不单靠专业能力，同时应该具备与完成工作相关的能力，由于专业能力与专业密不可分，这是保证工作完成应该掌握的基本的职业能力。基础会计人员最起码应该掌握本职业的业务能力，还应该掌握沟通表达能力，才能胜任其本职工作。

会计信息化专业是在信息化的背景下产生的一个学科，专业性很强，会计人员如果进行会计信息化的相关工作，首先应该掌握相应的职业能力。以会计信息化人才为例，入门级会计信息化人员着重锻炼实务技能和职业判断力。实务技能重点在培养会计人员顺利完成简单的财务工作的能力。判断能力是在大量复杂的业务信息场景中，由于社会环境的千变万化，影响会计业务的因素与日俱增，不同因素的影响程度存在很大的差异，因此要求会计人员在从事会计业务时必须使用专业知识进行谨慎、全面的思索，保证能够准确公示公司会计信息，保证会计信息的真实性。

（3）技能

技能是保证本职工作顺利完成的基本方式。知识是技能产生的基础，技能体现了对知识的运用，不同的知识结构下技能结构也是不尽相同的。会计人员应该掌握的技能必须和本人具备的知识相匹配，因此，会计人员必须具备专业技能与相关技能。

专业技能涵盖税务报告和日常业务会计核算。要求会计人员可以熟练地对公司日常发生的相关会计业务进行正确的计算，涵盖熟练地在计算机会计软件上进行凭证的填制和审核、账簿的查询，进行成本的归结计算，填写期末会计报表，清查月末财产以及准确地借助税务系统软件申报电子纳税。

相关技能涵盖会计软件的使用和计算机常用工具软件的操作。在经济全球化大背景下，公司一般运用 ERP 软件或者相应的公司管理软件，这要求会计人员可以顺利操作相关软件，而且具备一般性故障纠错方法以及排除方法，而且熟悉计算机的软硬件相关基础。经济全球化大背景下，给会计人员对公司发生相关业务的数据进行系统性对比和分析提出了新的要求，会计人员必须可以灵活地操作 PPT 和 Word 等日常办公软件进行相关数据的归类、分析比对，同时阐述相应的结果。

（4）素质

在职业道德素质方面，经济全球化大背景下要求会计人员的职业道德要适当提高。①爱岗敬业。在开放的互联网背景下，以网络为根基的会计信息化虽然让我们的生活变得先进和便利，但是安全性面临巨大的挑战。如何保障会计信息不被泄露、篡改、窃取，如何安全地传递信息，免受病毒和黑客等的入侵，这是摆在会计人员面前的课题，他们不仅应该掌握业务技能和信息技术，还要做到认真负责，有高度的责任感和敬业意识。②诚实守信。高速发展的信息技术与会计结合，市场竞争变得越来越混乱，关系变得错综复杂。在市场经济中，商业信息的背后往往是巨大的利益，在工作的时候会计人员会知道很多公司的机密，这些秘密涉及社会各个层次和方面的人的利益，对不同的人也会带来不同程度的影响。所以，会计人员应诚实守信，保守商业秘密，将其作为必备的责任。③自律精神。在传统的会计环境下，会计信息均记录在纸质介质上，不容易被篡改，而在经济全球化大背景下，信息需要在计算机中录入和处理，如果提前植入软件或运用超级用户法等方式进行舞弊，不会有任何纰漏，这对会计人员的自律精神提出了巨大挑战。④客观公正。互联网让会计人员拥有更高的责任，会计人员不仅要为税务机构、金融机构等提供财务信息，而且要为公司利益相关者服务，因此会计人员必须客观公正，为各方会计信息使用者提供客观、准确的信息。

2. 中级会计人才胜任能力评价指标内容

（1）知识

在经济全球化大背景下，中级会计人员的知识结构也涵盖专业知识和专业相关知识。

中级会计人员不仅要熟知基本的财务专业知识，同时应该具备高等财务会计知识，因为在经济全球化大背景下，公司会出现基础财务会计中不予涵盖或公司偶尔经历的特殊经济业务，这需要中级会计人才利用高等财务会计相关知识进行核算和监督，向与公司利益相关者提供有价值的会计信息或者有用的决策。同时，中级会计人才还需掌握财务管理知识，因为中级会计人才需要能够在既定的整体目标下，借助综合各种信息渠道所获得的信息，灵活地做到对财物的运用、分配及管理。除此之外，中级会计人员仍需具备审计相关知识，做到进行基本的对凭证和账簿的复核审查，对经济活动过程的记录、计算和反映进行监督，对财产的清查，确保会计资料的真实准确，为企业的管理和决策提供真实有用的资料和信息，并且在财务人员权限分工中做到不相容职务相分离，从制度上加强对经济活动过程的记录、计算和反映的监督。

中级会计人员在积极参与公司经营决策时，借助综合分析各项财务信息，在合法性、目的性、筹划性基础上，借助税收筹划，实现纳税人的税收利益最大化，让公司生产经营决策、可支配收入增加，让公司正确进行投资、获得延期纳税的好处，公司减少或避免税务处罚取得最大化的税收利益等。

与此同时，在会计信息化条件下，随着社会经济和财政政策制度的不断变化，相关法律知识、会计政策以及税收政策处于不断变动之中，中级会计人员应随时掌握相关法律知识、会计政策以及税收制度的增减和修改更新，随时掌握最新政策变动和经济形势。

（2）能力

在经济全球化大背景下，中级会计人员胜任岗位工作所需的能力涵盖获得信息的能力、职业判断能力、分析与解决问题能力、组织协调能力。

（3）技能

在经济全球化大背景下，中级会计人员胜任岗位工作所需的技能涵盖业务技能与业务相关技能。

专业技能。在经济全球化大背景下，借助对会计核算结果进行专业处理后，对公司的偿还能力、经营能力、获利能力、发展前景和现金流量等方面进行分析，从而预测公司未来资金状况，分析公司的筹资、投资以及资金的分配活动，并制订相应的计划，为公司的经营管理提供分析支持。

随着经济全球化大背景下会计管理决策职能的扩大，要求中级会计人员在初级会计人员所掌握的专业相关技能的基础上熟练使用公司管理软件和会计软件外，还应熟悉公司业务流程，对公司业务有宏观的把握，有利于财务管理的进行。

（4）素质

在经济全球化大背景下，中级会计人员胜任本职工作所需具备的素质涵盖业务素质和道德素质。

在经济全球化大背景下，社会经济发展日新月异，会计人员的会计观念也要跟随时代的步伐，树立新的会计理念。首先，会计人员要树立新的信息观念，经济全球化大背景下信息的传递和获得更加快捷便利，越来越多的会计工作采用实时处理、在线管理，只有具有信息观念才能与此业务处理模式相适应。其次，会计人员要树立新的时间观念，互联网的不断发展要求会计工作从对事后的关注转变为面向未来的时间观念。最后，会计人员要树立信息质量观念，在经济全球化大背景下，社会各单位部门之间利用互联网实现信息的实时共享，大量的信息会不断地涌现，且这些信息都是处于变化之中的，只有借助对信息进行有力的辨识、过滤和加工，才能够得到有价值的信息，为公司经营管理提供数据支持，实现预期目标。

在道德素质方面，经济全球化大背景下中级会计人才应做到坚持准则、提高技能、参与管理决策、具有服务意识。

坚持准则。要求会计人员在业务操作过程中，严格按照相关会计法律法规办事，不对经济进行违规处理。随着社会的发展，不断有新的经济形势、经济业务的出现，准则也在不断地进行修改和完善，会计人员应不断掌握准则的动态，坚持准则，更好地为社会服务。

提高技能。要求会计人员提高职业技能和执业能力，以胜任本职工作。在经济全球化大背景下，会计人员不仅要熟练掌握会计的基本技能和相关知识，还要掌握信息技术知识，熟练计算机操作技能、软件操作、网络技术等。同时，会计人员应具有不断学习的精神，信息技术的快速发展和会计理论的不断创新要求会计人员不断提高自己的业务技能。

参与管理决策。到目前为止，会计信息系统已经从核算型转变为管理型，涵盖了供产销、人、财、物以及决策分析等公司经营管理活动的各个领域，并与管理信息系统中其他子系统有机融合，其内容已经超越了传统的核算，这就要求会计人员熟练运用会计信息系统，为决策者提供有价值的信息，积极参与公司的管理活动。

服务意识。在经济全球化大背景下，会计信息的作用越来越突出，社会经济主体和社会公众对信息的获得和交流速度有了更高的要求，会计人员应有强烈的服务意识，为他们提供快捷、有效的信息和服务。

3. 高等会计人才胜任能力评价指标内容

（1）知识

我们把在经济全球化大背景下高等会计人才胜任本职岗位所需知识分为专业知识和管理相关知识。

会计专业知识。高等会计人才除了需要掌握财务会计与报告、会计管理、税收、审计、财务管理等财会基础专业知识外，还需掌握财务战略、审计内控、风险管理、并购重组、财务控制等高等财务知识，高等财务知识是高等会计人员区别于其他会计人员特有的知识，在经济全球化大背景下，公司外部经济、业务环境复杂多变，高等会计人才需结合公司自身财务业务情况制定相应的财务战略。在市场经济条件下，风险无处不在。加之经济全球化大背景下，公司内外部环境处于不断变动中，造成风险的因素多种多样，对风险的影响也各不相同，所以高等会计人才需要加强对风险的管控。在经济全球化大背景下，公司之间的竞争日趋激烈，公司之间的并购重组时有发生，高等会计人才需掌握并购重组相关知识，以利于公司对别的公司进行并购重组或者对别的公司进行反并购重组，以保持公司的竞争优势。

管理相关知识。在经济全球化大背景下，随着公司管理的现代化和信息化，高等会计人才作为公司的管理人员，需要掌握与现代公司管理与决策的相关知识，以匹配其管理职能，这些知识涵盖战略管理、公司治理、决策模型、管理学、目标管理法、价值管理、价值工程等。经济全球化大背景下，公司处于不断变化的市场和金融环境中，为了让公司积极应对外部环境的变化，高等会计人才还应对社会宏观经济、金融市场有一定的掌握，这就需要掌握经济学、金融学、财政学、宏观经济学、资本市场等经济金融知识。经济全球化大背景下，因为经济环境的不断变化，会计制度与政策等不断地随着经济环境的变化做出相应的调整，同时公司与其他社会组织关系复杂多变，高等会计人才应掌握公司法等与公司相关的法律知识和会计及与其相关的经济法律、法规规章和制度等。

（2）能力

当下环境，我们把高等会计人员应该掌握的能力分为分析决策能力、业务能力、组织领导能力以及沟通协调能力。

分析决策能力。在大数据时代下，会计人才在管理决策中的角色权重加大，对高等会计人员来讲，首先具备的就应该是分析决策能力，它要求高等会计人员运用各种信息，建立数学模型，使用推理演绎、抽象思维、批判性分析等手段对财务和决策进行分析。同时，它要求高等会计人员对信息进行分析之后，独立思考，判断机会和风险，然后借助使用战略性方法和建立决策模型来进行决策分析，最后参与决策的制定。

业务能力。如今，高等会计人员需要根据公司具体业务情况把握市场经济的形势，在遵守会计准则的情况下，掌握会计的职业判断力，如如何对经济业务进行精准计算，采用什么表现手段，具体方法是什么，如何控制成本、核算成本等。会计人员需要对以上情况进行判断和决策，高等会计需要一定的判断力来应对不断出现的新事物。如今，现代公司的制度日趋完备，高等会计人员必须提升在公司内部组织和实施控制的水平，内部控制是现代公司管理的重中之重，同时也是高等会计人才的主要职责。现代公司一般借助内部控制的手段来进行深化改革、完善公司治理和运作机制，保持公司健康稳定发展。如今，公司内外环境日新月异，我们可以借助各种各样的途径和方法去获得信息，而且具有快速准确的特点，高等会计要熟悉公司自身财务信息，结合公司内外因素来分析判断，给公司的经营管理出谋划策。面对这种情况，高等会计需要利用相关财务信息分析公司的财务状况以及对公司各项经营活动进行细致、深入、全面的分析和判断，提出公司发展中的问题和不足，从专业的角度找出相应的解决办法，密切关注公司外部信息，针对公司发展战略和未来发展方向为公司决策者提供宝贵的意见和建议。

组织领导能力。身为公司的管理层，高等财务人员要锻炼领导能力，激励和发展员工潜能，做到组织和分解工作，可以设定目标、引导和影响员工效率等。公司管理人员还要有团队建设能力，为了快速完成工作，高等财务人员要做到管理资源，组织有战斗力的会计团队、规划和控制财务目标、控制交易流程、简化财务流程、建立高效会计核算系统、领导团队实施财务战略、实现财务功能远景。

沟通协调能力。高等会计是管理者，在公司内部应该及时与公司管理层和公司内部员工进行有效的沟通，同时高等财务人员经常代表公司与社会其他组织展开沟通，因为沟通渠道的方便快捷，公司内部上下级之间、各部门之间、公司内外的沟通越来越频繁，所以高等财务人员要掌握与不同层次、不同背景的人书面和口头沟通的能力、演讲及谈判能力和说服他人的技巧。高等财务人员在与公司外部组织沟通过程中需要对外建立广泛的人际关系，在工作中会与股东沟通公司发展战略，在公司内部与公司员工交流推广业绩战略，以及与其他高层管理人员、业务部门交流形成业务伙伴关系，与财务部门内部人员沟通了解财务情况等。在进行这些沟通的同时，高等会计也要掌握协调与合作的能力，进行有效的沟通。所以，只有具备良好的沟通与协调技能、维护相关关系的能力才能做好相关工作。

（3）素质

视野素质、职业素质、职业道德是大数据时代下高等会计人员应该掌握的基本素质。

视野素质。身为公司管理者，高等会计人才必须具备宏观方面的视野素质。具体来说涵盖以下几点：①政策视野。身处社会经济之中，公司会受到国家经济政策的影响，大数据时代下，社会经济发展迅速，国家经济政策随时会做出调整，所以高等会计人才也要密切关注会计政策变化，关注社会经济变化。②风险视野。即风险意识，在大数据时代下，机遇和风险并存，高等会计人员要合理使用各种金融工具以及管理手段规避风险、防范风险。③行业视野。公司之间的竞争十分严重，为保持公司的活力，高等会计人员需要熟知公司的经营发展方向、生产和经营模式以及在行业中处于什么样的地位，而且能够正确评估公司所在行业的机会和风险。

职业素质是保证完成工作的基础。高等会计人员的职业素质有 3 点：①坚韧果断的人格魅力。高等会计人员在做决策时，要做到勇敢果断，现在经济形式千变万化，机遇和挑战并存，这时候必须要鉴别机遇与挑战，做出正确的决策。②运筹帷幄、处变不惊、灵活应变的素质。如今公司内忧外患，一个高等会计要做到宠辱不惊，关于公司内外局势要做到心中有数。③相关政策理论水平。高等会计要具备一定的理论水平，提高自己的理论素质，多参加一些有关会计理论政策的研讨会。

无论在什么状态下，会计人才都要以职业道德为职业活动中必须遵守的行为准则。在职业道德水平方面，高等会计人员要比初级和中级会计人员高得多，因为高等会计人才所在的层次很高，面对的诱惑压力也大得多。但是，因为公司内部的压力越来越小，所以高等会计人才要在遵循职业道德规范的同时具备自律精神，涵盖以下方面。

第一，自律精神。公司的高层管理者，在面对诱惑和内部监督减少时，要正确行使自己的职权，做到遵纪守法。尤其在大数据时代下，信息对公司以及利益相关者特别重要，虽然容易获取海量信息，但是重要机密信息的泄露变得不容易被察觉，所以高等会计人员要加强自律。

第二，遵守法规法律。在大数据时代下，面对纷繁复杂经济业务，公司之间的关系变得错综复杂，在处理经济业务时，高等会计人员应该以法律为准绳，坚决拥护公司会计准则、证券交易法、公司法、会计法、税收法等相关法规以及相关的经济法律和规章制度。

第三，社会责任。在大数据时代下，信息渠道越来越快捷化和透明化，大众可以看到公司的重要决策信息，与公司财务决策相关的内容，涉及投资者、管理者等在内的很多人，高等会计人员要加强社会责任感，关注社会公众的利益。

第四，诚实守信。会计和信息技术的紧密结合，让市场竞争变得越来越激烈，关系也变得纷繁冗杂。在大环境下，秘密意味着利益，而且秘密与社会各个阶层的利益都很密切，造成的影响也不尽相同。高等会计人员身为公司高层，对公司很多重大的商业机密都有所见闻，高层管理人员知道的商业秘密往往关系到更多人的利益，所以高等会计人员不能泄露机密、杜绝利用职务之便牟取非法利益。

第十章　大数据时代下职业院校会计学生职业能力培养

第一节　职业院校会计学生职业能力培养问题及原因

近些年来，我国宏观上对高等职业教育的发展极为重视，通过制定一系列符合我国特色的高职教育发展规划和管理办法，在政策上给予扶持，资金上给予支持，使高职规模不断发展壮大，为国家输送了一批批具有专业知识和技能的劳动者。但在微观方面却存在很多问题，尤其会计专业方面，一些问题制约着高职会计教育的发展，同样影响了高职会计专业学生职业能力的培养。

一、教育教学观点认知有误

（一）没有正确理解职业能力的含义

实际生活中，职业能力与职业技能常常是被混为一谈的。很多人狭隘地认为培养学生的职业能力就是培养学生的职业技能，而且在培养的过程中，只重视学生某一项职业技能的培养。高职会计专业只有专业教育显然是不行的，但单纯地用职业技能代替职业能力也不符合社会的要求。当今社会不仅需要劳动者具有最基本的职业技能，还要求劳动者具备其他的能力，比如创新、交往等能力。高职会计专业不仅要通过传授会计知识和职业技能将学生培养成会计职业人，更要将学生培养成一个发展的社会人，因此，对职业能力的正确理解和把握，有助于职业院校按照职业能力要求定位人才培养目标，合理设置课程，从而更有效地培养学生的职业能力，满足社会需求。

（二）不了解高职教育，会计专业人才培养定位模糊

虽然近些年来我国对高职教育较为重视，但由于高职教育在我国创办时间短，受长期传统观念的影响，很多人对高职教育存有一定的误解。他们认为高职教育由于录取分数线相对低，又是在其他高等院校录取之后录取，因此高职教育低人一等，培养的是体力劳动者。还有学校或教师认为高职教育就是专业教育的低层次，他们将高职教育与学历教育等同，只注重知识的传授和文凭的取得，并没有承担起培养学生职业能力的责任，不能满足社会经济需求。

人才培养定位即人才的培养方向，反映了一个教学层面的教育思想和观念，

是专业教育的前提和基础，是评判人才培养结果的标准。现阶段我国对高职会计专业的人才培养定位没有统一的表述，但纵观很多学者的观点，不难发现，在高职会计专业的人才培养定位上，突出的问题表现在以下几个方面：

第一，定位过高。比如有学者提出高职会计专业是要“培养德、智、体全面发展，具有较强实践能力、满足基层需要的应用型、实用型高级会计人才”。高级会计人才一般是指具有丰富工作经验及较强的会计处理能力的人员，从学校毕业的学生如果没有社会多年的专业积累，是达不到这样的标准的。同时用较强实践能力来概括高职会计专业学生应具备的职业能力过于笼统，职业能力不单包括实践能力。还有的学者提出培养“能从事会计实务及教研的专门人才”，这与高职会计专业学生的就业前景是矛盾的，高职会计专业毕业的学生只有极少数人会从事教研工作。

第二，定位过低。“培养会会计核算、会计分析工作的实用型中等技术人才”这种表述将高职会计专业的人才培养目标与中职会计专业的人才培养目标等同。

不了解高职教育，人才培养定位模糊必然导致影响学生职业能力培养的质量，因此在分析高职会计专业学生职业能力培养问题时，首先必须正确认识高职教育及确定合理的会计专业目标定位。

二、课程设置缺乏合理性

有些职业院校在设置课程时进行了一定量的市场调查，但由于缺乏企业长期、有效的配合，校企合作缺乏稳定性，课程的实用性普遍不高。

同时高职教育虽具有职业教育的成分，然而由于其属于高等教育的一部分，在发展过程中难免受到本科教育的影响。

首先从课程体系来看，目前我国大部分职业院校的会计专业仍然采用以学科为中心的课程体系，将会计专业的开设课程分为公共课、专业基础课及专业课三段，强调课程的完整性、学科性和系统性，这样高职会计专业就成了本科会计专业的压缩性翻版，没有围绕会计工作过程设置课程体系。高职会计专业学生虽然学习了会计专业，但对会计的工作程序不清楚。这样的课程设置缺乏职业教育的特点，不能完成高职会计专业的培养要求，在高职教育发展的这些年来也没有形成具有高职特色的课程体系。

其次从课程结构来看，高职会计专业缺少培养学生职业能力的课程安排，体现在两方面：①大部分职业院校将重点放在了培养学生的专业知识和基本会计核算能力上，或者有些职业院校在设置课程时只考虑让教师都有课代，出现因人设课的情况，而忽视针对会计专业学生职业能力培养该设的课程，培养职业能力的相关课程课时安排较少。②虽然很多职业院校都将不同课程的课时分为了理论课时与实践课时两部分，但总体课时比例不理想，实践课时偏少。

最后从课程实施的载体——教材来看，职业院校选用的会计教材大都与本科院校的教材接近，属于理论型教材，教材内容与实际工作存在一定脱节，影响了学生对知识的感性认识。比如在会计教学中，在做经济业务题时，教师会在简化的账户结构，也就是“丁字”结构中进行分析和解答，但在实际生活中，业务的记录会在各种账簿中完成，而账簿并不是简单的“丁字”结构；并且，在教学中，经济业务的描述主要通过文字描述，但在实际生活中，经济业务的发生是反映在各种原始凭证中的，这些凭证可能只是没有文字的数字单据。教材的这种局限不但对教师的授课提出了更高的要求，还容易使学生产生虽然理论过硬但实践能力不足的情况。同时，会计专业现有教材彼此独立性很强，没有围绕会计工作过程设计教材，影响了学生对会计工作的认识。

由于课程设置存在的问题，许多高职会计专业的毕业生在步入社会后，由于职业能力不强，难以适应社会发展和职业的需求。可以说，课程设置合理与否是解决学生职业能力培养的关键。

三、学生实践受限

会计是一门应用实践性很强的学科，尽管很多职业院校在课程设置时都考虑到了实践教学，但仍然存在一些共性的问题，实践教学的成效不明显。

（一）教师重理论、轻实践，“双师”素质匮乏

从学校到学校导致从事高职会计教学工作的教师没有机会从事实践工作。从事教学工作后，教学任务的繁重使得很多教师客观上没有时间，主观上也不愿意从事实践工作。同时，很多职业院校由于资金、师资数量不足等自身的条件限制，没有提出鼓励教师实践学习的激励措施，在工作考核中也鲜有关于教师实践能力的考核办法。这些情况都不利于教师实践能力的提升。缺乏实践的教师在教学过程中只能单纯地传授理论知识，对实践经验和专业技能的介绍少之又少。即使有很多教师考取了会计师等证书，具有“双师”名誉，但真正具有“双师”素质的

教师却很少。

（二）缺少实践实训的场所和条件

会计专业学生的实践实习一直是困扰会计教育工作者的问题之一。会计专业不同于其他专业，酒店专业的学生要实践实习可以去各大酒店，工科专业的学生实践实习可以去各个工厂，学院甚至可以为这些专业建一些仿真场所。但是会计专业在这方面就会受到很多限制。就校外来说，一个企业的账目反映了一个企业的运作情况，里面有企业的很多秘密，这些是不会轻易泄漏的，而实践实习的学生，不但专业能力欠缺，不能较好地处理企业的财务问题，而且其流动性很强，大部分不会长期在某一个企业工作。以上这些原因使校外企业不愿给会计专业的学生提供实践的机会。同时，学校的经费限制及学生的安全等问题也限制了会计专业学生去校外实习的机会。为了弥补不足，很多职业院校建立或设置了会计模拟实训室，但在实训室里进行的实训往往只注重会计基本技能的培训，强调会计核算，忽视会计知识的综合运用，并且受到教材涉及面比较窄和缺乏实际工作情景的限制，会计模拟实训室不能发挥其应有的作用，培养出来的学生也无法达到用人单位对会计专业学生的专业要求。

四、教学方法落后

教学方法上仍旧采用传统的“照本宣科灌输式”教学法是我国现在大部分职业院校的教学特点。以教师的课堂讲授为重点，对学生进行一味地知识灌输，这种教学方法完成了教师的教学工作，却忽视了学生的主观学习；保证了知识的传授，却忽略了学生能力的培养。最终结果是学生处在学习的被动地位，教师讲什么，学生学什么，创新能力不能发挥，缺乏独立思考能力。

五、考核评价体系不完善

高职会计专业的教学考核评价最常见的是平时成绩加期末成绩的评价方式，其中期末考试的分值占的比例相对更多，对过程的评判不突出，是重结果的评价方式。其次，期末考试主要还是靠闭卷考试的方式进行，并且这种考核方式偏向考查学生对书本知识的掌握程度，而不能评价学生的实践能力。在这种考核方式下，学生对知识的把握只停留在死记硬背上，而做不到对知识的灵活理解和运用，理论与实践脱节，不能衡量学生的综合素质，不利于学生职业能力的培养。

第二节　提高职业院校会计学生职业能力水平的措施

一、正确认识高职教育，确定合理的会计专业人才培养目标

高职教育，首先是高等性的，在我国诸多关于教育的法律法规中都明确指出高职教育是我国高等教育的一部分。其次是职业性，这是高职教育区别于其他高等教育的最根本的特点，职业性要求高职教育要面向企业岗位培养学生，要针对某一（类）岗位实施专业教育。再次是应用性，高职培养出来的学生应能将知识直接应用于实际，能上岗工作，为企业带来效益，为经济建设服务。又次是地方性，高职教育要为地方经济服务，地方经济缺少什么人才，职业院校就设置什么专业培养人才。最后是终身教育性，随着知识经济时代的发展，职业岗位的流动性增强，很多人多次地调整变动自己的职业或工作岗位，每次变动都可能面临新的学习和培训，此时高职教育由于其灵活的教育形式，就要按需求为人们提供新的学习场所。

在正确理解高职教育的基础上，来看高职教育的人才培养定位问题。

高职教育人才培养的定位，是高职教育区别于其他层次或形式教育的标志之一。它是进行教学设计的依据，也决定着培养出来的人才是否符合标准。

从层次上来说，在职业教育范畴中，相对于中职教育，高职教育人才培养定位是更高的。中职招收的学生以初中毕业生为主，而高职招收的学生一般是以高中毕业生和中职毕业生为主。虽然二者都是职业教育，但中职教育培养的学生尽管具有熟练的操作技能，但理论水平普遍较低，而高职教育培养的学生除了要求具有熟练的操作技能外，还应该掌握符合其学历层次的理论知识水平，以及学习新知识的能力和相应的素质。另外，高职毕业生在实际工作中的智力成分占有很大比重，更强调知识的灵活运用。

从社会角度来说，高职教育培养的人才应该是为社会一线服务的，他们从事的是最基层最基本的工作，因此具有基层性。同时高职教育服务于地方经济，区域经济结构的不同和发展的不平衡使高职教育形成区域性特色。从职业院校招生的生源来看，大多数都是本地生源，毕业后学生也基本都会留在本地就业，因此，职业院校在设定培养目标时应充分考虑到所处区域的特点，提出符合本地实际情

况的培养目标。

从岗位能力来说，高职教育不能像本科教育那样按学科设置课程，而是要按岗位需求设置课程，将“根据学校条件办职业教育”的模式变为“根据岗位要求创造条件办职业教育”的模式，按照岗位要求设置课程体系，培养学生的职业能力。

综上，我国高职教育的人才培养定位可以简单表述为：以社会需求为导向，以满足岗位需求为目标，以职业能力的培养为基础，培养适应生产、建设、管理、服务第一线需要的技术应用型人才。结合高职会计专业的专业特点，我们可将高职会计专业的人才培养定位表述为：以满足会计基础岗位需求为目标，通过合理设置专业课程体系，培养学生的职业能力，以满足会计基础岗位需求，实现学生的零距离上岗。

二、合理设置会计专业课程体系

企业应与职业院校建立长期的合作机制，及时将企业对高职会计专业学生的要求反馈回学校，便于学校调整自己的教学。此外，学校要合理设置会计专业课程体系。课程体系应能较好地培养学生各项职业能力，以适应会计岗位的需求。

（一）课程和学习领域相结合

对于培养专业能力的课程体系，则要基于实际工作过程来设计。工作过程是企业为了完成某一工作任务并取得一定成果而进行的一套完整的工作程序。基于实际工作过程设计课程，首先要将工作任务具体化，然后根据具体的工作任务设置相应的学习领域，每一个学习领域就相当于一门课程。

以学习领域课程为核心的课程体系，打破了原有的由学科组成的课程体系，但并没有完全抛弃学科体系，而是将学科体系按照工作过程进行重新整合。会计专业的教师在这种情况下要解决两个问题：

第一，教材问题。目前市面上还没有学习领域课程的现成教材，要想实施好学习领域课程，会计专业的教师必须着手设计教材或整合现有教材。

第二，学生考取任职资格的问题。高职会计专业学生在毕业时，按照企业要求，要取得会计从业资格和初级会计师资格，这两个任职资格的考试仍是以书面考试为主，重在理论记忆，与基于工作过程的课程体系有矛盾之处。教师可将考试的知识点先穿插于学习领域课程体系中讲授，再根据国家规定的考试时间安排，在考试前夕，针对考试科目带领学生系统地复习相关课程。

（二）“1+1. 5+0. 5”模式

对于课程实施的时间安排，为了使学生对会计工作过程有系统的认识，我们可将与职业价值观和基本能力相关课程安排在第一学年集中学习，而专业能力培养的学习领域课程则在第二学年至第三学年集中不间断学习，其中第二学年和第三学年第一学期用来在学校学习，第三学年第二学期用来进行校外实习。关键能力的课程可作为选修课程由学生依个人兴趣选修，并将各课程穿插在每个学年，这样就构建了“1+1.5+0.5”的学习模式。

同时，科学的课程体系应重视实践教学，要将课程实训与毕业实习有机结合成1个完整的实践体系，且实践课时应不少于总课时的40%，减少教师课堂知识的灌输，增强学生实践能力。

三、建立健全科学的实践教学体系

实践性教学是在理论教学的基础上，通过课堂练习、课后作业、实训、社会实践、毕业设计等形式将理论与实践结合，培养学生的综合素质及各项能力的教学方式。实践教学的好坏是衡量高职教育办学质量高低的指标之一，是高职教育培养学生职业能力的关键环节。

（一）两项保障

1. 采取有效措施，提高师资水平

教师是教学的实践者，高水平的师资是提高教学质量的根本保证。

首先，教师要树立终身学习的意识。会计实践会随着社会经济不断发展变化，教师只有不断学习，才能向学生传授新知识，使学生适应会计岗位需求。职业院校要创造有利于教师学习的条件，比如选派教师进修，鼓励青年教师获得更高学历等，以提高教师的专业水平。

其次，为了培养出满足社会需求的技术应用人才，高职会计专业需要一支高素质的“双师”教师队伍。什么是“双师”？对于教师本身来说，“双师”要求教师既要有较高的专业知识还要有较强的实践能力，实际的表现就是既要具有讲师及以上的职称，还要具有会计师、注册会计师、注册审计师等技术职称；对于学校的师资队伍来说，“双师”结构要求学校既要有专职教师，又要有兼职教师，既要有来自学校的教师，又要有来自企业的技术人员。

2. 稳固校外实训单位，完善校内实训条件

实训是对学生进行职业能力实际训练的简称，是在学校能够控制的状态下，按照高职人才培养的要求，对学生职业能力进行单项、综合训练以及职业岗位实践训练的教学过程，是应用性的实践教学。实训不同于实验和实习，既有实验的"能控"特色，又有实习的"职业"特色，通过实训能够有效地培养学生各项职业能力。

学校可以和企业签订合作协议，与企业建立稳定的合作关系，还可以按照企业要求采用订单式培养，走工学结合的道路，实现校企合作，互利双赢。但毕竟会计专业的学生全部去企业实训不现实，学校更多的是要在校内实训室上下工夫，要克服校内实训的种种不足，完善校内实训的实训条件。

第一，营造仿真的工作情景。购置凭证、账簿、报表，陈列会计专用器具，桌椅按业务程序摆放，在墙壁上悬挂会计人员工作规范等文字或图示。

第二，教师在实训前准备好所需资料，可以在资料中加入一些不合法、不合理的凭证等资料，培养学生发现问题的能力及职业道德；增加财务管理的筹资和财务分析、税种的申报及缴纳等业务内容，提高学生综合知识的应用能力；在实训过程中还可以让学生彼此交换核算资料，互相审计，培养学生的会计监督能力。

第三，实训教材要全面、系统，如以会计机构健全、业务处理规范、核算资料完整的某一家企业作为原型编写实训教材，并且要根据会计专业的人才培养方案和目标加工整理，根据国家政策制度的变动做出相应的调整，教材中的会计资料最好是连续三个月或者半年的，以便学生做好月度、季度、年度的结账工作。

（二）三层递进

1. 学习前认知实践

在学生学习专业课之前，组织学生参观企业和会计机构，了解生产经营过程和组织情况，感性认知会计资料，使学生热爱所学的会计专业。

2. 学习中实训调查

（1）单领域实训

根据课程体系中专业课程的每一学习领域分别随课分散实训，实训与理论结合，边讲边练。比如，在出纳实务学习领域中，可根据学习进度，分别对点钞技巧、银行存款日记账的登记等进行实训，在该领域全部学完之后，对该领域的全

部技能再次综合实训，使学生对该领域的技能有系统的认识和把握。

（2）综合领域实训

在学生学习完全部学习领域后，可组织学生对全部学习领域按照会计实际工作流程做综合领域实训。在实训时，可运用会计岗位模拟方式，通过模拟企业业务，让学生分岗位操作企业核算全过程，使实训过程尽可能接近实际工作，让学生熟悉各岗位之间的程序、凭证业务传递及内部控制关系。在此阶段，学生成为教学活动的主体，教师则起调控引导的作用。

（3）社会调查

让学生利用假期做与会计相关的社会调查，并在调查结束后，根据调查的目的、情况，结合自己的感触撰写调查报告，通过调查，不但可以让学生了解会计现状，还可以锻炼学生的沟通、观察及写作能力。

3. 学习后毕业实习

毕业实习是学生直接参与到实际工作中进行会计实务工作的实践教学形式，也是提升学生专业技能和其他能力的最有效的教学形式。在实习期间，企业相关人员可充当教师的角色，指导、督促学生实习，保障实习的效果。在实习结束后，学生要根据实习情况撰写实习报告，并由学校给出成绩。

四、改善教学方法

在会计专业的教学方法上，必须改变传统的灌输式的教学模式，改变以教材为中心，教师主动、学生被动的状况，将学生视为学习活动的主体，尊重学生的个体差异，用启发式教学代替灌输式教学，采用多样灵活的教学方法构建互动式课堂。

（一）理论教学：案例教学法

案例教学法与讲课过程中的举例是不同的，举例是为了证明某一观点的正确性，最终还是为了传授理论，而案例教学是在讲课前引入实践，从实践中发现问题，总结规律，提炼理论，最终用理论指导实践。案例教学法能够增强学生对实际业务的感性认识，培养学生发现问题、解决问题的能力。

在使用案例教学法时应注意，由于案例教学法起源于哈佛商学院，在培养层次与社会背景上与我国都有很大差别，这些差别使两国教学起点不同，我们在使用案例教学法时不能像哈佛商学院一样直接通过案例讲授课程，而是要有扎实的理论知识做准备，因此，不能忽视理论教学的基础作用。再者，案例教学法中使用的案例都必须是实际工作中存在的、具有一定的代表性的、能够针对某些问题的案例，教师在设计案例时，为了能对学生进行启发式教学，可以在实际发生的案例中加入一些情节和问题，引起学生的思考和讨论。

（二）实践教学：情景教学法与项目教学法

情景教学法是教师通过构建教学内容需要的情景，让师生在此情景中完成教学活动的教学方法，这种教学方法较多地被用在外语和文学课程的教学中。

项目教学法是通过项目形式进行教学。学生在教师的指导下，自己处理某一个项目，在这个过程中了解并掌握每一个环节的基本要求。此教学法注重的是学习的过程而不是结果。学生在实践过程中，理解和掌握课程要求的知识和技能，体验创新的艰辛与乐趣，培养分析问题和解决问题的能力。项目教学法有助于提高学生兴趣，调动学习的积极性，因此，项目教学法是一种典型的以学生为中心的教学方法。

从情景教学法和项目教学法中取其精华，则可以用在高职会计专业的实践课程教学中，比如，在进行校内实训时，可运用情景教学法营造仿真的工作情景，建立机构，让学生分饰角色，达到熟悉各岗位工作任务的目的。在综合领域实训时，运用项目教学法，在单领域实训的基础上，由教师组织，学生按会计岗位和业务流程完成会计业务工作。

五、建立完善的考核评价体系，注重能力考核

高职教育要突出培养学生的职业能力，因此，高职会计专业的考核评价也应以学生职业能力的考核为重点，通过改革考试的形式、内容及成绩评定方法建立完善灵活的考核评价体系。

第一，要注重对过程的评价。过程评价可由作业完成情况、笔记记录、课堂表现、小组评议等内容组成，其中小组评议主要是对组员在参与教师布置的任务时表现出的参与性、积极性和团队精神等进行评价，这也是互动评价的一种形式。注重对过程的评价有助于增强学生学习积极性，培养学生知识获取的能力，以及团队合作精神。

第二，改革期末考试形式。期末考试要打破闭卷或开卷考试的局限，加入口试、技能测试等，将需考核的内容按照其特点选用不同的考核形式。比如，对于

基础的内容，需要学生毫无差错记忆的，适合选用闭卷考试的形式；对于需要学生灵活掌握的内容，可以采用开卷考试的形式；对于具有较强操作性的内容则选用技能测试的形式；对于以语言表达力为主的内容用口试形式即可。

期末考试的形式还可以用多种形式组合的方式进行，比如用闭卷加技能测试的形式组合来考评学生对会计学习领域的掌握。

第三，扩大考试空间。要突破传统的教室内考试的形式，将考试空间延伸到机房、校内实训室甚至企业内部。

第四，将学生职业资格的考试情况纳入考核评价体系中，鼓励学生在学习过程中取得相应的职业资格。

随着社会经济不断发展变化，竞争也在不断加剧，竞争的本质或关键就是人才的竞争。高职教育能否发挥其应有的作用，获得社会的认同，关键也是要看其培养出来的学生能否适应社会的需求，能否为经济做出贡献。高职教育要以能力为本，培养高职业能力的人才。

六、培养专业创业型人才

财会专业的专业知识和操作技能，是创业所必须具备的知识和技能，在创业实践中具有广泛的实用性和可操作性。如资金筹措、资金营运、项目投资决策评价、成本核算与控制、存货盘存、财务分析、税收筹划、纳税申报等，这些知识均是经营企业核心的财会内容。可以说，掌握了财会专业知识，创业就成功了一半。相对地，通过创业教育活动，学生能有效地运用其会计核算、财务管理、税务等方面的专业知识技能，既能提高对专业学习重要性的认识，又能促进专业能力的提高，达到以创业教育促专业教育的目的。可见，实现财会专业教育与创业教育的融合，不仅是缓解目前财会专业学生就业压力的权宜之计，还能培养财会专业学生的综合素质以及适应社会发展的创新意识与创业能力。然而，目前大多学校只注重学生业务处理能力的培养，财会专业学生的创业教育一直未受到足够的重视。

我国职业院校财会专业要适应经济及社会发展要求，在专业建设的过程中，应把强化创业能力作为特色，以强化学生创业能力为教学工作思路，完善原有的教育教学培养模式，整合完善财会专业的课程体系，科学合理地设置创业实践教学体系，为学生专业技能、职业综合能力的提高和创业素养的提升提供有利保障。

作为面向全体财会专业学生的创业入门教育，创业教育应融入人才培养全过程。其培养目标为：面向区域经济发展和市场需求，结合学院的行业办学优势与区域优势，培养具有扎实财会专业知识和技能，具备一定创业精神和创业素养的创业型专业人才，并在此基础上，对具有创业意向且具备一定创业条件和创业基础的学生，重点培养其创业管理论实践践能力，进行创业孵化，培养自主创业者。创业型专业人才是针对广大学生的大众化培养目标，自主创业者培养目标是以有创业渠道或强烈创业愿望者为培养主体的更高层次的培养目标，两层次目标体现了尊重学生个性特点及因材施教的教育理念。

（一）形成创业教育与财会专业教育相结合的课程体系

课程的实施是人才培养目标实现的基础，要实现人才培养目标，首先需要进行课程体系改革，需要将创业教育渗透到财会专业课程和相关课程中，对原有的教学计划进行必要的整合和优化，使各课程之间相互配合，形成创业教育的有机组成部分。

1. 融入专业课程授课

融入专业课程授课是指在专业课程的具体教学过程中结合各课程的特点，在挖掘本课程应有的创业性教育内容的同时，融入有关创业教育的理念和创新的教学内容，在传授好专业知识的同时，积极进行创业意识、创业精神和创业能力的培养，而并不另外开设相关创业教育课程。如创业教育元素中企业的含义、企业的类型、企业申办基本程序等在经济法课程中体现；成本管理与控制在成本核算和财务管理课程中体现；税收筹划、纳税申报、税款计算在税收相关课程中体现等，所以对于这些创业教育元素不需要另外开设该类创业课程，而是在传授专业知识时，对这些创业教育元素进行强化，并通过开展一系列的创业模拟、角色扮演等活动，将书本知识还原为现实生活，以学生为中心、以活动为载体、以能力为本位，增强其切身体会，实现身临其境的效果，从而激发学生的创业意识，增加创业知识，提高创业能力。如在财务会计“短期借款核算”课堂教学过程中，教师先通过理论教学让学生熟悉、掌握该部分知识，然后根据实际借款业务处理流程，将学生分为六组，分别扮演借款单位业务经办人、出纳、会计、财务经理、单位负责人以及银行相关工作人员，进行对应模拟角色具体操作工作步骤。教师通过让学生在模拟情境中填写借款申请书、借款合同、借款借据、进账单等原始单据、审核盖章、填制记账凭证与登记账簿的过程，不仅加强了财会专业学生借款业务的核算能力和实际操作能力，还掌握了银行借款的操作流程，为以后的创业打下坚实的基础。又如在财务管理“筹资成本”的课堂教学过程中，教师可以事先编制一份筹资策划书，根据岗位需要将学生分为3组，分别扮演公司的企业负责人、财务经理、会计。企业负责人审核企业筹资策划书中的筹资原则、筹资用途等项目；财务经理负责审核筹资渠道与方式、筹资数量的预测等项目；会计人员运用个别资本成本与加权平均资本成本的计算结果进行筹资方案可行性的评议。通过这些项目化情境的模拟操作，学生能够对企业经营所考虑的要素有更生动立体的认知。另外，由于学生尚未接触过实际工作，对于具体的工作情境比较陌生，因此，教师在向学生讲解财务知识时，尽量要做到生动易懂，可将某一工作情境做成Flash动画，演示给学生，让学生直观地了解到该情境的财务知识。

2. 开设选修课独立授课

对于财会专业课程教学中未涉及的创业教育元素，如模块四中发现并分析创业机会（创业机会的内涵与来源、识别创业机会、把握创业机会），模块六中的员工管理、营销管理、风险管理，模块七中商业计划书的准备（信息与帮助的来源、设计商业计划书、解释商业计划书）等，可以开设创业机会分析、市场营销、商业计划、创业风险、人力资源管理等选修课程，与前面的专业必修课程相互配合，使学生从知识准备的角度掌握创办企业的全过程。在教学方法上通常可以采取小组讨论式教学、以实际训练为主的教学方法、以探究活动为主的教学方法、参与式教学等比较贴近学生认知水平与知识的呈现方式的教学方法。

3. 开设专题讲座授课

对于模块一、模块二，其内容主要是创业意识的培养、创业心理的指导，其目标是使学生了解创业者应具备的个性特点和心理素质，以激发创业激情。教师很难科学合理地确定课堂教学内容和组织学生专项实训，所以可通过开设相关内容的专题讲座来完成。如可以开设创业成败案例分析专题讲座，通过分析创业的成功案例，对学生进行榜样示范教育，以与时俱进的创业理念、丰富生动的实际事例，点燃学生心中的创业火花；通过剖析创业失败典型案例，使学生了解创业过程中所经历的风险和艰辛，懂得如何在经营中规避风险，这对培养学生的创业意识和创业能力，具有直观、快速、深刻的效果；开设形势与政策讲座让学生了解当前国际国内政治经济形势和重大时事及其对经济环境的影响，并分析如何根据不同政治经济形势识别、把握创业机会；开设心理健康方面的讲座让学生掌握一定人际交往的技巧和方法，了解挫折应对的策略和方式，提高挫折承受力，能进行一定的心理调适等。

（二）设置体现创业教育特色的实践教学体系

实践教学是课堂教学的延伸，是教学效果深化的手段。通过实践教学，可以力求找到将学生实践能力和专业技能的培养与创业相结合的方法，积极为学生提供体验创业的平台，从而更好地促进学生创业能力的提升。

1. 开展专业调研与市场研究

职业院校可以组织学生到不同类型的企业现场观摩学习，参观企业的采购部门、生产车间、销售部门，由企业相关人员介绍该企业采购流程、生产流程、销售流程，各个流程产生的原始凭证以及相应的内部控制措施；参观企业的财务部门，由会计人员介绍本部门的人员分工，每个岗位所涉及的工作内容；翻阅或由企业会计人员展示原始凭证、记账凭证、账簿以及报表，并简单说明这些资料所记载的内容和用途。通过让学生与企业的亲密接触，增强学生的感性认知能力，便于学生了解企业的真实状况，为下一步的学习打下扎实的基础。另外，可以针对学生所学的专业知识，组织学生进行社会调研、市场调查等活动，使他们在实践中了解市场，了解社会，加强其感性认识，深化其理性认识，这样不仅能培养学生市场开拓的能力，而且还可以使其更多地了解现实的经济状况、经济环境，从而激发就业、创业灵感，更理性地设定自己的就业去向及创业目标。

2. 开办创业论坛、扶持创业社团

在校园文化中注入学生创业因子对广大学生的影响是潜移默化的，职业院校可以经常举办形式多样的旨在提高学生创业意识和创业能力的校园文化活动；可以举办各种形式的创业论坛，围绕相关专业，进行学术报告、研讨、辩论、创业交流，搭建培养学生创业能力的活动平台；可以扶持学生创业社团，在社团“自我管理、自我教育、自我服务”的基础上，学校从组织、制度、观念等方面对社团给予必要的引导，控制其负面影响，发挥其积极影响，有意识地把创业教育引入社团活动之中，在活动中促进学生创业意识的增长和创业实践能力的提高。

3. 开展创业大赛

创业大赛要求参赛者组成优势互补的竞赛小组，提出具有市场前景的产品或服务，并围绕这一产品或服务开展调研论证，以获得风险投资为目的，完成一份具体、完整、深入的《商业计划书》，并进行展示、讲解、模拟实施。创业大赛具体包括学生组队、选项目、培训、市场调查、完成《创业计划书》、创业的模拟实施、答辩、评委会的点评等阶段，涵盖理论知识和实践，是专业学生创业实训的一项有效方式。其中，《创业计划书》主要内容包括：执行总结、产业背景、市场调查与分析、公司战略与营销策略、经营管理、管理团队、融资与资金运营计划、财务分析与预测、关键风险与问题等。创业大赛不仅能反映出学员对商机的把握和分析能力，还能考查学生对财务知识等方面的掌握情况，进而增长学生的专业、创业知识，提高专业、创业能力。

4. 创建模拟企业

建立校内模拟企业，能训练学生的各种专业技能和创业能力。教师应以真实的企业为蓝本设置一个模拟企业的综合情境，开设市场开发部、采购部、销售部、财务部等部门，设置“总经理”“部门经理”“财务经理”“会计”“出纳”等角色让学生担任。教师引导学生开展企业的经济业务，进行开办企业、筹集资金、采购材料、组织生产、成本核算、产品销售、利润分配和申报纳税等业务处理。学生在企业商务运作的环境下，按照实际公司的职能开展工作，将学到的职业工作岗位技能应用到公司的具体业务中，深入体会经济业务发生的各个环节及其详细情况，进行会计核算和管理。通过这样的教学活动不仅能激发学生的兴趣，使学生的专业理论知识得以巩固，有利于学生实际操作技能和应变能力的锻炼和提高，而且可以增强学生对不同岗位职责的认识和掌握，加强学生职业经验的训练。模拟公司的建立，突出了学生应用能力培养，同时也可以为学生实习提供一个稳定的实习基地。

5. 创建大学生创业园

要创建高职大学生创业园，通过整合政府、社会等资源，挖掘自身服务潜力，建立较为完备的创业服务体系，为学生创办企业提供办公场地、物业管理、工商注册、财税、法律咨询、创业资金、人才推荐、市场开发、招商引资等全方位、多层次的服务。学生可以通过模拟和全真两种途径尝试创业，在模拟环境下进行创业，即由学生申请，学校仿真发给工商、税务执照，按照企业方式运作，在校内开业，学生毕业前将企业转让给新的在校学生继续经营；在全真环境下进行创业，学生必须按照国家工商、税务管理有关规定进行注册登记，学校配备有实际工作经验的教师专门负责指导，所创办企业在经营活动中完全按照市场化运作，依法纳税，优胜劣汰。创业园不但可以成为学生创业实践的主要场所，而且能够在一定程度上实现项目孵化器的功能，成为催生高职学生创业成果和造就符合时代要求，具有创新精神、创造意识和创业能力的复合型人才的摇篮。

此外，要加强信息化建设，成立创业教育网络服务中心，建立财会专业大学生创业网，为学生创业提供交流心得和资源共享的平台。

（三）构建有利于学生创业能力培养的评价体系

改变传统的教育评价体系，构建有利于学生创业能力培养的评价体系。一是评价方式应打破单一的考卷制，注重过程评价，把学生参与创业活动情况作为考核学生成绩和能力的一个重要指标。二是对创业学生要淡化科目成绩，突出创业的重要位置，可以设立创业方面的奖项，如创业奖、创业贡献奖等，以提高学生对创业的积极性。三是可以实行弹性学分制，针对修满规定创业类课程学分的学生可以颁发一个本校创业结业证书，以提高学生对创业类课程的兴趣。四是建立创业跟踪体系，学校要建立在校和离校学生创业信息跟踪系统，收集反馈信息，建立数据库，把未来创业成功率和创业质量作为评价创业教育的重要指标。

职业院校是专业人才培养的摇篮，专业人才培养通过制定、执行具体的培养方案来实现，包括人才培养目标定位、课程体系完善、实践教学体系设置、评价体系构建等。要达到创新创业教育与财会专业教育较好的融合，必须做到上述人才培养方案方方面面的融合、协调及保障，将创业教育完全融入专业教育中，只有这样，才能达到创业教育和专业教育的最佳效果。

第三节　基于职业能力培养的会计信息化实践教学模式分析

会计的工作对企业来说至关重要，会计工作的好坏直接影响企业决策者对企业内外形势的判断。因此，保证学校在会计专业的教学质量是十分重要的。时代不断进步，随着互联网技术的快速发展，各行各业都相继应用了互联网技术，互联网技术能更好地促进本专业的发展。会计专业也不例外，由于会计专业的学生在就业时面临的岗位是各大企业与事业单位，因而将会计的专业知识与互联网技术相结合，实现会计信息化显得特别重要。此外，要在实际教学过程中实现高效互动课堂，就要将教育信息化和教育教学进行融合，让学生在课堂上的学习积极性得到进一步提升和进步。

一、会计信息化实践教学在教学过程中存在的问题

在教学过程中，教师一般比较注重书本上理论知识的教授，忽视学生实践方面的能力培养，应用性的知识往往是一带而过，缺少课上的实践、练习。这样的授课方式导致学生只会啃书本，不会实际操作。而会计是一门实践性、操作性非常强的专业，学生如果在在校期间没有进行过技能训练，毕业后进入岗位就不能快速地进入工作状态，无法适应工作需要。因此，纸上谈兵的教学模式需要进行改进。

时代在发展进步，会计工作早已实现了信息化，但在教学过程中总会出现跟不上时代潮流的教学内容，如知识点过时或与实际的工作需要不符等，这使学生即便在校参与了课程学习，就业后也需要进行临时培训，学习一套现有的工作技能才能上岗就业。

学校的教学模式缺乏多样性，依然沿用着以往的传统教学模式，上课时依据课本内容进行灌输，根本不能适应会计工作在实际就业时的需要。另外，学校的教学设施落后，相应的教学软件版本较低，不能及时得到更新，这也是限制会计专业教学质量提升的现实因素。

学生在校期间都会参加顶岗实习，但由于学生在校期间所学知识不充分，企业对学生工作的不信任等问题，学生在校外的实习变成“走马观花”，虚度光阴，不能获得实际的能力提升。由于学生与学校方面对顶岗实习的不重视甚至有的学生会申请与会计专业无关的实习岗位，这势必降低顶岗实习的意义，达不到预期效果。

会计专业是综合性很强的专业，学生必须在上岗之前对所学知识进行操作训练才能更好地提高自己的专业水平。另外，时代发展使各个专业都与互联网有效地结合，利于各专业的综合发展。会计专业更要加快实现会计信息化教学，制定的教学目标要着眼于新时代企业对人才的切实需要，而不能只注重对书本上理论知识的教学，不重视培养学生的具体实践与工作能力，使学生只会啃书本，不会

实际操作。

二、会计信息化对会计专业教学的要求

学校会计专业的教学目标是为了帮助此专业的学生充分掌握将来就业所需的专业知识和技能，为日后的工作生活做准备。因此，学校会计专业的教学要始终跟随实际工作的需要，符合企业对学生实际能力的期望值。会计工作对企业来说至关重要，会计要通过对企业财务信息的整理帮助管理人分析企业的经营情况，会计工作的好坏直接影响企业决策者对企业内外形势的判断。

各个企业早已实现与互联网的有效结合，利用互联网大大增加了企业的办事效率，促使财务部门加紧推进会计工作信息化，与整个企业实现系统上的统一。会计信息化可以加紧财务部门与其他部门的联系，促进与业务部门的统一，有助于信息流通，进而促进企业发展。另外，会计信息化能减少会计工作的失误率，使会计报表更准确，更省时省力，从这方面来看会计信息化更有助于工作人员减轻工作压力。会计信息化能帮助会计从事后的核算转向数据的分析与处理，将会计从传统的报表、登记账簿等手工工作中解放出来，有助于信息的管理与传递。

会计信息化不再只注重对书本上理论知识的学习，忽视培养学生的具体实践与工作能力。会计信息化更倾向于要求学生掌握丰富的信息化知识，拥有将会计知识与信息化结合的能力。

系统会自动做出，这就对会计在业务活动中能实现控制财务信息，对企业经营状况进行分析、管理提出了要求。随着企业的发展，对会计工作的要求逐渐提高，会计需要能利用计算机软件对企业财务信息进行统计、管理，能分析出企业的运营现状，帮助企业决策者进行企业管理、增强企业的竞争力。在这种发展浪潮中，会计工作岗位要求会计人员掌握全面的知识结构，不再局限于数据的登记与报表的制作，而要求会计具有综合性知识与能力，推进企业更好发展。

在会计的传统工作中有不同的职责分工，一定人员收集数据，配合一定人员进行数据的划分与处理。但会计信息化会使许多内容都由互联网软件自动计算完成，这就对会计工作在数据分析与财务管理方面提出了新的要求。因此，学校在教学过程中要对新的岗位和职责的需求进行相应教授。

三、会计信息化的实际教学策略

会计人员的培养需要一个长期过程，既需要教授专业知识，也需要培训学生

拥有熟练的实际操作能力，掌握会计的相关知识，善于进行财务分析，进行企业财务管理。在新时代的会计信息化过程中，教学质量是第一位的，教师要树立终身学习的目标，将教育与信息化结合起来，不断促进会计专业教学质量的提高。教师要依照教学目标对课程进行安排，课程之间要有连贯性，注重对学生实际操作能力的培养。

教师在教学过程中要让学生熟练地掌握实际操作能力，这是学生在就业时需要掌握的基础性技能。例如，在《基础会计》课程中对学生进行设置账户、登记账簿的训练，在训练过程中，教师应注重对学生的操作方法进行规范，培养学生养成严谨的工作态度。

教师还要对学生进行专业技能的训练，为将来的就业打好基础。例如，学习《财务会计》课程时，教师要对学生进行出纳核算、往来款项核算、财务成果核算、总账报表核算等内容的训练，将会计信息化应用到教学过程中。教授学生利用互联网软件进行各种数据的归集、整理与各种成本计算，在课上让学生对所学内容进行练习，以确保对所学知识的熟练掌握。教师应在课上考查学生应用会计软件的能力，对学生出现的一些问题加以纠正，提高学生对会计软件的应用能力。教师利用互联网搜集一些企业在实际工作中遇到的问题，将问题引入教学，让学生在课上进行思考练习，有不会的问题大家一起讨论解决，以促进学生与教师之间的共同提高。

教师与学生应该提高对顶岗实习的重视程度，在平常的学习过程中加紧对实际操作能力的训练，为以后的就业做准备。在平时的学习生活过程中，将顶岗实习作为一次重要考核，将顶岗所需的知识都掌握牢固，在课下的闲暇时间借助互联网加以练习。教师在教学过程中可以用多媒体课件进行辅助教学，因为许多知识用板书来书写很麻烦，比较费时费力。另外，对于不易理解的知识点，教师可以在互联网上通过图片或视频的形式将具体操作细节演示出来，再加以讲解，帮助学生更好地理解知识点。

例如，学习复式记账时，教师可以通过在多媒体向学生演示如何操作软件进行记账，学生在看完教师操作后，课下加以练习就更容易掌握复式记账的方法。对于教师在课上使用过的课件，学生可以拷贝下来，课下进行复习回顾，这样的课件比课本更清晰、易懂，更有助于提升学生的自主学习能力，使学生可以自己安排时间进行课程的复习与预习。

会计信息化不但注重学生对于理论的掌握情况，更注重学生在会计工作中对于软件的操作应用能力。因此，教师在平时的课堂中要多利用互联网对学生进行实战训练。在网络上找出比较典型的案例，让学生在规定的时间内完成账务的操作与处理，经常通过这样的方式进行考核，以提高学生的实践操作能力。

第四节　“工学结合、校企合作、顶岗实习”的会计职业能力培养模式实施

一、会计职业能力培养模式基本原则

（一）职业性原则

所谓职业性原则，是指高职会计专业在职业能力培养中应当根据会计专业职业的需求来确定，以满足会计职业的基本需要为度。会计是经济活动发展到一定阶段的产物，随着社会的进步、经济的发展而不断提高和完善，经济社会的发展进步是会计行为产生发展的直接动力，促进会计职业的进步与发展，产生对会计职业能力教学的需要。确定会计职业能力的培养内容，应当以会计职业需要为出发点，以提高会计专业学生的未来执业水平为目标，以满足社会经济发展对会计职业的需要。

（二）时代性原则

所谓时代性原则，是指会计职业能力的培养内容应当是与时俱进，不断创新地满足时代发展对会计职业能力的要求。因为，一方面，社会对已有的会计职业能力的要求不断提高。例如，计算机在经济领域应用的初期阶段，对会计人员计算机应用能力的要求会低一些；在计算机应用趋于普及的当今社会，会计人员计算机应用能力要求会不断提高。另一方面，基于不断拓展的新的职业能力要求，如随着注册会计师行业的发展，会计师事务所的相互竞争日益激烈，会计师事务所要拓宽其经营业务，就需要有掌握一定的市场拓展与营销能力的人才。可以预言，市场营销能力即将成为会计人员必备的能力之一，所以，会计职业能力培养，应当根据时代发展要求而不断更新、不断提高、不断发展。

（三）目标性原则

所谓目标性原则，是指会计职业能力培养内容要体现培养目标的要求，保证

培养目标的实现。专业培养目标是人才规格、培养要求、服务对象、知识结构和能力结构及要求的集中反映，会计专业要培养适应社会主义市场经济发展需要，德、智、体、美全面发展，面向中小企业和非营利组织的人才，从事出纳、会计核算、财务管理等岗位以及社会中介机构从事审计助理、会计咨询等服务工作，他们必须熟悉国家经济法律法规，能够熟练掌握会计理论，具有会计电算化应用能力，具备会计核算与实务操作的高素质和技能。会计职业能力培养内容的确定应当以专业培养目标为原则，体现社会需求，体现学校特色。

二、“工学结合”模式下课程教学内容优化

（一）职业岗位所需能力与课程的关系

高职会计专业职业能力的培养必须严格按照职业岗位工作的需要去精选合适的知识，职业岗位需要什么就教什么，需要多少就教多少。课程是会计职业能力培养的载体，会计职业能力是课程的具体内容。

（二）加大专业课程“课证融合”的力度，提高学生双证书获取率和含金量

职业证书，尤其是会计从业资格证书对会计专业学生而言是非常重要的，它直接决定了会计专业学生能否就业，是否能成为合格的会计人员。如果会计专业学生不能取得会计从业资格证书，不能从事会计工作，那么所有职业能力的培养就没有任何用处。如为了提高会计从业资格证书的通过率，四川现代职业学院进行了“课证融合”，开设了《会计基础》《财经法规与会计职业道德》《会计电算化》课程，以满足学生考证的需要。

三、“工学结合”模式下教法和学法的优化组合

课程活动观下的教学方法是教师如何输出、控制信息以及学生如何获取信息的总称，它是教学双边活动所采取的办法。会计职业能力培养是一个完整的体系，包括教师的教学方法（简称教法，下同）、学生的学习方法（简称学法，下同）和信息载体。只有教法与学法在教学活动中相互配合、优化组合、相互作用才能产生良好的教学结果。

（一）教学方法

教学方法是教师为完成教学任务，向学生输出信息、控制信息所采取的办法。教师为了有效地完成会计职业能力任务，必须正确选择和运用教学方法。教学方

法分为以下几种：

1. 讲授法

讲授法是指教师利用课堂，通过口语表述、讲解、讲演等形式系统地向学生传授知识的一种方法。讲授法是最传统的、最基本的一种教学方法，其他各种教学方法的运用，都离不开讲授法的配合，会计职业能力培养也是如此。

2. 演示法

演示法是指教师通过展示实物、直观教具帮助学生获取知识或巩固知识的方法。在会计教学中，通过多媒体向学生展示会计凭证、会计账簿、会计报表等会计用品的实物；在多媒体上展示利用现代媒体技术展示会计核算流程等，都是演示法的应用。

3. 案例法

案例法是指教师在教学过程中，通过教师讲授、组织学生分析、讨论实际案例、撰写案例总结报告等过程，实现教学目的的一种教学方法。案例教学法在医学界、法学界和军事界出现得比较早，后来应用于工商管理教学，哈佛大学商学院就是以案例式教学而著称。实践证明，案例法贴近实际，是培养和锻炼学生组织管理能力、职业判断能力最为有效的教学方法。通过案例教学，学生处在管理者的职位上思考问题，调动自身的所有知识和潜能解决问题，从而获得未来企业环境中所必需的知识结构和管理能力。

4. 指导法

指导法是指教师通过操作指导、作业指导等途径，对学生的学习方法、学习内容、技能训练等实施的一种教学方法。指导法主要是适用于会计实训类课程，包括会计基础实训、出纳实训、纳税实训、会计电算化等。

（二）学习方法

做任何事情都要有方法，都应该讲求方法，有了好方法才能提高效率。学生学习也是这样，应根据不同的学习内容，运用不同的学习方法，才能在实际的学习过程中取得良好的效果。下面介绍几种常用的学习方法。

1. 讨论法

讨论法是指为了解决学习上的某个问题，在教师指导下学生之间进行探讨、辨明是非以获取知识的一种学习方法。讨论法的种类较多，既可以是课内讨论，也可以是课外讨论；既可以是全班性的，也可以是小组的，还可以是更小范围内的讨论。但是，讨论法必须要有教师的指导方能进行，课堂讨论的问题设计、讨论组织与引导和小结是促成讨论成功的重要因素。

2. 操作法

操作法是指学生在教师的指导下运用知识反复完成一定的操作，从而达到掌握知识、培养能力的一种学习方法。操作法主要是针对一些实践性课程，如基础会计实训、财务会计实训、纳税申报实训、会计综合实训等。

3. 调查法

调查法是指学生有目的、有计划、有系统地搜集有关研究对象现实状况或历史状况资料的一种方法。实际的调查方法有文献调查法、实地观察法、问卷调查法、集体访谈法等。

4. 扮演法

扮演法也称角色扮演法，是指学生在学习过程中根据工作情境进行相关的会计岗位角色扮演。如在会计综合实训课程中，学生会根据情境分别扮演会计主管、总账会计、往来会计、资产管理会计、费用会计、纳税会计、出纳等角色；再如ERP沙盘企业模拟经营课程中，学生分为五个角色，分别扮演总经理、财务总监、采购总监、生产总监和营销总监的角色。角色扮演法有助于增强学生对学习的兴趣，培养学生爱岗敬业的职业道德。

（三）教学方法与学习方法优化组合的基本思路

实现教法与学法的最优组合，就是要充分调动学习主体的积极性，达到以学促教、教学相长的目的。其基本思路应是从研究教法到改进教法，发展到指导学法，再到实现教法与学法的最优组合。基本要点为：一是教师备课应着重教学过程与教法的设计，同时将部分意图以布置预习题、参考资料的形式渗透到学生的预习中，对学生提出要求，指出有针对性的问题。二是学生要根据教材和教师提出的要求选择恰当的学法，进行先学活动。三是在课堂上，学生先学之前教师指出课程的学习目标，使学生学有方向。四是在学生先学之前，教师指导学生利用好预习题、参考资料，并不断调查了解学生预习的情况。五是师生共同进行课堂讨论的后教阶段。六是经过上述环节的教法与学法的交流与碰撞后、实施后教学，使教师的教法变为学生的学法，使学生会学善学。师生研讨结束后，教师再进行质疑，经过信息反馈促使自己灵活调整教学，形成新的循环回路，即以学促教。

四、“T”型会计实践教学体系

高职会计专业培养的是理论够用，实践操作能力强的实务人才。在实际的教学当中，应当重视实践教学。本文参考了一些院校的先进经验，提出高职会计专业应该建立由封闭到开放、由单项到综合科学的“T”型会计实践教学体系。

“T”型会计实践教学体系，包括专业纵深和专业拓展两个方面。专业纵深是指会计实践课程是一个从难到易、从单项到综合的教学体系，具体内容包括会计认知、会计基本技能实训、会计岗位实训、会计综合实训、会计真账实训、顶岗实习。专业纵深重点是职业能力的循序渐进，培养的是学生的会计专业能力。专业拓展是指从封闭到开放的教学体系，具体内容包括ERP沙盘实训、模拟企业实训、多专业综合实训。专业拓展重点是开放性，培养的是学生的社会协调能力、沟通能力、会计职业判断能力和决策能力等。

五、“工学结合”模式下，科学的会计考核评价体系的建立

（一）建立科学的会计考核评价体系的必要性

目前，高职会计专业的课程考核非常不科学。考核的内容重理论、轻实践，与实务工作是脱节的，这造成学生平时所学和考试内容都不符合社会的需求。会计考核评价体系一定要体现“工学结合”，考试内容必须是会计工作岗位实际需要的内容，只有这样，培养出来的学生才符合社会对会计职业能力的要求。

（二）科学地确定考核内容

会计的课程很多，每一门课程都有它独特的属性和要求，一定要具体问题具体分析，科学确定相关课程的考核内容。

基础会计的考核内容不应该仅是会计理论知识和会计分录编制的考核，而应该是考核学生识别原始凭证、编制会计凭证、登记账簿和编制财务报表的内容。可以以一个制造企业一个月的经济业务为背景，进行相关的试题设计，让学生们处理从建账到报表编制全过程的实务操作。

会计电算化的考核也存在一些问题，很多学校因为硬件条件的限制，在进行该门课程考核的时候，更多的是进行理论知识或进行过程性考核，不能真正了解学生对职业能力的掌握情况。职业院校在对该门课程考核的时候，应该改变考核手段，利用现代化的技术，实行电算化无纸化考试，让学生真正掌握会计电算化

的知识和运用能力。

总之，会计专业考核评价体系的建立一定要建立在课程本身的属性上面，不能一概而论，要具体分析各个课程本身的特点，进行具体考核评价制度的设计。

六、“校企合作”模式下校内实训基地建设

校内实训基地是会计专业学生进行会计实训，提升职业能力的场所，从合作形式上来看，会计实训基地分为校内仿真实训基地和校企合作实训基地。下面分别介绍一下各自的概念、内容及具体实施方案。

（一）校内仿真实训基地建设

1. 仿真实训基地概念

要建立以系列实训室为中心的校内实训基地，并以此为平台，实现主要工作过程实践环节教学的需要，即会计基础实训、财会分岗实训、会计电算化实训、会计综合实训、多专业综合实训。在实践组织方式上采取手工和计算机模拟双轨并行的方式，分期在各个学期从基础到综合进行实训，全面提升学生的综合职业能力。

建立会计基础实训室满足会计书写、小键盘数字录入、点钞、伪钞鉴别、识别原始凭证、会计制单、装订凭证等操作技能的需要。

建立财会分岗实训室满足财政部规定的出纳员岗位、往来结算核算员岗位、财产物资核算员岗位、资金核算员岗位、成本核算员岗位、财务成果核算员岗位、会计主管岗位等岗位实训的需要。

建立会计电算化实训室满足常用办公软件操作、计算机网络技术、常用财务软件操作的需要。

建立会计综合实训室满足基础会计、财务会计、税务会计、财务管理、成本会计、审计、电子报税等课程单项、综合实训的需要。

建立多专业综合实训室满足多专业综合实训的需要。多专业综合实训是多个不同专业的学生，在一个以制造业为主体的仿真商务环境、政务环境和公共服务环境中，进行仿真经营和业务运作的综合实训。它可进行宏观微观分析、多组织对抗和多人协同模拟经营，将经营模拟与现实工作接轨，实现仿真环境下的岗位级执行、部门级管理、企业级经营和供应链级协同的四级模拟综合实训。

2. 存在的问题

会计仿真实训基地在培养学生的会计职业能力，特别是会计专业能力方面发挥了重要作用，但是，会计仿真实训基地如同其他事物的发展一样，存在一个不断发展与完善的问题。主要问题如下：

（1）实训资料的制作缺乏真实感

职业院校的会计实训资料的途径一般是两种，一种是专职教师编制会计实训资料，另一种是直接向出版社购买会计实训教材。但目前职业院校的实训资料跟企业中的会计资料相差甚远，企业的会计票据大小不一，而且颜色、格式也有区分，而职业院校的实训资料基本上都只有黑白两种颜色，且是以教材的形式出现，这样就缺乏真实感，学生在学校经过实训课程的学习后，依然很难适应实际工作中对原始凭证的辨认工作。

（2）过分强调会计实账的手工编制工作，忽视了会计电算化的简便性

职业院校在第五学期一般都会开设一门会计综合实训课程，该课程是由手工处理程序和电算化处理程序两部分组成。职业院校的教师为了强调会计业务之间的逻辑关系，往往很重视手工做账，从记账凭证的编制到会计报表的编制全过程讲得非常详细，而忽视了会计电算化处理相关业务的简便性。学生的会计电算化应用能力差，在进行入企业后，会经过很长时间才能适应相关的会计工作。

3. 改进措施

针对会计实训中存在的问题，可以采取以下措施，改进与完善会计实训教学手段，更好地服务学生。

进行企业调研。可多利用企业的会计资料编制仿真的会计实训资料实训，该实训资料应该是从企业原材料的采购，生产流程，再到销售环节，最后财务成果的计算对整个经济业务都有涉及。该实训资料最好是要有跨月的处理，以便帮助学生更好适应将来的实务工作。

利用现代化手段。可进行仿真会计实训课程，如“网中网”财务学习系统就可以模拟出各种会计资料，颜色、项目跟企业实际所用原始凭证几乎一致，同时，该系统还能够对学生所填制的会计凭证、账簿等进行打分，并指导学生进行正确的操作。

加强会计电算化的教学。传统的会计电算化教学只是利用用友或者金蝶软件

进行总账的处理和报表的编制，这种基本电算化处理无法适应时代的发展。职业院校在制定会计电算化教学任务时，一定要紧跟时代的步伐，要增设工资管理系统、固定资产管理系统、应收管理系统、应付管理系统、采购管理系统、销售管理系统、库存管理系统以及存货核算系统等。学生在加强会计电算化的学习后，将大大减轻会计工作的工作强度。

（二）校企合作实训基地建设

校企合作实训基地，是利用学校实训场地、设施、企业提供记账实务操作中的技术指导，在学校内完成对学生实务操作能力培养的场所。它的作用是加快培养与用人单位的需求、经济转型升级相适应的应用型人才，促进职业院校毕业生就业。

共建人才实训基地，利用学校实训场地对学生进行实务培养。

学校根据教学安排，可专题对某一类企业或某一种业务一系列的税务、财务问题进行理论与实践一体化的研究、学习、培训。

七、校企合作方式下“双师型”教师培养

“工学结合、校企合作”会计职业能力培养模式实施，必须拥有一支具有先进的职教理念、扎实的理论功底、熟练的实践技能、缜密的逻辑思维能力、丰富的表达方式的“双师型”教师队伍。建设一支综合素质高、技术服务能力强、“双师”素质教师比例高、“双师”结构合理的专兼结合的教学团队，提高教师基于工作岗位、工作过程的教学设计能力的有效途径有以下几个方面：

（一）制定合理的“双师型”认定标准

“双师型”教师不能仅拥有高校职称和相关专业职称或职业资格证书，还必须具备实务操作能力。在实际认定时必须有以下标准：首先，教师必须有高校对应的职称，如副教授、讲师等；其次，教师必须有会计专业对应的专业技术职称或职业资格证书，如注册会计师、注册税务师、高级会计师、中级会计师、审计师等；最后，教师必须有较强的实务操作能力，对应的是相应的本专业实际工作经验，拥有至少3～5年的工作经验、较强的实务操作能力。

（二）学院内部培养

针对“双师型”教师的培养，学校应该制定相应的培养方案，从专业理论对教师进行培养。专业理论的培养主要从学历文凭提升、专业理论充实、双证证书

考取和科研课题研究四个方面进行。

1. 学历文凭提升

职业院校因为其历史原因，教师的学历文凭无法与一般本科院校相比，职业院校应制定相应的政策制度帮助教师提升学历，如鼓励教师参加会计专业硕士的培训，有条件的学校，甚至可以安排教师到国外大学攻读会计专业硕士、博士学位，更好地为高职会计专业培养做贡献。

2. 专业理论充实

学院应定期或不定期地组织教师参加相关的专业理论学习，专业理论不仅指会计的专业理论，还包括会计专业教学理论，如参加高职会计专业骨干教师培训（国家级、省级）；也可以请专业的职教专家进入学校对教师进行培训。

3. “双证”证书考取

“双师型”教师的一个最基本特征是需持有“双证”，既有高校教师资格证书、职称，也有会计专业从业资格证书、职称等。学校应为教师取得讲师、副教授资格创造硬件条件，同时鼓励教师考取助理会计师到会计师再到注册会计师，并根据证书的取得难度给予相应的奖励。

4. 科研课题研究

尽管职业院校主要是以培养学生的实际动手能力为职业能力培养的主要目标，教师的主要任务是上好课，但是，科研对职业院校而言，同样非常重要。科研课题的研究可以帮助教师找到职业能力培养的关键，可以提升教师的教学水平，也可以促进教师自身专业理论能力的提升。

（三）校企合作下教师实践能力培养

针对“双师型”教师的培养，除了学校内部培养以外，还应该有“走出去”的理念，校企合作共同培养“双师型”教师。校企合作下教师实践能力培养主要从以下几个方面来进行。

1. 情境教学研修

教师在设计会计课程时，一定要重视工作过程中所需的职业能力，必须与校外合作单位的专业会计人员一起制定情境教学的内容。如基础会计中的原始凭证填制，如何规范书写原始凭证数字及文字，如何准备规范地填制各种典型的原始凭证及加盖有关印鉴等，教师和校外会计人员可共同探讨、制订方案。情境教学研修避免了职业院校教师闭门造车的错误。

2. 实训课程科研

职业院校的学生除了学习基本会计理论知识，大量的时间都应该进行会计的实训课程。教师应该根据实际的需求，编写符合时代要求的实训教材。实训教材的编写需要到企业进行调研工作，甚至于会使用企业的会计资料，这就需要企业合作方的支持。教师利用企业的会计资料，结合自己所学的专业知识，编写实训教材，整个编写的过程，其实就是教师实践能力提升的过程。

3. 校企师资平台

利用校企合作的平台，实现校企合作双方的师资共享。职业院校的教师可以为合作企业提供一些理论课程的培训，在传送知识的同时，吸收一些先进的实务操作能力。同时，职业院校教师还可以到合作企业进行挂职锻炼。合作企业也可以为职业院校输送有较强实务经验的会计人员，到职业院校作为兼职教师，指导学生的实训课程。

4. 产教融合促进

职业院校与合作企业可以共同成立财务代理记账公司、财务咨询公司等。在教学的同时，可以参与代理记账，企业咨询的工作，职业院校的教师也可以承担起社会会计证书培训、继续教育的工作，为地区的会计人员素质提高做出相应的贡献。在产教融合中，也可以提升教师的社会实践能力。

第五节　以竞赛为驱动，加快加强财会学生的专业实践能力培养

近年来，计算机类人才培养质量和人才培养机制受到社会的广泛关注和重视，计算机专业知识更新速度快，学生要面临严峻的社会要求和严酷的现实挑战，对计算机专业学生的教育仅限于课堂上理论的教授已经远不能满足社会需求。学生在实践能力方面缺乏创新意识，考前加班加点，对专业知识死记硬背，造成部分学生的“高分低能”的现象，对于实践性较强的计算机专业学生来说，学生实践创新能力的缺乏成为当前不可忽视的一个重要问题。为了改变这一现状，孙巍提出通过学科竞赛“链式”创新创业教育体系的建设，更好地促进创新创业人才的培养。

一、学科竞赛促进学生实践创新能力的提高

学科竞赛的开展可以有效促进创新人才培养，是培养创新型人才的有效途径之一。计算机专业的学科竞赛和教学内容密切结合，这使学生在实践动手能力、创新意识能力方面得到加强，涉及计算机学科的国内外竞赛有很多。在蓝桥杯大赛中，参赛学生如果能在总决赛中获得三等奖以上，就可以获得本校免试推研机会和北京大学等院校的面试资格，同等情况下可以优先录取。IBM 和百度等知名企业为优秀选手和获奖选手提供实习、就业等绿色通道。这些政策对学生的升学、实习、就业而言，无疑提供了绝好的机会。我校在提高和培养计算机专业学生的实践创新能力方面做出了很多努力，教务处在学科竞赛方面给予资金支持，网络安全与信息化学院对各类参赛的学生进行宣传、组织、引导，并聘请实战专家进行专门的竞赛辅导、答疑。学生参与热情高，在各类竞赛中取得了骄人的成绩。学生参与竞赛的过程，很好地调动其学习、探讨问题的积极性，学生能够用所学的专业知识解决现实问题，培养了自主学习及实践动手能力。

二、双创模式促进学生实践创新能力的提高

20 世纪 80 年代末，联合国教科文组织在面向 21 世纪国际教育发展趋势研讨会上，提出了“创业教育”这一新的教育概念。创新创业教育是一种素质教育，它以培养创业基本素质和开创型个性的人才为目标，分阶段、分层次地进行创新思维培养和创业能力锻炼的教育，其基本特征是创新性、创造性和实践性。

三、“学科竞赛+双创”模式共同促进学生实践创新能力的培养

在培养学生实践能力方面，可以将“学科竞赛+双创”模式相结合来培养计算机专业学生实践创新能力，提高学生的创新思维、创新能力。

（一）“学科竞赛+双创”模式能够有利于学生顺利融入社会实践

由于竞赛题目及双创项目均来自现实问题，学生可以通过题目及项目的解决了解社会经济发展中的热点、难点问题。通过对关键技术的接触，能够独立提出解决问题的方法和思路，既能使学生的实践创新能力得以提高，又增强了学生的社会责任感和服务大众意识，便于学生毕业后快速地融入社会。

（二）“学科竞赛+双创”模式能够促进实践教学的改革

可以将学生的“学科竞赛”或者“双创”项目引入日常的实践教学中，作为实践教学内容，让学生积极探讨，教师引导、促进学生实践能力的提高。“学科

竞赛+双创”模式能够促进实验教学模式的改革，通过验证型、设计型、综合性实验，让学生独自或分组完成有一定规模、难度的实验任务，培养学生的软件综合设计能力。通过学科竞赛和创新创业教育使学生将所学的计算机理论、编程方法、网站设计方法等进行实际应用，加强学生实践能力。以学科竞赛项目为切入点，使学生在竞赛训练中提升自身知识水平与专业见解，实现实践与理论同频共进，以赛促创，开拓学生视野，提高学生的创新创业意识。

（三）“学科竞赛+双创”模式能够促进学生的就业与创业

学生参加学科竞赛和双创项目积累了丰富、前沿的计算机知识，能够用自身所学解决实际问题，增加学生的就业、创业机会。有参加竞赛的学生会被校企协作方的企业直接雇佣，在就业压力相当大的情况下，解决了自己的工作问题。也有学生在创新创业项目中积累了丰富的项目经验，被企业青睐有加，有的学生干脆自己创业，未出校门已经有了自己的事业。

（四）“学科竞赛+双创”模式在人才培养模式的改革中发挥引领性作用

学生参加学科竞赛和创新创业项目，在竞赛中或创新创业项目中要与团队成员密切配合才能共同解决问题，有利于激发学生的团队合作意识。

社会对“双创型”人才的要求是知识面广、知识结构扎实、根基牢靠。具有自主学习、再学习的能力，我校作为应用型本科院校，要发挥大学生的主观能动性与积极性，使他们能够独立自觉地进行思考、学习。学生、学校、社会、家庭在“双创型”人才培养中也要发挥其应有作用。

对于指导教师来说，新题目、新技术、涉及课程多、范围广、项目实施、实战经验等充满了考验和挑战。教师要指导好学生，必须提高自身的学识、见识及修养，在教学相长的过程中不断完善自身。

教师在指导学科竞赛和双创项目阶段，对学生参与竞赛和项目的学习状况有全局的把控，能够针对学生竞赛和项目制订针对性的教学计划，根据技术前沿性和实用性，对课程教学大纲和教学内容进行调整，以适应和培养应用型人才，教师要指导好学生，就要不断提高自己的学识，适应学科的发展和进步。

四、“学科竞赛+双创”模式的计算机专业学生实践创新能力培养的实现途径

（一）学科竞赛“双创化”

鼓励学生以学科竞赛项目为载体，独立或合作完成科研论文，让学生以所学

与科研接轨。通过学科竞赛“双创化”，学生将学科竞赛题目或者科研项目转化为创新创业活动项目，在搞好竞赛科研的同时，提高学生的“双创”能力！蒋晓丹等提出“学科竞赛+科研项目”模式培养大学生实践创新能力，可以看出：学科竞赛、科研项目、创新创业三者之间相互促进，共同培养学生的实践创新能力。

（二）举办专题讲座、培训会、讨论会

举办专题讲座，让获奖学生和双创项目主持人，竞赛和双创项目指导教师从参赛准备、参赛经验等方面进行宣传指导，师生对学科竞赛及双创项目的重视程度得以加强，参加竞赛和双创项目人数形成规模。鼓励师生参加学科竞赛及双创相关学术会议，定期开展培训会及讨论会，让学生开阔眼界、增长知识、丰富自身！

（三）成立“学科竞赛+双创”的学生社团及兴趣小组

在计算机专业，动员鼓励学生成立学科竞赛与创新创业项目的学生社团。加大宣传力度，吸引程序设计爱好者、多媒体设计爱好者，网络安全等爱好者加入社团，讨论学科竞赛的题目与创新创业项目方面的问题，加强学生间的交流，增加学生对计算机专业的了解和兴趣。

针对实验和实践教学，培养学生组织学习兴趣小组。积极引导计算机专业的学生用专业知识解决实际生活问题，以兴趣引领学习。

参考文献

[1] 张妙凌.会计人才培养与实践性教学研究[M].成都：电子科技大学出版社，2018.

[2] 缪启军，于小梅.应用型会计人才培养规划教材会计基础与实务.[M].4 版.上海：立信会计出版社，2017.

[3] 潘琰.应用型本科人才培养的探索与实践 基于财务与会计人才培养视角[M].厦门：厦门大学出版社，2018.

[4] 辛林，林晓薇，林玲.面向“十二五”高等院校人才培养规划教材财务会计学[M].杭州：浙江大学出版社，2017.

[5] 石道元.会计电算化专业人才培养模式与课程体系改革研究与实践[M].重庆：重庆大学出版社，2018.

[6] 李树强.应用型会计人才培养研究[M].武汉：武汉大学出版社，2020.

[7] 张敦力.卓越会计人才培养实践(2019) [M].北京：中国财政经济出版社，2020.

[8] 张敦力.卓越会计人才培养实践：中南财经政法大学会计学院本科生优秀科研成果汇编(2018)[M].北京：中国财政经济出版社，2019.

[9] 梁丽媛.我国高校会计人才培养与教学研究[M].北京：北京工业大学出版社，2019.

[10] 张林，王佳.卓越会计人才培养模式研究与实践[M].北京：中国财政经济出版社，2018.

[11] 宁丽熙.应用型税务会计人才培养策略研究[M].哈尔滨：东北林业大学出版社，2020.

[12] 张永杰，吴玲，罗忠莲.会计人才培养、学业不良转化及就业研究[M].北京：经济管理出版社，2019.

[13] 刘燕，张雯亭.会计人才培养与实践性教学研究[M].成都：电子科技大学出版社，2017.

[14] 缪启军.应用型会计人才培养研究[M].上海：立信会计出版社，2017.

[15] 章新蓉.大数据＋会计人才培养及教学改革研究[M].成都：西南财经大学出版社，2018.

[16] 章新蓉.国际化会计人才培养模式研究[M].成都：西南财经大学出版社，2016.

[17] 李霞，陆红霞，李东光.会计教学方法与人才培养研究[M].天津：天津科学技术出版社，2017.

[18] 杨昕.五年制高等职业教育会计专业人才培养研究与实践[M].苏州：苏州大学出版社，2020.

[19] 谢合明."大智移云"技术驱动下会计类 IES 型人才培养模式研究[M].成都：西南财经大学出版社，2020.

[20] 章新蓉，谢付杰，陈萍，等.会计人才订单培养模式改革研究[M].成都：西南财经大学出版社，2015.

[21] 周婵，林源，关寒近，等. 高级财务会计(高等院校会计学专业应用型人才培养系列教材)[M].北京：清华大学出版社，2017.

[22] 孙朕子，胡亮，徐蓉蓉.管理会计[M].济南：山东大学出版社，2019.

[23] 胡北忠. 高级财务会计(管理应用型财会专业人才培养系列教材中国科学院规划教材)[M].北京：科学出版社，2020.

[24] 刘红霞.高校会计专业人才培养模式创新与实现路径研究[M].北京：中国财政经济出版社，2016.

[25] 陈引.管理型财会人才培养系列教材基础会计[M].2 版.北京：科学出版社，2016.

[26] 孙美杰，武娟，刘艳.会计综合模拟实验(财务软件的应用)[M].北京：中国财政经济出版社，2018.

[27] 吕翠萍，张海霞，祁俏格，等.成本会计[M].北京：清华大学出版社，2018.

[28] 孔祥坤，叶楠，陈雪林，等.管理会计[M].北京：清华大学出版社，2017.

[29] 章雨晨，刘宇会，陈海艳.管理会计[M].成都：四川大学出版社，2017.

[30] 刘婧，张光福，邓燕，等.财务报表分析[M].北京：清华大学出版社，2017.

[31] 林文，李益兰.预算会计[M].北京：科学出版社，2018.

[32] 司云柱，张秀丽，王岩，等.会计基础与实务[M].北京：中国水利水电出版社，2017.

[33] 郁春兰."互联网+"视角下高职物流会计专业人才培养方案研究[M].长春：吉林科学技术出版社，2018.

[34] 程德兴，魏文君，王喜荣，等.会计学原理[M].西安：西北大学出版社，2019.